——乡村振兴特色优势产业培育工程丛书

# 中国杂交构树产业发展蓝皮书

（2022）

中国乡村发展志愿服务促进会 组织编写

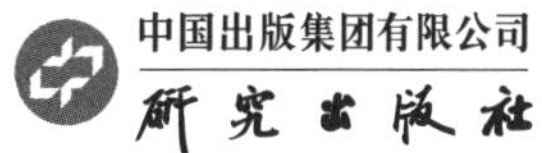
中国出版集团有限公司
研究出版社

**图书在版编目 (CIP) 数据**

中国杂交构树产业发展蓝皮书（2022）/ 中国乡村发展志愿服务促进会组织编写. -- 北京 : 研究出版社，2023.6

ISBN 978-7-5199-1503-2

Ⅰ.①中… Ⅱ.①中… Ⅲ.①杂交种 – 构树 – 林业经济 – 产业发展 – 研究报告 – 中国 Ⅳ.①F326.23

中国国家版本馆CIP数据核字(2023)第093840号

出 品 人：赵卜慧
出版统筹：丁 波
责任编辑：寇颖丹

中国杂交构树产业发展蓝皮书（2022）
ZHONGGUO ZAJIAO GOUSHU CHANYE FAZHAN LANPI SHU (2022)
中国乡村发展志愿服务促进会 组织编写
研究出版社 出版发行
（100006 北京市东城区灯市口大街100号华腾商务楼）
北京中科印刷有限公司印刷 新华书店经销
2023年6月第1版 2023年6月第1次印刷
开本：710毫米×1000毫米 1/16 印张：14.5
字数：207千字
ISBN 978-7-5199-1503-2 定价：78.00元
电话（010）64217619 64217652（发行部）

# 乡村振兴特色优势产业培育工程丛书

## 编委会

# 本书编写人员

**主　　编：** 沈世华

**副 主 编：** 黎祖交

**编写人员：**（按姓氏笔画排序）

王芬芬　冉　贤　田　志　李　昊　吴燕民

张振涛　陈乃芝　罗朝立　查满千　倪奎奎

屠　焰　董世平　景全荣　熊　伟

# 本书评审专家

（按姓氏笔画排序）

印遇龙　匡廷云　杨富裕　闵志东

# 编写说明

习近平总书记十分关心乡村特色优势产业的发展，作出一系列重要指示。2022年7月，习近平总书记在新疆考察时指出："要加快经济高质量发展，培育壮大特色优势产业，增强吸纳就业能力。"2022年10月，习近平总书记在陕西考察时强调："产业振兴是乡村振兴的重中之重，要坚持精准发力，立足特色资源，关注市场需求，发展优势产业，促进一二三产业融合发展，更多更好惠及农村农民。"2023年4月，习近平总书记在广东考察时要求："发展特色产业是实现乡村振兴的一条重要途径，要着力做好'土特产'文章，以产业振兴促进乡村全面振兴。"党的二十大报告指出："发展乡村特色产业，拓宽农民增收致富渠道。巩固拓展脱贫攻坚成果，增强脱贫地区和脱贫群众内生发展动力。"

为认真贯彻落实习近平总书记的重要指示和党的二十大精神，中国乡村发展志愿服务促进会认真总结脱贫攻坚期间产业扶贫经验，启动实施"乡村特色优势产业培育工程"，选择油茶、油橄榄、核桃、杂交构树、酿酒葡萄，青藏高原青稞、牦牛，新疆南疆核桃、红枣9个特色优势产业进行重点培育。这9个产业，经过多年的发展，都具备了加快发展的基础和条件。不失时机地采取措施，促进高质量发展，不仅是必要的，而且是可行的。发展木本油料，向山地要油料，加快补齐粮棉油中"油"的短板，是国之大者。发展杂交构树，向构树要蛋白，加快补齐肉蛋奶中"奶"的短板，是国之大者。发展青藏高原青稞、牦牛和新疆南疆核桃、红枣，加快发展西北地区葡萄酒产业，是脱贫地区巩固拓展脱贫攻坚成果和实现乡村产业振兴的需要，也是增加农民特别是脱贫群众收入的重要措施。中国乡村发展志愿服务促进会将动员和聚合社会力量，通过培育重点企业、强化科技支撑、扩大市场销售、对接金融资源、发布蓝皮书等工作，服务和促进9个特色优势产业加快发展。

发布蓝皮书是培育工程的一项重要内容，也是一项新的工作，旨在普及产业知识，反映产业状况，推广良种良法，介绍全产业链开发的经验做法，营造产业发展的社会氛围，促进实现高质量发展。我们衷心希望，本丛书的出版发行，能够在这些方面尽绵薄之力。丛书编写过程中，得到了各方面的大力支持。我们诚挚感谢所有参加蓝皮书编写的人员，感谢在百忙之中参加评审的专家，感谢为丛书出版提供支持的出版社和各位编辑。由于是第一次组织特色优势产业蓝皮书的编写，缺乏相关经验和参考，加之水平有限，疏漏谬误在所难免，欢迎广大读者批评指正。

丛书编委会

2023年6月

# 代　序

## 乡村振兴特色优势产业培育工程实施方案

中国乡村发展志愿服务促进会

2022年7月11日

民族要复兴，乡村必振兴。脱贫攻坚任务胜利完成以后，“三农”工作重心历史性转到全面推进乡村振兴。为贯彻落实习近平总书记关于粮食安全的重要指示精神，落实《国家乡村振兴局 民政部关于印发〈社会组织助力乡村振兴专项行动方案〉的通知》（国乡振发〔2022〕5号）要求，中国乡村发展志愿服务促进会（以下简称促进会）认真总结脱贫攻坚期间产业扶贫经验，选择油茶、油橄榄、核桃、酿酒葡萄、杂交构树，青藏高原青稞、牦牛，新疆南疆核桃、红枣9个特色优势产业进行重点培育，编制《乡村振兴特色优势产业培育工程实施方案》（以下简称《实施方案》）。

### 一、总体要求

#### （一）指导思想

以习近平新时代中国特色社会主义思想为指导，全面贯彻习近平总书记关于“三农”工作的重要论述，立足新发展阶段，贯彻新发展理念，构建新发展格局，落实高质量发展要求。按照乡村要振兴、产业必先行的理念，坚持“大食物观”，立足不与粮争地，坚守18亿亩耕地红线，本着向山地要油料、向构树要蛋白的思路，加快补齐粮棉油中“油”的短板、肉蛋奶中“奶”的短板，持续推进乡村振兴特色优势产业培育工程。立足帮助优质农产品出村进城，不断丰富市民的“米袋子”“菜篮子”“果盘子”“油瓶子”，鼓起脱贫地区人民群众的“钱袋子”。立足推动农业高质高效、乡村宜居宜业、农民富裕富足，为全面推进乡村振兴、加快农业农村现代化提供有力支撑。

### （二）基本原则

——坚持政策引导，龙头带动。以政策支持为前提，积极为产业发展和参与企业争取政策支持。尊重市场规律，发挥市场主体作用，择优扶持龙头企业做大做强，充分发挥龙头企业的示范带动作用。

——坚持突出重点，分类实施。突出深度脱贫地区，遴选基础条件好、带动能力强的企业，进行重点培育。按照“分产业、分区域、分重点”原则，积极推进全产业链发展。

——坚持科技支撑，金融助力。加强对特色优势产业发展的科研攻关、科技赋能作用，促进科研成果及时转化。对接金融政策，促进企业不断增强研发能力、生产能力、销售能力。

——坚持行业指导，社会参与。充分发挥行业协会指导、沟通、协调、监督作用，帮助企业加快发展，实施行业规范自律。充分调动社会各方广泛参与，“各炒一盘菜，共办一桌席”，共同助力产业发展。

——坚持高质量发展，增收富民。坚持“绿水青山就是金山银山”理念，帮助企业转变生产方式，按照高质量发展要求，促进产业发展、企业增效、农民增收、生态增值。

### （三）主要目标

对标对表国家“十四五”规划和2035年远景目标纲要，设定到2025年、2035年两个阶段目标。

——到2025年，布局特色优势产业培育工程，先行试点，以点带面，实现突破性进展，取得明显成效。完成9个特色优势产业种养适生区的划定，推广“良种良法”，建设一批生产基地。培育一批龙头企业、专业合作社和家庭农场等市场主体，建立重点帮扶企业库，发挥引领带动作用。聘请一批知名专家，建立专家库，做好科技支撑服务工作。培养一批生产、销售和管理人才，增强市场主体内生动力，促进形成联农带农富农的帮扶机制。

——到2035年，特色优势产业培育工程形成产业规模，实现高质量发展。品种和产品研发取得重大突破，拥有多个高产优质品种和市场占有率高的产品。种养规模与市场需求相适应，加工技术不断创新，产品质量明显提升，销售盈利能力不断拓展，品牌影响力明显增强。拥有一批品种和产品研发专家，一批产业发展领军人才和产业致富带头人，一批社会化服务专业人才。市场主体发展壮大，实现一批企业上市。联农带农富农帮扶机制更加稳固，为共同富裕添砖加瓦，作出积极贡献。

## 二、重点工作

围绕特色优势产业培育工程目标，以“培育重点企业、建立专家库、实施消费帮、搭建资金池、发布蓝皮书”为抓手，根据帮扶地区自然禀赋和产业基础条件，做好五项重点工作。

### （一）培育重点企业

围绕中西部地区，特别是三区三州和乡村振兴重点帮扶县，按照全产业链发展的思路遴选一批产业基础好、发展潜力大、创新能力强的企业，建立重点帮扶企业库，作为重点进行培育。对有条件的龙头企业，按照上市公司要求和现代企业制度，从政策对接、金融支持、消费帮扶等方面进行重点培育，条件成熟的推荐上市。

### （二）强化科技支撑

遴选一批品种研发、产品开发、技术推广、工艺研究等方面的专家，建立专家库，有针对性地对制约产业发展的“卡脖子”技术难题进行联合攻关。为企业量身研发、培育种子种苗，用“良种良法”助力企业扩大种养规模。加强产品研发攻关，提高产品品质和市场竞争力。充分发挥企业家在技术创新中的重要作用，鼓励企业加大研发投入，承接和转化科研单位研究成果，搞好技术设备更新改造，强化科技赋能作用。

### （三）扩大市场销售

帮助企业进行帮扶产品认定认证，给帮扶地区产品提供“身份证”，引导销售。利用促进会“帮扶网”“三馆一柜”等平台和载体，采取线上线下多种方式销售。通过专题研讨、案例推介等形式，开展活动营销。通过每年发布蓝皮书活动，帮助企业扩大影响，唱响品牌，进行品牌销售。

### （四）对接金融资源

帮助企业对接国有金融机构、民营投资机构，引导多类资金对特色优势产业培育工程进行投资、贷款，支持发展。积极与有关产业资本合作，按照国家政策规定，推进设立特色优势产业发展基金，支持相关产业发展。利用国家有关上市绿色通道，帮扶企业上市融资。

### （五）发布蓝皮书

组织专家编写分产业的特色优势产业发展蓝皮书。做好产业发展资料收集、整理、分析工作，加强国内外发展情况对比分析，在总结分析和深入研究的基础上，按照蓝皮书的基本要求组织编写，每年6月前对外发布上一年度产业发展蓝皮书。

## 三、保障措施

### （一）组建项目组

促进会成立项目组，制定《实施方案》并组织实施。项目组动员组织专家、企业家和有关单位，分别成立9个项目工作组，制定产业发展实施方案并组织实施。做好产业发展年度总结，编写好分产业特色优势产业发展蓝皮书。

### （二）争取政策支持

帮助重点龙头企业对接国家有关产业政策、产业发展项目。协调相关部门，加大帮扶工作力度，争取将脱贫地区重点龙头企业的产业发展规划纳入国家有关部门和有关地区的专项发展规划并给予支持。争取各类金融机构对重点帮扶龙头企业给予贷款、融资优惠，助力重点帮扶企业加快发展。

### （三）坚持典型引领

选择一批资源禀赋好、发展潜力大、市场前景广的种养基地作为示范种养典型，选择一批加工能力精深、技术先进、效益良好的龙头企业作为产品加工示范典型，选择一批增收增效、联农带农富农机制好的市场主体作为联农带农富农典型。通过典型示范，引领特色优势产业培育工程加快发展。

### （四）搞好社会动员

建立激励机制，让热心参与特色优势产业发展的单位和个人政治上有荣誉、事业上有发展、社会上受尊重、经济上有效益。加强宣传工作，充分运用电视、网络等多种媒体，加大舆论宣传推广力度，营造助力特色优势产业培育工程的良好社会氛围。招募志愿者，创造条件让志愿者积极参与特色优势产业培育工程。

### （五）加强协调促进

充分利用促进会在脱贫攻坚阶段取得的产业发展经验和社会影响力，协调脱贫地区龙头企业对接产业政策，动员产业专家参与企业技术升级和产品研发，衔接金融资源帮助企业解决资金难题。发挥行业协会的积极作用，按照公开、透明、规范要求，帮助企业规范运行，自我约束，健康发展。

## 四、组织实施

### （一）规范运行

在促进会的统一领导下，项目组和项目工作组根据职责分工，努力推进9个特色优势产业培育工程实施。项目组要根据产业特点组织制定专家库、重点帮扶企业库的建设与管理办法、产业发展培育项目管理办法，包括金融支持、消费帮扶、评估评价等办法，做好项目具体实施工作。

### （二）宣传发动

以全媒体宣传为主，充分发挥新媒体优势，不断为特色优势产业培育工程实施营造良好的政策环境、舆论环境、市场环境，让企业家专心生产经营。宣传动员社会各方力量，为特色优势产业培育工程建言献策。

### （三）评估评价

发动市场主体进行自我评价，通过第三方调查等办法进行社会评价。特色优势产业培育工程项目组组织有关专家、行业协会、企业代表，对9个特色优势产业发展情况、市场主体进行专项评价。在此基础上，进行评估评价，形成特色优势产业发展年度评价报告。

CONTENTS | 目录

## 第二章 杂交构树产业市场情况分析 / 043



## 第三章 杂交构树产业创新发展分析 / 065

## 第六章 杂交构树产业面临的挑战与促进举措 / 161



## 附件 / 179

第一章 CHAPTER 1

# 杂交构树产业概况

# 第一节　杂交构树由来及其战略意义

面对我国新时期出现的粮食、土地、生态环境等危机和重大需求，通过科技创新，挖掘重要资源植物创制优良新品种是破解这些难题的重要途径。中国科学院植物研究所沈世华研究团队在收集评价野生构树基因资源的基础上，采用杂交选育、太空诱变育种等手段，培育出首个木本、高蛋白、功能型饲用杂交构树新品种，在保留原有优良遗传特性的同时，在产量、品质和加工等农艺性状方面也有显著提高。

## 一、原生构树及其历史文化

### （一）构树形态特性

构树（*Broussonetia papyrifera* L.）又名构叶、构桃、楮桃、楮实子等，属于桑科构属多年生乔木，体内有白色乳液；株高10~20米，树冠宽阔，分枝多；根系发达，易侧向生长；树叶3~5裂或不分裂，表面粗糙有毛；植株分为雌、雄株，雄花序为柔荑花序，雌花序为球形或头状花序；果实为聚花果，成熟时为橙红色肉质球形浆果；种子小，呈紫红色，种皮坚硬；南方开花结果早，北方晚，花期4月，果期7~9月。

### （二）构树生态习性

构树原产于我国，除黑龙江、吉林、内蒙古、新疆等省（自治区）外，自然分布于我国大部分地区，南自热带海南岛，北至河北承德，东起台湾海滨，西达西藏藏南，从低海拔的平原到3000米的高山都有生长，是典型的乡土树种和先锋植物，耐干旱、贫瘠，抗病虫害，适应性强，常生长在丘陵、山坡、河滩地、平坦地，以及边坡岩壁、沟边路旁、房前屋后。随人类迁徙和社会活动，遍及东南亚大陆、太平洋岛屿以及日本、印度、巴基斯坦等国家，同时还被引种到英国、加纳、美国东南部等地。

## （三）构树功用价值

据考证，我们的祖先在 8000年前就开始利用石拍加工构树树皮衣服，并于6000多年前开启了向海外传播之路，远早于2000多年前的丝绸之路。2000多年前，在《诗经》《山海经》等古代典籍中就有关于构树的记载，构树在制衣、食用、造纸、药用、绿化等方面的利用上有着悠久的历史（图1–1）。

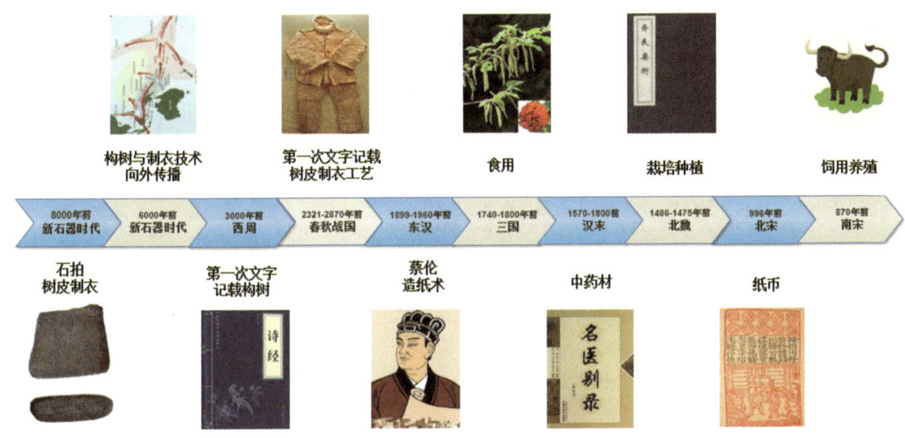


图1–1 构树利用历史时间轴

春秋战国，智慧的祖先就开始使用构树“树皮布”来遮羞保暖，直到现在海南等地仍有用构树皮制作衣服的民间工艺。三国时期，开始有采摘构树的花、叶以及果实食用的记载。《本草纲目》及《救荒本草》都详细描述了构树佳肴的食用方法。现代技术分析表明，构树果实的蛋白质及氨基酸含量高，营养丰富。可以说自古以来，构树在人们“穿衣吃饭”上一直发挥着作用。

构树皮纤维优良，是生产高级、特种纸的主要原料。汉朝以来构树皮普遍被用来造纸，我国古代四大发明之一的造纸术所用的原料就有构树皮。2006年，用构树皮造纸的贵州丹寨“古法造纸技艺”、云南“傣族构皮手工造纸技艺”被列入首批国家级非物质文化遗产名录。

构树还是重要的中药材，多个部分都可以入药，具有很高的药用价值，可用于治疗肾虚、头晕、目昏、阳痿、水肿、虫咬、痢疾、癣疮、腰膝酸软等症。现代技术研究发现，构树含有黄酮及生物碱等多种活性成分，在抗肿瘤、改善记忆力、抑菌、抗氧化、降压、抗血小板凝聚及抗前列腺炎等方面都有潜在的开发利用价值。

构树枝繁叶茂、树形优美，适应能力强、病虫害少，是荒山、边坡、矿区等生态修复的好树种。同时，也适合做庭荫树和行道树，是公园及风景旅游区常见的绿化树种。宋朝苏轼《宥老楮》、张耒《满庭芳·裂楮裁筠》，明朝袁中道《楮亭记》等诗词杂文中都有庭院种植构树遮阴纳凉等方面的记载。

随着经济的增长、社会的发展和科技的进步，对构树的开发和利用越来越多，这一古老的树种必将为我们的生活、生产、生态等方面创造出更多的价值。

### （四）构树产业化中的消极因素

虽然几千年前构树在树衣、中药、造纸、饲用和园林等方面已有利用，但由于其处于野生状态未被驯化改良，很多生物学性状、农艺性状决定了其难以产业化和规模化生产利用。主要表现在：

一是野生构树木质化程度高，纤维素含量多，粗蛋白含量低，嫩杆很难全株饲喂。

二是幼嫩茎杆有毛扎手，叶面粗糙，作为饲料适口性差，需要切碎煮熟才能饲用。

三是生长较慢，产量低，木质化程度高，不能连杆带叶使用，也不能规模化、机械化采收。人工采叶成本高，爬树采叶既麻烦又危险。

四是野生构树雌、雄异株，没有形成品系，以种子繁殖的实生苗个体差异大，后代农艺性状不稳定。

五是根深粗大，易破坏土层，不能像农作物那样在耕地上种植，立地条件、农作环境差，不便于产业化。

六是构树雌株有红色果实，易被鸟类采食，导致无序传播，耕地上生长难以除尽。用于人工道路园区绿化时，其成熟果实掉到地上会弄脏地面，不易清扫，还招养虫子，影响景观。

虽然原生构树用途广泛，具有开发利用潜力，是重要资源植物和育种研究材料，但是只有经过科学研发、系统选育，这个古老的资源树种才会为我们的生活、生产、生态等方面创造出更多价值。

## 二、杂交构树的优势及其产业

### （一）杂交构树形态特征

杂交构树“科构101”为多年生小乔木。主干分枝多，侧枝发达，树冠开阔；树皮平滑、厚实，灰褐色。树叶轮生或两侧排列，叶脉三出，侧脉多数；叶片3裂或5裂或不裂；叶大型，宽卵形，叶面光滑无毛。根系发达，主根不明显，侧根多，常生长在土壤浅层。雌株，球形花序，花期4～5月，败育，不能形成种子，自然条件下靠萌生和根蘖无性繁殖。生长季节，幼芽嫩叶受伤时，会流出白色乳汁。

### （二）杂交构树生态习性

“科构101”属于阳性喜光树种，温度越高、光照越强、湿度越大、水肥越多，生长越快、产量越高、品质越好。同时，适应性也很强，可在年极端低温-20℃、年降雨300毫米以上、含盐量6‰以下的环境中原土种植，在有灌溉条件的甘肃河西走廊、新疆南疆，以及西藏海拔3000米以下的河谷平川也可人工栽种。耐干旱、瘠薄，能在荒山荒坡、石漠化、沙漠化、盐碱地生长。抗病虫害能力强，生长过程中未发现明显的病虫害。耐砍伐，当年栽植，当年收获，每年可多次收割，越往热带收割次数越多，一次种植，多年受益，可连续收割15年以上。

“科构101”树种为单性雌株，败育，不能形成种子，无性繁殖，在自然条件下萌生和根蘖繁殖扩大种群，传播范围有限，可以严格控制在人为种植区域内，不存在无序传播和生物入侵，物种生态评价安全。

### （三）杂交构树主要经济性状

杂交构树在保持原生构树优良特性的同时，还有如下主要优势。

#### 1. 速生、丰产、耐砍伐

在水肥条件较好的农地种植“科构101”，2个月左右可长到约1.2米高，即可采收第一茬。温带地区每年采收2～4次，亩产鲜枝叶5吨左右；亚热带地区每年采收4～6次，亩产8吨左右；热带地区每年6～8茬，亩产高达10多吨。温带地区同样地块上蛋白质饲草苜蓿每年可刈割2～3茬，产鲜草约3吨；能量饲草青贮玉米一年一茬，亩产约4吨。从每年的产值来看，每吨按600元计算，温带地区种植杂交构树每亩收入为3000元左右，比种苜蓿增收1200元，增加66%；比种青贮玉米增收1600元，增加114%（表1–1）。

杂交构树是多年生作物，一次栽种，多年受益，像割韭菜一样，可连续收割15～20年，不翻动土层，减少水土流失，有利于耕地保育。

**表1–1　常见饲料作物性能比较**

| 品种名称 | 杂交构树 | 苜蓿（蛋白质饲草） | 青储玉米（能量饲草） |
|---|---|---|---|
| 属性 | 多年生，木本 | 多年生，草本 | 一年生，草本 |
| 每年亩产鲜重 | 5吨 | 3吨 | 4吨 |
| 年采次数 | 3～5次 | 2～3次 | 1次 |
| 经济寿命 | 15～20年 | 5年 | 1年 |
| 每亩年产值 | 3000元 | 1800元 | 1400元 |

注：数值来源于2019年的统计

## 2. 蛋白高、营养丰富、适口性好

农业农村部饲料效价与安全监督检验测试中心的检测表明，生长在贵州省务川县的杂交构树，待长到1.2米高时，连枝带叶全株刈割，其干物质粗蛋白含量为25.41%，比苜蓿的粗蛋白含量的19%高出6.41个百分点。山东省牡丹区种植的杂交构树，全株青贮料粗蛋白含量为21.15%，比苜蓿发酵料的18%高出3.15个百分点（表1–2）。如按每年亩产8吨鲜枝叶、干料2吨计算，折合成净粗蛋白质产量为423千克/亩·年，相当于种植7亩大豆［150千克/亩·年（产量）×40%（蛋白质含量）=60千克/亩·年（蛋白质）］，是目前单产蛋白质最高的饲用作物。

饲用组分测定表明：杂交构树的中性洗涤纤维和酸性洗涤纤维不管是鲜料还是发酵料都比苜蓿的低，这意味着适口性好，便于消化吸收。而重要的矿物质营养钙、磷组分，杂交构树都比苜蓿高（见表1–2）。

表1–2　全株杂交构树和全株苜蓿的主要常规营养成分比较（干物质基础）

| 项目 | 鲜料（%） | | | 发酵料（%） | | |
|---|---|---|---|---|---|---|
| | 杂交构树A | 苜蓿LY | 前后对比 | 杂交构树B | 苜蓿LY | 前后对比 |
| 粗蛋白 | 25.41 | 19.00 | 33.74 | 21.15 | 18.00 | 17.50 |
| 中性洗涤纤维 | 41.44 | 46.00 | –9.91 | 46.72 | 49.00 | –4.65 |
| 酸性洗涤纤维 | 22.76 | 34.00 | –33.05 | 32.64 | 37.00 | –11.78 |
| 钙 | 2.11 | 1.35 | 56.29 | 1.74 | 1.4 | 24.28 |
| 磷 | 0.33 | 0.27 | 22.22 | 0.36 | 0.29 | 24.14 |

注：A，被检原料来源于贵州省务川县，检测报告编号是No. WJ171345；B，被检原料来源于山东省牡丹区，检测报告编号No. WJ181327；LY，数据来自中国饲料成分及营养价值表（2019年第30版）

杂交构树中氨基酸含量高，种类齐全。苜蓿和豆粕中有12种氨基酸，而杂交构树可以检测到18种氨基酸，特别是除了色氨酸之外，8种动物必需氨基酸的含量（赖氨酸、色氨酸、苯丙氨酸、蛋氨酸、苏氨酸、异亮氨酸、亮氨酸和缬氨酸）均高于苜蓿。

### 3. 富含类黄酮等功能活性物质

采用超声方法提取类黄酮，通过分光光度计进行测定显示，杂交构树叶片类黄酮含量达5.38%，紫花苜蓿叶片类黄酮含量为0.34%，杂交构树叶片类黄酮含量是紫花苜蓿的15倍。利用超高效液相色谱串联质谱方法，分析杂交构树类黄酮化合物组成，发现有20种组分，包括绿原酸、新绿原酸、芹菜素、木犀草素、芹菜素苷元、木犀草素苷元等，如表1–3所示。紫花苜蓿最常见的类黄酮种类主要为芹菜素、木犀草素、苜蓿素，起重要功能作用的绿原酸很少，含量为0.009%，而杂交构树绿原酸含量为1.087%，是紫花苜蓿的114倍。

表1–3　杂交构树类黄酮种类分析及含量

| 序号 | 类黄酮分类 | 含量（μg/g） |
|---|---|---|
| 1 | 新绿原酸 | 6490.59 |
| 2 | 绿原酸 | 4384.15 |
| 3 | 矢车菊素–3–O–芸香苷 | 18.59 |
| 4 | 5,7,4′ –三羟基–6–C–阿拉伯糖–β–D–葡萄糖苷 | 292.00 |

续表

| 序号 | 类黄酮分类 | 含量（μg/g） |
|---|---|---|
| 5 | 5,7,4′ –三羟基–6–C–[a–L–鼠李糖（1→2）]–β–D–葡萄糖苷 | 230.64 |
| 6 | 5,7,4′ –三羟基–8–C–阿拉伯糖–β–D–葡萄糖苷 | 153.40 |
| 7 | 5,7,4′ –三羟基–8–C–[a–L–鼠李糖（1→2）]–β–D–葡萄糖苷 | 19.66 |
| 8 | 异荭草苷 | 387.97 |
| 9 | 荭草苷 | 319.04 |
| 10 | 牡荆素–7–O–β–D–葡萄糖苷 | 448.30 |
| 11 | 牡荆素/异牡荆素 | 1335.97 |
| 12 | 木犀草素–C–六碳糖，C–六碳糖 | 122.02 |
| 13 | 木犀草素–7– O–β–D–葡萄糖苷 | 987.16 |
| 14 | 木犀草素–7– O–β–D–葡糖醛酸 | 1779.24 |
| 15 | 木犀草素 | 27.39 |
| 16 | 芹菜素–C–六碳糖，C–六碳糖 | 782.71 |
| 17 | 芹菜素–7– O–β–D–葡萄糖苷 | 991.68 |
| 18 | 芹菜素–7– O–β–D–葡糖醛酸 | 2422.30 |
| 19 | 二氢芹菜素衍生物 | 77.87 |
| 20 | 芹菜素 | 9.21 |

类黄酮是仅在植物体合成的一类多功能次生代谢化合物，在植物生长、发育和繁殖，特别是植物环境适应、提高免疫和防御能力方面起着重要作用，也是评价作物品质、药用价值和功能活性等的主要指标。类黄酮具有多种功效和应用价值，有很强的抗氧化作用，可有效清除体内的氧自由基，防止衰老退化，降低血脂和胆固醇，降低血糖，促进血液的循环，减少心脑血管疾病的发病率，改善睡眠。类黄酮具有消炎抗菌解毒作用，可以护肝、解肝毒、止咳、祛痰、提高机体免疫力。在畜牧业动物养殖生产上，类黄酮能显著提高动物生产性能，改善动物机体免疫机能，增强动物的抗病能力，减少抗生素等药物的使用。

**4. 木质素低、纤维优良**

杂交构树嫩枝木质素为16%左右，比野生构树木质素降低至少2个百分点，纤维、半纤维也得到优化，实现了从以前只能用叶片到现在全株连枝带叶使用，从只能人工摘叶到机械化采收的飞跃。

杂交构树树皮富含纤维，品种优良，平均长度为7.45毫米，纤维表面光滑，并且与苎麻、棉纤维的化学组成和结构上类似，是高级轻工纺织品、宣纸等高档纸的原料。杆芯材质疏松，色泽白，纤维含量为46.7%，平均长度为0.8毫米，强度大，与杨树、桉树等木本植物相当；而木质素含量为16.2%，比桉树、杨树的木质素含量低。一年生杂交构树杆芯用硫酸盐法制浆率为50%左右，与5年生三倍体毛白杨相当，高于3年生细叶桉，是优良的造纸原料。杆芯可做普通板材使用，加工纤维板、刨花板、大芯板、胶合板等；枝干粉碎后可做菌包，是种植蘑菇的好材料，也可以加工成燃料块发电，供乡村人民生产、生活使用。

### （四）杂交构树用途与产业

#### 1. 饲料养殖产业

我国养殖业面临的"三大瓶颈"制约很难在短期内得到根本改变，杂交构树饲料恰好适于作为优质畜禽饲料原料。加之国家相关政策扶持，杂交构树饲料、养殖产业必将在其适生区域逐步兴起，其前景将十分可观。

#### 2. 制浆造纸产业

目前我国纸张的需求量已经超过世界人均消费水平，但因原料缺乏，过度依赖进口纤维。依托杂交构树的纤维特点和规模种植优势，在适生区域实施"林—浆—纸"一体化战略，发展制浆、造纸产业，是大势所趋。

#### 3. 生态治理、国土绿化产业

杂交构树因抗逆性、抗污染性强，而且树形美观、适生范围广，已被实践证明为生态治理和国土绿化的理想树种。秉持"生态产业化"思路，将杂交构树种植赋予产业功能，形成生态治理和国土绿化产业，是一件顺理成章的事情。

#### 4. 菌菇养殖产业

针对目前制约食用菌产业发展的瓶颈问题，如主要原料木屑资源短缺，而辅料麸皮、豆粕等原料价格偏高等。以构树全株粉碎物为主要原料，通过碳氮比例调配，设计适宜不同食用菌的替代高效栽培料配方，可生产生物转化率高的食用菌栽培基质，缓解食用菌产业发展面临的原料问题。

**5. 食品、饮料产业**

杂交构树的花、果等不仅可以食用，而且营养价值很高。将杂交构树的叶片、花、果等制作成各种菜肴、面食、点心、果汁、果酱，将其嫩芽、嫩叶制作成茶叶和饮料等，必将受到消费者的青睐。

**6. 保健品、化妆品产业**

资料显示，杂交构树的果实和相关提取物含有丰富的营养保健和美容功能，将其制成保健、化妆品，可抗衰老、增强人体免疫力。目前由此种果实制成的多功能饮料已被专家称为“第四代功能性保健饮料”。

**7. 制药产业**

将杂交构树的果实、根和种子入药，不仅能补肾利尿、强筋骨，还具有降血压、增强免疫力、抗前列腺炎、治疗皮肤病等作用，目前临床已经用于治疗浅部真菌感染、老年性痴呆和肝炎等。未来通过杂交构树规模化种植，可进一步开发工业化生产亚油酸胶囊和生物杀菌剂。

**8. 人造板产业**

杂交构树的树干和枝条由于出浆率高、原料成本低，可以直接用来生产密度板用浆，或直接粉碎制造刨花板。在我国人造板业原料供应不足的大背景下，通过大规模种植杂交构树推动人造板业大发展，不失为好的选择。

**9. 生物制炭产业**

利用杂交构树材质天然多孔、灰分低等特征，可开发空气和水体污染治理净化活性炭、储能炭、特异性能炭等新型炭材料。以杂交构树纤维素或木质素为原料，可开发高性能活性炭纤维。针对构树木材生物量大、芯材灰分低的特点，可直接热解炭化加工固定碳含量90%以上的工业硅还原剂和高热值清洁民用炭燃料。在云南保山市已建立万吨级工业硅用木炭还原剂示范线。

**10. 精细林化工产业**

杂交构树半纤维素含量比一般木材高出30%，采用水热炭化制备生物基化学品技术，可将半纤维素解聚转化为低聚糖、乙酰丙酸、糠醛等生物基化学品。研究构树叶精蛋白提取技术，可开发植物精蛋白食品、保健品。

## 三、杂交构树产业的战略意义

### （一）发展杂交构树产业有利于破解我国蛋白质饲料“卡脖子”难题

我国每年生产约6.8亿吨粮食，口粮得到了基本保障，但饲料粮严重不足。2022年，我国进口粮食总量为1.4687亿吨，是国产粮食的21.4%。其中进口大豆达9108.1万吨，进口依赖率为81.78%，进口金额612.4亿美元（4103亿人民币），进口均价为4484.8元人民币/吨，较2021年增长25%。另外，进口苜蓿干草178.77万吨，进口金额9.258亿美元，平均到岸价517.88美元/吨（3509元人民币/吨），比2021年涨35.6%。蛋白质的缺口已成为制约我国畜牧业发展的“卡脖子”难题，新时期落实粮食安全的首要任务就是保障我国足量、优质饲料粮的供给需求。

杂交构树是优质非粮蛋白质饲草料，猪饲料添加15%左右（干物质基础），牛羊饲料添加50%左右，可以“以树代粮”替代部分豆粕、玉米和苜蓿，缓解“人畜争粮”的矛盾。在大量边际土地、低产田和闲置农地等种植杂交构树，结合“粮改饲”供给侧结构性改革，规模化生产蛋白原料，可以有效化解“粮饲争地”难题。

### （二）发展杂交构树产业有利于保障我国食品安全

随着我国社会经济的发展，居民的膳食结构发生了巨大的改变，对肉、蛋、奶的消费量与日俱增，呈现从“吃饱”到“吃好”“吃健康”的转变。2022年，我国生产猪牛羊禽肉9227万吨，奶类4030万吨。但总量仍需要进口，进口肉类740.4万吨，金额317.4亿美元，进口乳品1917万吨，金额139.36亿美元。特别是高端肉奶缺口较大，其中乳品约1/3进口；牛肉国产718万吨，进口269万吨，进口率为27.25%，在数量上存在巨大需求。另外，从维护畜禽食品安全的角度看，传统饲料因其在原料作物种植过程中通常都需要施用农药、化肥、除草剂等化学产品，在饲料加工过程中又常常使用抗生素、增长剂、瘦肉精、防腐剂等无机化学添加剂，这会对畜禽动物的健康生长造成不利影响，导致畜禽产品（包括各类肉、蛋、奶和水产品等）存在诸多安全隐患，进而影响人们的身体健康，甚至引发不少食品安全事件。

杂交构树抗性强，耐病虫害，生长过程不打农药，能有效控制农药残留。杂交构树是药食同源植物，富含类黄酮、果胶等生理活性保健物质，在饲料加工和养殖过程中也无须使用抗生素、增长剂、瘦肉精、防腐剂等化学添加剂。用其做饲料，解决了养殖过程中的防疫抗生素等药物超标问题，为餐桌食品安全和人们身体健康提供了可靠的保障。同时，杂交构树氨基酸总量高，种类齐全，富含风味氨基酸和人畜必需氨基酸，用其养殖畜禽能显著改善畜产品的风味，提升品质。这类畜产品的腥味膻味降低，肉质肥而不腻，瘦而不柴，含有独特的构香味。

据国家权威机构检测和分析，用杂交构树配合饲料饲养生产的鸡蛋营养价值明显高于普通鸡蛋，其中钙含量、DHA（俗称脑黄金）含量、多不饱和脂肪酸含量和单不饱和脂肪酸含量分别是普通鸡蛋的7.36倍、2.39倍、2.72倍和1.98倍，而胆固醇含量仅为普通鸡蛋的一半。用其做饲料饲养生产的猪肉肉质鲜嫩，脂肪含量比普通猪肉降低三分之二，蛋白质增加10%，氨基酸特别是人体必需氨基酸显著高于普通猪肉。用其做饲料饲养生产的牛肉比普通牛肉大理石花纹呈色好，脂肪降低一半，蛋白质、必需氨基酸和风味氨基酸含量高。用其做饲料饲养生产的羊肉色泽鲜亮，肉质细嫩，DHA和EPA（常称血管清道夫）含量分别是普通羊肉的2倍、1.6倍。实践表明，大力发展杂交构树蛋白质产业有利于百姓餐桌食品安全和国民体质健康。

### （三）发展杂交构树产业有利于巩固拓展脱贫攻坚成果，助力乡村振兴

一是可以有效增加农民的实际收益。杂交构树易种植，门槛低，见效快，收入高。多地实践表明，在同样地块，种植杂交构树每年收入3000元以上，高于种植传统农作物的收入。如果种养结合，1亩杂交构树的饲料（按照平均8吨/

亩·年计算）加工成全价饲料至少可饲2头牛，或10头猪，或20只羊，产值在4万元/亩·年左右，这是种植其他饲料作物无法企及的。同时，用其饲养生产的产品品质好，价格也比普通畜产品高出1~2倍。

二是可以有效降低生产成本。据测算，用杂交构树做畜禽的饲料，至少可使生产成本降低20%以上。因为：杂交构树一次栽种可连续收获15~20年，无须年年换苗、整地，还能保持水土，可节约种苗投入和管理成本；在杂交构树的生长过程中不必打农药，在其饲料制作过程中不必添加抗生素、瘦肉精等添加剂，可节约不小的经费开支；杂交构树饲料的重金属等有害物均远远低于传统饲料，能够大大提高畜禽免疫力和健康度，减少畜禽防疫、治病的支出。

三是可以为农民提供就地就业创业的机会。杂交构树蛋白质产业是承工启农的中轴产业，它上连种植业、饲料工业，下连畜产品加工业，对劳动力吸纳能力强，可以使广大农村富余劳动力就地转移，充分就业，进一步拓宽农民增收渠道。在一些地区，政府引导和龙头企业带动，大力发展“一乡一品”“一县一特”等杂交构树生态农牧业特色支柱产业，当地农民通过土地出租或入股分红、参与经营、务工等途径获得收益。

### （四）发展杂交构树产业有利于美丽中国与生态文明建设

十多年的种植试验表明，杂交构树根系发达，生命力和适应性、抗逆性都十分强，是江河湖泊岸边、海岸滩涂，以及干旱、瘠薄、盐碱、石漠化、沙化及矿山等地植被构建和生态修复的理想树种。同时，杂交构树还具有释氧固氮、吸附二氧化硫、滞留烟尘、富集转移多种重金属、减少雾霾和酸雨生成的生态功能。加之树形美观、容易种植和便于管理，可为我国乡村绿化美化、实现“生态宜居”作出贡献。由此可见，种植杂交构树不仅有经济价值，还有助于水土保持和石漠化治理，促进生态修复，保障生态安全。

杂交构树饲料的消化吸收率高，抗生素、农药残留、重金属等低，可加工有机肥。而且，杂交构树对粪污的消纳能力强，是普通作物的2~3倍，用其饲养的畜禽在养殖过程中产生的粪污废水经过沼气池发酵后，作为有机肥回到杂交构树种植园，既满足了杂交构树生长所需养分，又解决了养殖面源污染的问题，形成杂交构树“种—养”结合生态农牧业的有机循环。此外，发展杂交构树生态农牧业还可以将人类不能直接利用的秸秆、糟渣等农业副产品，与杂交构树蛋白质饲草料配合生产全价饲料用于养殖，生产有机肥料反哺种植业，以最简单的方式实现最大限度的转化增值。这也是化解长期以来由秸秆燃烧引发空气污染难题、提高资源利用率、促进农业良性循环的重要途径。

## 第二节　杂交构树产业发展历程

杂交构树的研究始于1998年，中国科学院植物研究所科研人员在收集构树野生资源的基础上，通过种内和种间杂交创制新种质，于2003年获得速生丰产造纸用杂交构树，先后与北京八亿绿洲生物技术研究发展中心、大连中植环境生物科技有限公司、菲菲森旺城市绿化有限公司等企业合作，开展杂交构树“林—浆—纸”一体化产业试验示范。2004年，首次通过第20颗返回式科学与技术卫星搭载后，先后经由神舟飞船、种子卫星、天宫一号和天宫二号等9次太空飞行，持续选育杂交构树新品系。2007年获得饲用杂交构树“科构101”，经中国农业科学院饲料研究所刁其玉教授团队分析评价，“科构101”具有较高饲用价值。中科院植物所沈世华研究员提出杂交构树“以树代粮、种养结合”“林—料—畜”一体化生态农牧业设想。2009年，中科院植物所与唐山市政府合作，在中国科学院唐山高新技术研发与转移转化中心中试和在全国试验示范。2014年列入精准扶贫十大工程。2022年入选中国乡村发展志愿服务促进会9项“乡村振兴特色优势产业培育工程”，助力我国畜牧业高质量发展与乡村振兴。

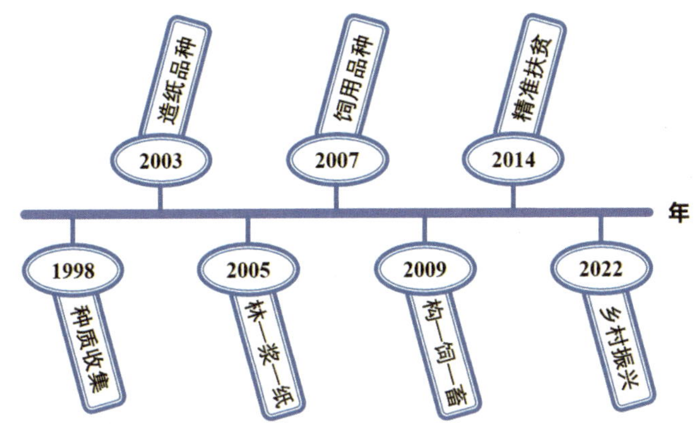


图1–2　杂交构树研发与应用时间轴

## 一、杂交构树区域试验示范（2004—2014年）

2004—2014年，中国科学院植物研究所科研人员与企业和地方政府等单位合作，在全国22个省（区、市）70多个县开展了环境适应性种植与产业化应用试验，见表1–4。

表1–4　2004—2014年全国杂交构树试种情况

| 序号 | 省（区、市） | 县（市、区） |
|---|---|---|
| | 北京 | 海淀、怀柔、顺义 |
| | 天津 | 塘沽、大港、静海 |
| | 重庆 | 酉阳、彭水、秀山、江北 |
| | 河北 | 武安、涿州、泊头、海星、盐山、张家口市高新区、下花园区、涿鹿、元氏、唐山市高新区、尚义、迁安、迁西、曹妃甸、卢龙、永清、易县 |
| | 辽宁 | 金州、普兰店、瓦房店、大连市高新区、营口 |
| | 内蒙古 | 石拐、奈曼 |
| | 宁夏 | 银川、石嘴山 |
| | 甘肃 | 榆中 |
| | 新疆 | 策勒、伊犁、阿勒泰 |
| | 山西 | 平陆、榆次、阳曲、阳泉、襄垣、潞州、广灵、山阴、清徐、临汾 |
| | 陕西 | 榆林 |
| | 山东 | 昌邑、枣庄、高唐、东营、河口、沾化 |

续表

| 序号 | 省（区、市） | 县（市、区） |
|---|---|---|
| | 河南 | 孟州、长垣、焦作、濮阳 |
| | 四川 | 南充 |
| | 贵州 | 绥阳、黔东南州、毕节 |
| | 云南 | 勐腊、双柏 |
| | 湖北 | 沙市 |
| | 湖南 | 宁远、绥宁、怀化 |
| | 福建 | 莆田 |
| | 江苏 | 仪征、邳州、东台 |
| | 广西 | 柳州 |
| | 广东 | 天河 |

## （一）环境适应性试验

科研人员先后在北京海淀、怀柔林果地，河北邯郸市库区水源地、沧州盐碱地、唐山尾矿、张家口风沙源、石家庄三荒地，辽宁大连盐碱地、海滨滩涂、边坡石砾，山东菏泽和东营黄河滩地，山西阳泉煤矸石山，重庆江北荒石滩、彭水石漠化荒地，内蒙古包头荒石山、通辽沙地，贵州毕节边坡沙石地，广东广州、云南楚雄退耕还林地，湖北荆州、甘肃兰州及新疆伊犁、石河子耕地等地区，对不同气候类型、不同土壤立地条件进行了原土种植，观测杂交构树的成活率、生长发育与越冬情况及耐抗能力，评价杂交构树环境适应性与生态效益。结果表明，杂交构树有很强的耐瘠薄、抗干旱、抗重金属和有害污染物的能力，能在极端最低-25℃、含盐量6‰以下、pH值8以上环境中成活。杂交构树还有很强的粪肥消纳能力，是普通草本农作物的3～4倍，几乎无病害，偶有蛀干型害虫天牛，表现出广泛的适应性和耐抗性。

## （二）产业化应用试验

科研团队先后在北京海淀、顺义，天津大港、静海，辽宁大连，河北唐山、保定、廊坊，山西运城、太原、晋中、阳泉、长治，山东聊城、滨州、东营，河南新乡、濮阳，福建莆田，湖南邵阳、永州，四川南充，重庆酉阳、秀山，贵州遵义，云南楚雄，安徽安庆，江苏徐州、苏州，宁夏石嘴山等地区分别开展了杂交构树“构—饲—畜”全产业链等产业化应用试验。各地因立地条件不同，在杂交构树的栽培管理、产量、品质、采收加工等方面有较大差别。结果显示，杂交构树在种苗繁育、栽培管理、饲料养殖以及打浆造纸、菌菇培育、生态治理、茶叶加工等多个领域展现出良好的应用效果。

**1. 安徽省岳西县杂交构树“育—种—养”试验基地**

岳西县位于安徽省西南部，地处大别山腹地，是长江和淮河流域的分水岭，总地势属我国第三级阶梯中的中低山区，素有“八山一水半分田，半分道路和庄园”之称。人多地少，为纯山区农业县。县域雨水充沛，年均降雨1400毫米以上，气候温和，属北亚热带湿润性季风气候区，适合于发展草食畜牧业，有著名的岳西黑猪、皖西白鹅、土鸡等。

2011年，岳西县从中科院植物所引进杂交构树发展山地生态农牧业，政府招商引资，当地成立安徽中科安岳林业科技发展有限公司，县国土部门安排土地整理专项资金，协助企业完成土地平整、入园道路建设等工程，所在乡村在土地流转等方面也给予了大力支持。建成了占地209亩的“杂交构树生态循环产业园”，包括：660平方米“杂交构树组培中心”、20栋炼苗大棚，年产可达700万株；“生物饲料加工厂”，可年产杂交构树生物饲料1万吨，其中杂交构树蛋白粉1500吨，“杂交构树+秸秆”混合饲料8500吨；“生态特色养殖场”示范养殖皖西白鹅300只、波尔山羊400头、土鸡1万羽、鱼1万尾等。还建有杂交构树纤维综合利用发展部、办公用房等。公司在中关乡、五河镇石质山及茅草山种植杂交构树2300余亩，建成“石质山造林示范基地”样板，每年采收3次，亩产4吨左右。2013年盈利500万元，2017年实现销售产值1200万元，取得良好的经济和生态效益。同时，采取“公司+合作社+农户”模式运转，即杂交构树树苗为公司垫资发放，嫩枝叶全部回收，种苗款在农民交回枝叶后逐步抵扣。农民亩均需要一次性投入种苗费用800元（2元/株），一年可获得杂交构树收入1500~1600元。由于杂交构树枝叶全部回收，农民无经营风险，因此当地群众种植杂交构树积极性较高。

### 2. 宁夏回族自治区石嘴山市杂交构树“种—养”试验基地

该试验基地位于宁夏北端石嘴山市惠农区简泉农场，地处贺兰山东麓，昔日为荒漠地、盐碱滩。属于中温带大陆性干旱气候，年均降水约140毫米，蒸发量大，空气干燥，温差较大，无霜期短。当地牛羊养殖量大，优质饲草料市场需求巨大。

2011年，石嘴山市雅园绿化工程有限公司引进杂交构树获得成功。石嘴山市发改委立项发展杂交构树产业，通过招商引资，在当地成立了宁夏宏昌汇容林业科技有限公司，联合推进杂交构树种养循环试验示范。目前，已投资1000万元，开展包括杂交构树栽培种植、青贮饲料加工和养殖业对比等一系列生产实验，总结摸索经验数据，同时进一步加强与地方沟通，为大规模发展杂交构树产业奠定基础。目前公司在盐碱沙荒地栽培杂交构树200亩，拥有杂交构树叶粉加工、青黄贮饲料加工、养殖基地（存栏300只羊、50头野猪、20匹马、20只鹿）等生产设施。

从实地调研看，2011年，该公司开始种植杂交构树，经过数年栽培，杂交构树表现良好。该试验基地每亩栽培600株，年收割3次，亩产杂交构树枝叶2吨。经测算，亩纯收益可达1400元。鉴定结果表明，杂交构树树叶蛋白含量高达26%，连杆带叶为20%~22%，远高于苜蓿草的蛋白含量。该公司的养殖试验表明，杂交构树树叶对促进动物生长效果也十分明显，但尚无经过认可的对比实验数据。

综上所述，杂交构树有三个特点：一是萌生能力强，丰产性高。一次栽植，可连续收获15~20年，每年刈割鲜枝叶3~5次，年产超过4吨。二是营养价值丰富，适口性更好。杂交构树树叶微量元素和氨基酸含量丰富，粗蛋白含量是苜蓿的1.4倍，叶片更厚更光滑，适口性更好，利用率更高，对提高动物免疫力有一定效果，可作畜、禽、鱼优质饲料原料。三是生态效果突出，适用性广。收获过程不挖根，不扰动土层，年极端低温-20℃以上、年降水300毫米以上、土壤盐分低于6‰均可正常生长，石漠化、沙漠化和盐碱治理与土地改良及防风治沙效果显著，既可保持水土，也可绿化城市。

## 二、杂交构树精准扶贫工程（2015—2020年）

2014年12月，杂交构树产业被国务院扶贫开发领导小组列入精准扶贫十大工程，国务院扶贫开发领导小组办公室（以下简称国务院扶贫办）高度重视，专门成立全国构树扶贫工程领导小组，刘永富主任亲自挂帅担任组长，开发指导司在中国扶贫发展中心设立项目办公室，协调各相关部委，采用中国科学院植物研究所杂交构树“科构101”以及产业化技术，重点在全国贫困地区实施杂交构树“构—饲—畜”一体化的生态农牧业产业扶贫。据不完全统计，杂交构树种植面积从2015年初的1.47万亩发展到2020年底的100余万亩，扶贫试点县增至200多个（表1–5），参与的构树企业或合作社达600多家，带贫模式多样，带贫效果明显，为打赢脱贫攻坚战贡献了积极力量。

表1–5　2015年以来全国杂交构树试种情况

| 序号 | 省（区、市） | 县（市、区） |
|---|---|---|
| | 北京 | 海淀、顺义 |
| | 天津 | 静海 |
| | 重庆 | 綦江、巫溪、丰都、云阳、酉阳、彭水、荣昌、忠县、秀山、巫山、城口、奉节 |
| | 河北 | 灵寿、魏县、平乡、临西、清河、涉县、曲阳、任丘、大名、古冶 |
| | 山西 | 蒲县、临县、兴县、孝义、娄烦、阳曲、代县、稷山、灵丘、神池、中阳、和顺、武乡、平顺、襄垣、吉县、垣曲、太古、洪洞 |
| | 辽宁 | 瓦房店、绥中 |
| | 内蒙古 | 土默特右旗、固阳、鄂托克前旗 |
| | 宁夏 | 平罗、惠农、利通、原州、隆德、贺兰、西夏、盐池 |
| | 甘肃 | 榆中、清水、西和、秦州、华亭、礼县、瓜州、凉州、宁县、宕昌、麦积、环县、定西、合水、成县、临夏 |
| | 新疆 | 岳普湖、英吉沙、莎车、克州阿图什、尉犁、墨玉、伊宁、和田、石河子 |
| | 青海 | 湟源、城中、海晏 |
| | 西藏 | 察雅、曲水、达孜、林周、墨竹工卡、南木林、贡嘎、桑日、昌都 |
| | 陕西 | 富平、凤县、汉阴、岚皋、柞水、陇县、商南、镇安、定边、洋县、神木、宁陕、淳化、石泉 |
| | 山东 | 牡丹、宁阳、东平、崂山、诸城、胶州、临朐、聊城市经开区 |

续表

| 序号 | 省（区、市） | 县（市、区） |
|---|---|---|
| | 河南 | 兰考、太康、平桥、淮滨、封丘、汝阳、淅川、宜阳、卫辉、濮阳、陕州、范县、商城、社旗、台前、辉县、修武、伊川、镇平、舞阳、叶县、卢氏、鲁山、洛宁、南召、内乡 |
| | 四川 | 安岳、洪雅、华蓥、冕宁、通江、屏山、安居、荣县、高县、筠连、得荣、金阳、叙永、利州、资中、井研、南部、阆中、米易、仁和、剑阁、宣汉、蓬溪、甘洛、威远 |
| | 贵州 | 务川、关岭、长顺、惠水、独山、贞丰、册亨、思南、道真、黔西、金沙、望谟、盘州、习水、织金、兴仁、凤冈、赫章、盘州 |
| | 云南 | 武定、寻甸、广南、隆阳、洱源、砚山、宣威、施甸、龙陵、西畴、兰坪、泸水、盐津、澜沧、永善、会泽、禄丰、大关、丘北、开远、镇雄 |
| | 湖北 | 罗田、曾都、五峰、秭归、利川、浠水、远安、郧阳、大悟 |
| | 湖南 | 安仁、湘潭、新田、芦淞、石门、宁远、耒阳、浏阳、祁东、新化 |
| | 安徽 | 岳西、霍邱、裕安、太湖、阜南、蒙城、凤阳、太和、利辛 |
| | 江西 | 万载、莲花、鄱阳、吉州、彭泽、上栗、上饶、铅山、贵溪、安义、泰和、余干 |
| | 福建 | 长汀、蒲城、古田 |
| | 江苏 | 淮阴、仪征、邳州 |
| | 浙江 | 苍南、龙港、金华、衢州、丽水、浦江 |
| | 广西 | 宜州、环江、罗城、巴马、平桂、融安、上林、马山、融水、铁山港、合浦、桂平、博白、田东、平果、凌云、合山、资源、钦南、天等、南丹、钦北、兴宾、宁明、金城江、合浦、大化 |
| | 广东 | 阳山、英德、佛冈、东莞、东源、遂溪 |
| | 海南 | 屯昌、乐东、东方 |

杂交构树新兴产业作为国家精准扶贫十大工程之一，在推广过程中，采取试点先行稳步推进的原则，经历了探索性试点和扩大性试点两个发展阶段。

## （一）探索性试点（2015年2月—2018年6月）

2015年2月25日，《关于开展构树扶贫工程试点工作的通知》印发，要求在已有杂交构树产业发展基础的山西、安徽、河南、广西、重庆、四川、贵州、甘肃、宁夏、内蒙古等10个省（区、市）开展探索性试点。试点的目的是探索杂交构树综合利用和产业扶贫新途径，促进建档立卡贫困户增收。试点的方式，一是开展摸底调查，由省扶贫办对可发展杂交构树产业的县进行摸底调查，确定试点县；二是试点以省为主组织开展，由相关省区市扶贫办提出试点方案，国务院扶贫办予以指导、评估、支持。

2018年6月23日，国务院扶贫办在河南省兰考县召开“全国构树扶贫工程现场观摩交流暨培训班”，刘永富主任在会上对构树扶贫的探索性试点工作进行了总结。他指出，构树扶贫工作要坚持科技领先、市场主体，政府支持、鼓励创新，抓住机遇、扩大试点，总结经验、带动脱贫的原则，要扎实做好种苗培育、基地建设、技术研发、完善带贫机制等方面的工作。试点的事实表明，杂交构树确实是一个好树种，规模化种植生产后能够成为一种新型优质饲料，蛋白含量高，又具有减抗作用，用它饲养出的动物，肉和奶的品质，优于传统配方饲料。杂交构树产业适合农业企业，更适合于农户、贫困户，是优质的扶贫产业。截至2017年底，全国70个贫困县累计种植杂交构树32万亩，带动建档立卡贫困人口8万余人，在种苗繁育、采收加工、种养结合、产品开发等方面取得了阶段性成效。主要成果如下：

（1）推广了杂交构树新品种。推广使用中科院“科构101”组培苗，建立了15个组培育苗基地，形成了年产组培苗5亿株、可供种植70万亩的生产能力。同时针对组培苗价格偏高的问题，中科院植物所加快了二代技术的研发，为推进构树扶贫产业化提供质优价低的种苗。

（2）创新了杂交构树种植采收技术。根据黄河滩区、西南喀斯特山区、中部丘陵地、黄土高原台地等不同的地形地貌特征，因地制宜地搞出了一套种植采收办法，初步建立了一套种植采收标准。如平原川坝，土地平整的适合集中连片规模化种植，种植方式采用宽窄模式，每亩定植800株左右，采收用大中型青贮揉丝收割机。山区台地种植采用等行距方式，每亩定植1000株左右，采用小型青贮收割机或手持式收割机。

（3）开发了杂交构树饲料产品。针对牛、羊、猪、鸡、鸭、鹅、鱼等畜禽的特点，开发了杂交构树青贮料、发酵料、粉末料、颗粒料四类产品，青贮料主要是饲喂牛、羊，发酵料主要是饲喂猪。委托相关科研院所、大专院校和企业共同编制主要畜禽饲喂技术的团体标准。这些成果为解决杂交构树产品谁来用、怎么用、卖给谁等问题奠定了基础。

（4）探索形成了多种带贫模式。试点开展以来，各地聚焦生产种植环节，组织贫困户参与，采取了多种有效的办法措施，在杂交构树产业发展中，帮助贫困户获得经营性收入、租金收入、股金收入和薪金收入等。

## （二）扩大性试点（2018年7月—2020年12月）

2018年7月11日，国务院扶贫办印发了《关于扩大构树扶贫试点工作的指导意见》，主要目标任务是在适宜种植杂交构树的地区，让贫困群众参与杂交构树种植基地建设和发展养殖业，提高收入水平和自我发展能力，促进乡村产业兴旺，实现稳定脱贫。坚持因地制宜、种养结合、市场导向、政府引导的工作原则，重点在黄河流域滩区、长江流域低丘缓坡地、石漠化地区发展杂交构树生态畜牧业。主要工作内容：第一，推动杂交构树全产业链建设，建立不同地区标准化、规模化发展模式。第二，实行绿色发展，将杂交构树畜牧业与生态修复有机结合，实行经济、生态、扶贫效益“三效合一”。第三，建立健全带贫益贫机制，形成带动与激发内生动力的利益联结机制，提升贫困户可持续发展能力。在政策支持方面，统筹整合涉农资金或扶贫资金支持杂交构树全产业链发展，符合条件的可以享受“粮改饲”补贴，以及退耕还林补助等。同时，要求加强工作指导、周密制订方案、开展跟踪评估和及时总结经验。

2019年9月5日，国务院扶贫办开发指导司、中国扶贫发展中心在河北省魏县召开了全国构树扶贫经验交流暨产销对接研讨会。会议明确了下一步的发展方向，提出因地制宜，积极稳妥地推进试点工作。一要把握好政策。认真研究土地、财政、金融等各项政策，推动构树扶贫产业健康长远发展。二要遵循产业发展规律。因地制宜推进产业布局，推动一、二、三产融合发展。探索建立产业联盟，形成产业发展合力。三要拓宽销售市场。围绕市场销售这个“牛鼻子”，通过权威机构检测产品，明确各项科学指标，提升产品竞争力，拓展产品销售市场。四要坚持带动扶贫。紧紧围绕产业扶贫这个根本，建立健全贫困户利益联结机制，让广大群众产业发展受益增收，提升产业综合效益。

2019年11月8日，国务院扶贫办、自然资源部、农业农村部三部委为了贯彻落实构树扶贫工程扩大性试点意见，指导地方稳妥、规范、有序做好试点工作，联合发布《关于构树扶贫试点工作指导意见的补充通知》，进一步明确构树用地问题，让基层吃了“定心丸”。第一，严格规范种植品种和范围，推广种植的是杂交构树，种植地块为一般耕地，在非国贫县严格避让永久基本农田，种植用途是连年采收做养殖原料。第二，加强技术研发，特别是杂交构树新品种、丰产栽培技术、采收加工机械、饲用化技术的研发，做好标准制定及应用示范，提升构树产业扶贫效果。第三，做好跟踪监管，重点做好工作指导、产销对接和专项评估。

2020年9月24日，国务院扶贫办在北京召开构树扶贫工作推进会。刘永富主任指出，5年来构树扶贫试点工作取得积极成效，呈现新的活力，成绩要给予充分肯定，但杂交构树产业作为一项农业产业项目，有其自身发展规律，不可能一蹴而就，大家要对做好构树扶贫工作树立信心。各地扶贫部门要紧紧抓住国家振兴奶业的契机，出台帮助措施，发挥龙头企业引领作用，以发展构树高蛋白减抗新型饲料为突破口，积极开拓终端市场，以销促产，做好产销对接、南种北用这篇文章，稳步扩大构树种植规模，带动贫困人口增收脱贫，促进构树扶贫产业健康可持续发展。

总体来看，通过几年试点，杂交构树产业扶贫取得长足发展，在种苗繁育、采收加工、种养结合、产品开发等方面取得了阶段性成效，带贫效果明显。同时也为下一步杂交构树产业高质量发展提供了四个保障。

首先，政策上有保障。2017年2月，中共中央政治局第三十九次集体学习会上，构树扶贫工程得到党中央的充分肯定。构树扶贫案例刊发在《中办通报》2017第9期上，印发各地，供工作中参阅掌握。2019年6月，时任国务院副总理胡春华考察河南兰考杂交构树“构—饲—畜”产业化基地，对构树扶贫工程予以高度评价，对在黄河滩区种植杂交构树发展生态农牧业予以充分肯定。2019年11月，胡春华同志在全国畜牧业工作会议上强调，发展构树是建立现代饲料供应体系的有益探索，要继续推动畜牧业在产业扶贫中发挥作用，为脱贫攻坚和保供应做出应有贡献。国务院扶贫办在2015年、2018年分别发布了探索性试点和扩大性试点的文件，2019年11月，又联合自然资源部、农业农村部印发了关于用地等方面的补充意见。2020年9月，国务院办公厅出台《关于促进畜牧业高质量发展的意见》中，明确将杂交构树纳入“健全饲草料供应体系”新饲草料品种，将其提升到国家战略产业地位。

其次，技术上有保障。杂交构树是中科院植物所在我国原生构树的基础上，结合现代生物技术研发的新品种，即“科构101”。国务院扶贫办和科技部联合遴选35名构树扶贫工程专家，其中有11名院士，为构树扶贫工程提供了强有力的技术支撑。

再次，组织推动上有保障。一是构树扶贫工程是一把手工程，国务院扶贫办刘永富主任亲自推动；二是各级扶贫部门都有专门的处室、专门的人员在具体推动；三是自然资源部和农业农村部的相关部门也已经参与到构树扶贫工程中来一起推动构树产业发展。

最后，基础性工作上有保障。一是2018年4月，农业农村部已正式将构树茎叶纳入《饲料原料目录》，为构树饲料进入销售市场，取得了合法身份；二是2018年5月中国农业科学院对种植8~12年杂交构树的耕地检测评价，结果是在适当施肥的情况下对后续改种农作物没有显著的影响，可以随时复耕；三是中国农业大学专家牵头编写了构树饲用等14个技术标准指南，饲喂标准的发布能打通市场销售渠道，大大缓解粗蛋白饲料不足的问题。

## 三、杂交构树产业培育工程助力乡村振兴（2021年以来）

“十四五”时期，我国进入高质量发展阶段，杂交构树产业也迎来了新的发展机遇。在国家乡村振兴局、科技部、农业农村部、中国乡村发展志愿服务促进会等部门推动下，科技攻关、产业培育等系列工作相继开展，持续为实现生态农牧业发展、巩固拓展脱贫攻坚成果和全面推进乡村振兴贡献力量。

### （一）杂交构树扶贫工程专项评价

2021年7月，国家乡村振兴局中国扶贫发展中心启动“构树扶贫工程专项评价”项目，由国家开发投资集团中投咨询有限公司组织相关专家对河北省魏县、安徽省霍邱县、山东省菏泽市牡丹区、河南省太康县、广西壮族自治区河池市宜州区、重庆市云阳县等6省（区、市）6县进行实地调研，评估杂交构树试点扶贫效益、占用耕地和永久基本农田情况、耕地质量监测和保护等方面的情况，总结杂交构树产业全产业链发展过程中在政策、技术、市场等方面的亮点，同时指出存在的问题和瓶颈，分析原因并提出有针对性的意见建议。主要评价结论如下。

对杂交构树试点项目整体评价有3个结论：一是构树扶贫工程成效显著，土地流转及务工需求双重带动增收，产业发展为农民致富打开新道路；二是杂交构树对耕地地力未表现出负面影响，耕地随时可以复垦，作物长势良好；三是各地遵循耕地保护政策，属基本农田的，杂交构树复垦还田，产业寻求新发展空间，向一般耕地、经济林地、边际土地上拓展。

对杂交构树产业发展评价有7个结论：一是种苗培育技术成熟，组培苗优势明显；二是专业农机持续改进，龙头企业不断迭代设备；三是行业标准逐步齐备，市场秩序逐步规范；四是杂交构树畜禽产品优良，消费者认可，市场开拓仍需投入，销售渠道有待拓展；五是产业发展潜力较大，市场终端成为关键；六是杂交构树饲料替代效果良好，有望缓解进口依赖；七是杂交构树产业减少种养殖生产成本，经济效益明显。

对杂交构树生态效益评价有2个结论：一是保持水土效果良好，可沃土肥田；二是引领生态循环农业，种养一体，有利于防止面源污染。

杂交构树试点虽然取得了一定成效，涌现出了一些产业发展亮点。但仍然处于起步阶段，面对规模化、产业化、标准化发展要求，主要存在政策着力欠准、用地政策摇摆、产业链条不畅、资本实力脆弱、技术工艺滞后等方面的问题。

### （二）黄河流域杂交构树生态农牧业环境可持续发展战略研究

2021年10月，国家乡村振兴局获得亚洲开发银行知识合作技术援助项目资助，开展“黄河流域杂交构树生态农牧业环境可持续发展战略研究”，由北京能环科技发展中心组织专家实施。该项目的实施旨在提升黄河流域杂交构树生态农牧业高质量绿色农业发展能力。一是研究提出支持黄河流域杂交构树产业高质量发展的综合性政策措施建议；二是总结黄河流域不同区域杂交构树产业高质量发展试点模式；三是支持针对重点省份，政府、企业推动黄河流域杂交构树产业发展能力建设。

项目分别从4个方面开展工作：一是黄河流域中下游杂交构树农牧业产业；二是黄河流域中上游杂交构树生态绿化建设；三是发展实施杂交构树生态农牧业，助力巩固拓展脱贫攻坚成果与乡村振兴；四是增加黄河流域杂交构树生态环境治理和生物多样性构建方面的战略研究。

该项目的目的是推动杂交构树生态植被高效构建和循环农牧业高质量发展，为黄河流域制定相关政策提供科学数据，如生态建设发展区域、规划农牧业规模化发展相关产业政策、生态环境保护开发利用相关法规等，加强黄河流域生态环境保护，发挥杂交构树产业的生态效益。树立黄河流域内农牧业高质量绿色发展典型，增强杂交构树产业发展的经济效益。健全完善构树产业带贫减贫机制，使其成为地方经济发展"造血"新动能，脱贫人口成为产业工人、致富新秀和引领典型，不断增强黄河流域现代农牧业发展内生动力，彰显杂交构树产业的社会效益，从而为巩固拓展脱贫攻坚成果同乡村振兴有效衔接提供理论依据和技术支撑，为相关部门制定出台政策提供不同层面的决策参考。

### （三）杂交构树扶贫工作总结

为开展好构树扶贫工程总结工作，总结好的经验做法，分析存在的主要问题和原因，提出意见建议，为后续在脱贫地区发展杂交构树产业、巩固拓展脱贫攻坚成果、助力乡村振兴。2021年11月，国家乡村振兴局中国扶贫发展中心委托中国科学院植物研究所承担构树扶贫工程总结项目。

该项目的设施形成了两个成果，一是"关于推动杂交构树生态农牧业高质量发展的政策建议"，内容包括发展杂交构树生态农牧业是有效破解我国畜牧业三大瓶颈难题的重要途径、杂交构树扶贫工程为打赢脱贫攻坚战作出了积极的贡献、杂交构树产业发展面临的困难和问题，以及杂交构树生态农牧业高质量发展的几点建议等。二是《中国杂交构树产业发展蓝皮书》（2022），本书从杂交构树产业发展历程、产业扶贫、效益分析、带贫机制、专项评估、前景展望、乡村振兴等方面全面系统梳理了杂交构树扶贫工程的实践过程，认真总结了国家行业部门、地方政府、科研机构、参与企业等协同推进该工程的经验成果，深入分析了实施过程中好的做法、经验教训和突出问题，并提出了相关意见建议与解决方案。适合相关行业部门、地方政府和愿意加入构树扶贫产业发展的企业参阅，也可以供相关高等院校师生和科研院所研究人员研读。

### （四）杂交构树纳入《“十四五”全国畜牧兽医行业发展规划》

2021年12月，农业农村部发布《“十四五”全国畜牧兽医行业发展规划》，在重点产业中，优化区域布局与产品结构。重点打造生猪、家禽两个万亿级产业，奶畜、肉牛肉羊、特色畜禽、饲草四个千亿级产业，着力构建“2+4”现代畜牧业产业体系。

围绕草食畜牧业需求，以粮改饲、优质高产苜蓿基地建设等支持政策为抓手，大力发展全株青贮玉米、苜蓿、燕麦草、黑麦草等优质饲草生产。因地制宜开发利用杂交构树、饲料桑等区域特色饲草资源，加快建设现代饲草生产、加工、流通体系。

### （五）杂交构树产业关键技术集成研究与应用示范

2021年12月，由国家乡村振兴局推荐申报的科技部国家重点研发计划“主要经济作物优质高产与产业提质增效科技创新”重点专项“杂交构树产业关键技术集成研究与应用示范”项目获得立项，由中国科学院植物研究所牵头，10家单位共同实施。该项目是杂交构树扶贫科技成果催生启动的国家重点研发计划项目，将更好地为“十四五”时期巩固拓展构树扶贫产业成果和有效衔接乡村振兴提供科技支撑。

项目将针对杂交构树耐寒性差、产量品质不稳定、原料收储加工成本高、产业综合经济效益低等问题，开展构树耐寒性状形成遗传基础关联分析。采用遗传杂交、基因编辑等手段创制新种质，通过田间耐抗性表型分析结合分子标记辅助育种，筛选耐寒饲用杂交构树新品种（系）；研究杂交构树干细胞诱导和分化形成机制，整合现代工厂化基质育苗技术，集成创新组培容器苗高效生产技术；研究机械化高效种苗栽植、种植密度合理配置与高光效利用、水肥需求规律与水肥一体化高效施用和节水等技术，构建土地健康、可持续发展的丰产高效栽培模式；研究刈割频次、留茬高度、采收时期、植株部位与产量和品质均衡动态规律，建立标准化原料生产技术体系；研究杂交构树高效无损收割及适应不同种植区域的行走动力底盘系统技术，开发具有多种集料方式的联合采收技术装备；研究杂交构树茎叶低温烘干技术，开发杂交构树低温烘干装备；集成育、繁、种、采等关键技术，形成杂交构树产业增值综合解决方案。

### （六）杂交构树乡村振兴特色优势产业培育工程

2022年3月6日，习近平总书记在看望参加全国政协十三届五次会议的农业界、社会福利和社会保障界委员并参加联组会时指出，粮食安全是“国之大者”，要“树立大食物观”。全国政协农业和农村委员会副主任刘永富建议：一是向山上要油料，二是向构树要蛋白。杂交构树是进口蛋白饲料的理想替代品，是减抗饲料。发展畜牧业、振兴奶业，必须解决蛋白饲料问题，建议采取措施发展杂交构树饲料。

为贯彻落实习近平总书记关于粮食安全的重要指示精神，巩固脱贫攻坚成果，助力乡村产业振兴，同年6月，中国乡村发展志愿服务促进会决定实施乡村振兴特色优势产业培育工程，统筹协调各方资源对油茶、油橄榄、核桃油、杂交构树、酿酒葡萄、青稞、牦牛、南疆核桃与红枣等9个特色优势产业进行支持。成立专班工作组，制定实施方案，建立专家库，培育龙头企业，实施消费帮扶，搭建资金池，发布蓝皮书等，促进特色优势产业取得突破性、实质性进展。

## 四、杂交构树相关政策

2015年起，国务院扶贫办协调有关部委和单位，出台相关政策，构建杂交构树产业发展政策支持体系（表1–6）。各级地方政府在推动杂交构树扶贫产业过程中，大部分下发了指导意见，并出台了一些落地的支持政策。

**表1-6　杂交构树产业发展政策支持体系**

| 时间 | 部门 | 支持举措 |
| --- | --- | --- |
| 2015年2月25日 | 国务院扶贫办 | 印发《关于开展构树扶贫工程试点工作的通知》，全面拉开了杂交构树产业扶贫的序幕 |
| 2018年4月27日 | 农业农村部 | 将构树茎叶列入《饲料原料目录》，杂交构树取得了饲料生产、销售的合法身份 |
| 2018年6月26日 | 农业农村部畜牧业司 | 印发《2018年全株青贮玉米推广示范应用项目实施方案》，将构树列入新型饲草营养价值评定和青贮饲料饲喂试验研究 |
| 2018年7月11日 | 国务院扶贫办 | 出台《关于扩大构树扶贫试点工作的指导意见》，明确到县的整合资金或扶贫资金可支持杂交构树全产业链发展，还可参照享受“粮改饲”和相关林业补助政策 |
| 2019年2月14日 | 国家林业和草原局 | 印发《关于促进林草产业高质量发展的指导意见》，将包括杂交构树在内的木本饲料列入推动经济林提质增效的示范基地建设，并予以支持 |
| 2019年10月30日 | 国家发展和改革委员会 | 将“杂交构树联合收获机械”纳入《产业结构调整指导目录》鼓励类产品，给予相应政策补贴 |
| 2019年11月8日 | 国务院扶贫办、自然资源部、农业农村部 | 印发《关于构树扶贫试点工作指导意见的补充通知》，明确了构树用地政策，并强调所用的品种应为杂交构树组培苗，禁止使用扦插苗和野生构树苗 |
| 2019年1月29日<br>2020年5月6日 | 国家标准化管理委员会 | 在全国团体标准信息平台公布了构树饲料加工及饲喂猪、奶牛、肉牛、羊、驴、兔、鸡、鸭、鹅、鱼等的团体标准 |
| 2020年9月14日 | 国务院办公厅 | 印发《关于促进畜牧业高质量发展的意见》，明确把开发利用杂交构树新饲草资源列入健全饲草料供应体系中，将其提升为蛋白饲料安全的国家战略 |
| 2021年12月14日 | 农业农村部 | 关于印发《“十四五”全国畜牧兽医行业发展规划》，将杂交构树纳入饲草四个千亿级产业区域特色饲草资源 |
| 2021年12月29日 | 科学技术部、农业农村部 | 发布《关于国家重点研发计划“主要经济作物优质高产与产业提质增效科技创新”重点专项2021年度项目立项的通知》，“杂交构树产业关键技术集成研究与应用示范”获得立项，强化杂交构树应用难题技术攻关 |
| 2022年6月18日 | 中国乡村发展志愿服务促进会 | 发布《乡村振兴特色优势产业培育工程实施方案》，将杂交构树产业纳入其中 |

## （一）国家层面对杂交构树产业的促进政策

2015年起，国务院扶贫办协调有关部委和单位，先后印发了3个文件。

2015年2月25日，国务院扶贫办印发《关于开展构树扶贫工程试点工作的通知》，全面拉开了杂交构树产业扶贫的序幕。该通知确定在山西、吉林、安徽、河南、广西、重庆、四川、贵州、甘肃、宁夏10个省（区、市）35个县开展探索性试点，解决了适宜种植区域的问题。

2018年7月11日，出台《关于扩大构树扶贫试点工作的指导意见》，进一步扩大试点范围，解决规模化、产业化生产的问题。明确到县的整合资金或扶贫资金可支持杂交构树全产业链发展，还可参照享受“粮改饲”和相关林业补助政策。

2019年11月8日，国务院扶贫办会同自然资源部、农业农村部印发《关于构树扶贫试点工作指导意见的补充通知》，对构树扶贫工程种植品种和范围、技术研发、跟踪监管等做出进一步规定。明确了杂交构树用地政策，并强调所用的品种是杂交构树组培苗，禁止使用扦插苗和野生构树苗。

2020年9月14日，国务院办公厅印发《关于促进畜牧业高质量发展的意见》，明确把开发利用杂交构树新饲草资源列入健全饲草料供应体系中，为我国畜牧业高质量发展和乡村振兴指明了新的方向。

### （二）行业层面对杂交构树产业的支持政策

2018年4月27日，农业农村部将构树茎叶列入《饲料原料目录》，杂交构树取得了饲料生产、销售的合法身份。2018年6月26日，农业农村部畜牧业司印发《2018年全株青贮玉米推广示范应用项目实施方案》，将构树列入新型饲草营养价值评定和青贮饲料饲喂试验研究。

2019年2月14日，国家林业和草原局印发《关于促进林草产业高质量发展的指导意见》，将包括杂交构树在内的木本饲料列入推动经济林提质增效的示范基地建设予以支持。

2019年10月30日，国家发展改革委将“杂交构树联合收获机械”纳入《产业结构调整指导目录》鼓励类产品，给予相应政策补贴。

2021年12月14日，农业农村部关于印发《“十四五”全国畜牧兽医行业发展规划》，将杂交构树纳入饲草四个千亿级产业，因地制宜开发利用杂交构树区域特色饲草资源，加快建设现代畜牧业产业体系。

2021年12月29日，农业农村部科技发展中心发布《关于国家重点研发计划“主要经济作物优质高产与产业提质增效科技创新”重点专项2021年度项目立项的通知》（农科办〔2021〕158号），“杂交构树产业关键技术集成研究与应用示范”获得立项，将集成育、繁、种、采等关键技术，形成杂交构树产业增值综合解决方案。

### （三）相关协会、社会团体对杂交构树产业的帮扶与促进

2019—2020年，国家标准委分两批在全国团体标准信息平台公布了构树饲料加工及饲喂猪、奶牛、肉牛、羊、驴、兔、鸡、鸭、鹅、鱼等的团体标准，这为生产单位和使用客户提供了实际操作的蓝本。

2022年6月18日，中国乡村发展志愿服务促进会在北京召开乡村振兴特色优势产业培育座谈会，并发表《乡村振兴特色优势产业培育工程实施方案》，促进杂交构树产业高质量发展。

### （四）各级政府层面对杂交构树产业的支持政策

各地在推动构树扶贫工程的过程中，大部分省份下发了指导意见，并出台了一些落地的支持政策。如河南省、山东省等将杂交构树种植纳入了“粮改饲”试点，对于发展杂交构树产业扶贫起到了很好的推动作用。

2018年10月、2019年9月，原河南省扶贫办联合省财政厅、省畜牧局联合先后出台2份构树扶贫工程实施意见文件。文件中直接扶持政策方面包括每年从省级脱贫攻坚成效考核奖励资金中安排3000万~5000万元，对杂交构树发展好的市县进行奖补，奖补资金可用于杂交构树种苗、收割、打包机购置等。每发展1亩杂交构树给予300元的种苗补助，每发展5000亩杂交构树可扶持购买1台收割机、1台打包机，未在农机购置补助目录范围内的按购机金额的30%进行补助。

2022年4月，河南省人民政府办公厅印发《河南省肉牛奶牛产业发展行动计划》的通知，在重点任务中实施秸秆饲草化行动，利用财政衔接推动乡村振兴补助资金，对新增杂交构树种植基地，每亩一次性补助800元。

县级政府是产业落地最直接的推动机关，很多试点扶贫县都制定了杂交

构树产业规划，并纳入项目库，有的县还专门出台杂交构树产业扶贫支持政策。2019年3月，重庆市丰都县出台了7条杂交构树产业奖励政策支持杂交构树全产业链发展：一是对集中连片整治50亩以上，给予1000元/亩补助。二是每亩给予1600元的种苗补助。三是从事杂交构树加工且达到扶贫车间建设标准，履行相关扶贫义务的对象，给予最高不超过50万元的一次性补助。四是对购买本县杂交构树用于畜禽养殖的对象，按照50元/吨的标准进行奖励。对种植杂交构树用于养殖的，再给予100元/亩补助。五是农业机械补助，对购买构树收割、加工机械等大型农机具的，由扶持对象先行购买，给予40%的补助。六是对发展杂交构树产业的新型经营主体，可申请金融扶贫贷款用于基地扩模、设备购置、加工场地建设、规模化养殖、市场营销等，享受金融扶贫贴息相关政策。七是示范奖励补助，鼓励构树规模化、标准化种植，对种植面积500~1000亩的给予10万元补助，1000亩以上给予20万元补助。丰都县制定的奖励扶持办法，扶持力度之大，扶持面之宽，为杂交构树产业在该县的发展创造了很好的有利条件。

## 第三节　杂交构树产业现状

### 一、杂交构树适生区域分布

杂交构树“科构101”有较强的生态适应性，极端最低气温不低于-20℃可以安全越冬，适合生长的区域包括暖温带、亚热带和热带，全国有22个省（区、市）、160个地（市、州），共859个县适宜种植杂交构树。可以分为两大块，第一块为适生区，设定条件为年降雨量500毫米以上、极端最低气温在-20℃以上、含盐0.6%以上、海拔2000米以下、无霜期200天以上，主要在南温带及以南地区，包括811个县，涉及20个省（区、市），152个地（市、州），温度越高、雨水越多、光照越强，则生长越快。第二块为特需区，设定条件为除年降雨量低以外，其他要求不变，主要是新疆南疆、甘肃中部和宁夏南部干旱地区，可以利用河水或雪山融水灌溉种植杂交构树。

## 二、杂交构树育苗产业情况

杂交构树扶贫工程，拉开了杂交构树产业发展的序幕。在种苗的繁育和供应上，先后经历了几个阶段：第一，从构树扶贫到明确采用杂交构树阶段。第二，从杂交构树到明确中科院杂交构树新品种。第三，从使用扦插苗到明确提出使用组培苗以确保成活率和产量。第四，组培技术从芽分芽的“芽培1.0”技术提升到“叶培2.0”技术，规避原种退化，提高种苗质量，降低种苗成本及售价。第五，明确“科构101”品种名称，公示2.0技术授权企业名录，抑制鱼龙混杂、以次充好。

在杂交构树种苗市场鱼龙混杂、产业化技术需要助力脱贫攻坚的大背景下，中科创构（北京）有限公司肩负使命。自从2018年4月成立以来，在杂交构树“芽培1.0”组培快繁技术基础上，推广“叶培2.0”二代技术。在成立公司前，中科院植物所与10家育苗企业有直接合作，其中有5家是跟当地政府签订的协议（见表1–7），使用的技术是“芽培1.0”组培快繁一代技术，育苗能力达年产5亿株。

**表1–7　2018年前与中科院植物所合作育苗的企业或政府**

| 省份 | 序号 | 企业名称 | 与政府合作 | 到期年份 |
|---|---|---|---|---|
| 北京 | 1 | 中植构树生物科技有限公司 | | 2019 |
| | 2 | 北京乔纳森科技发展有限公司 | | 2017 |
| 河北 | 3 | 中科院唐山中心工程植物事业部 | 唐山市政府 | 2017 |
| 山西 | 4 | 山西中科宏发农业开发股份有限公司 | 蒲县政府 | 2016 |
| 四川 | 5 | 四川郭刚农业科技有限公司 | | 2017 |
| 河南 | 6 | 兰考中科华构生物科技有限公司 | 兰考县政府 | 2019 |
| 贵州 | 7 | 贵州务川科构生物科技有限公司 | 务川县政府 | 2019 |
| | 8 | 贵州海铭魏农牧科技有限公司 | 册亨政府 | 2019 |
| | 9 | 贵州军辉生物工程有限公司 | | 2018 |
| 广西 | 10 | 广西巴马宏创生态种养殖有限公司 | | 2019 |

成立公司后，中科院植物所对有诚信、具备生产环境的企业进行认证，与

其签订新的协议，授权挂牌使用“叶培2.0”二代育苗技术，有效期至2020年12月（脱贫攻坚结束）。第一批认定的企业有8家（4家为新签约），其中1家与地方政府有合作（表1–8）。在满负荷运行的情况下，这些企业年生产能力可达5亿株成品苗。加上没有认证的企业，全国种苗年生产能力在8亿株以上。按每亩种植700株计算，可供110万亩饲料林的种植。

**表1–8　全国第一批杂交构树“科构101”组培苗容器苗标准化育苗企业名单**

| 省份 | 序号 | 企业名称 | 基地名称 |
|---|---|---|---|
| 北京 | 1 | 中植构树生物科技有限公司 | 大连·组培育苗基地 |
| | | | 菏泽·炼苗基地 |
| 广西 | 2 | 广西巴马宏创生态种养殖有限公司 | 组培育苗基地 |
| 贵州 | 3 | 贵州军辉生物工程有限公司 | 组培育苗基地 |
| | 4 | 贵州海铭魏农牧公司 | 组培育苗基地 |
| 河南 | 5 | 河南福瑞滋生物科技有限公司 | 组培育苗基地 |
| 重庆 | 6 | 重庆市綦江区美莓园生物科技有限公司 | 组培育苗基地 |
| 四川 | 7 | 四川新西南构树产业发展有限公司 | 组培育苗基地 |
| 云南 | 8 | 云南程盈森林资源开发控股集团有限公司 | 组培育苗基地 |

## 三、杂交构树种植产业情况

至2014年底，全国杂交构树的发展处于零星分布、小块种植状态，面积为1.47万亩。自2015年2月以来，在国务院扶贫办的大力推动下，各地根据当地的产业结构、自然环境、地形海拔等特点，充分发挥区域优势，探索种养结合、立体农业、全产业链闭环等产业发展思路，杂交构树种植面积得到迅速扩增。截至2019年底，在全国27省（区、市）200多个县累计种植102万亩。

### （一）主要省份种植情况

2020年底，中国扶贫发展中心对杂交构树扶贫工程涉及的主要省份进行了调查，结果表明种植面积排前10位的分别是河南、贵州、山西、云南、广西、甘肃、安徽、河北、四川、山东等省（区、市），共计21.5725万亩。面积达万亩以上的省有6个，最多的两个省是河南、贵州，分别为5.5万多亩和4.8万亩（图1–3）。

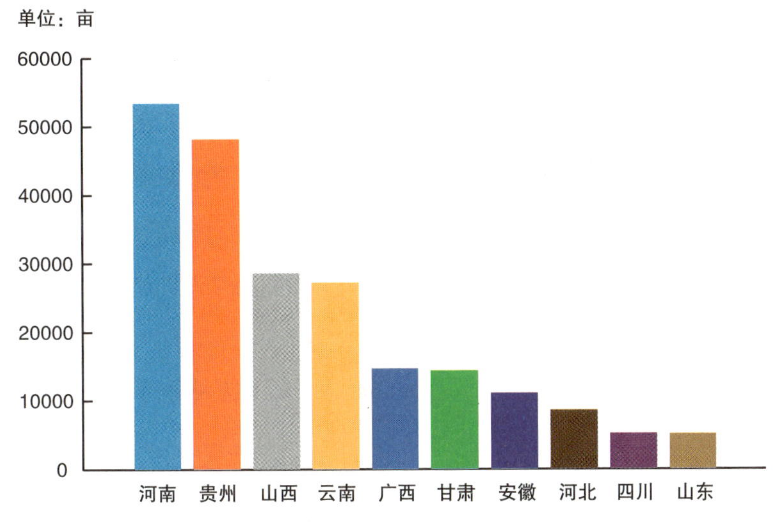


图1–3　种植杂交构树面积前10位的情况

河南省高度重视构树扶贫工程，先后有26个县进行了杂交构树种植，主要在兰考、南召、太康等县，基本形成了杂交构树组培、炼苗、大田种植、深加工等全产业链发展态势。在伊川县，杂交构树种植农民专业合作社流转土地2000亩发展种植，打造现代农业观光园，并带动周边区域集中进行秸秆储存、饲料生产。

贵州省先后有20余个县试验示范种植了杂交构树，主要在务川、长顺、册亨等县。特别是务川县始终坚持“大农业”“大扶贫”“大生态”理念，全县组建杂交构树产业合作社16个，带动群众9052人，其中贫困群众6846人。截至2020年，全县杂交构树种植面积已累计超过3万亩。

云南省充分利用杂交构树推动峡谷农业发展，保山市龙陵县种植杂交构树2000余亩，在引进优良品种的同时，积极引导农民将牛从役用向肉用型转变。怒江傈僳族自治州盘活散落的贫瘠土地，2018—2022年累计种植杂交构树12000亩。截至2022年，云南省已种植杂交构树超过5万亩。

广西壮族自治区作为构树扶贫工程先行试点区，也积极探索杂交构树全产业链发展模式。从2015年至2022年，全区种植杂交构树的地区从原来的2个县增加至11个县，种植面积从300多亩增加至8900多亩。在河池市宜州区，

2018年至2019年间，杂交构树种植高峰时种植面积有2800亩。杂交构树产业纳入自治区特色扶贫产业目录后，各地积极建立杂交构树扶贫产业带贫减贫机制，让贫困地区群众从杂交构树产业中充分受益。

甘肃省清水县积极实施构树扶贫试点工程，截至2020年，累计种植杂交构树6000亩；华亭市，2022年新植杂交构树1万亩，累计达到1.6万亩，建成10万吨杂交构树饲草加工场，新建气调库1座。促进杂交构树种植与养殖产业的配套衔接。

安徽省六安市裕安区于2019年起，利用杂交构树种植示范基地流转贫困户土地。截至2020年底，流转土地6700多亩，按800元每亩每年支付土地租金，200多名贫困户获得土地流转收入，提升了土地价值。截至2020年，霍邱县种植杂交构树3000亩，延伸了集育苗、栽种、采收、养殖、加工、研发为一体的杂交构树全产业发展链条，初步形成了可复制、可推广的杂交构树产业发展模式。

四川省遂宁市安居区强力推进杂交构树产业项目扶贫，通过动员和组织项目区广大农户积极参与，以土地入股形式成立杂交构树种植专业合作社，形成“公司+合作社+农户”的运营模式，高效推进杂交构树产业扶贫遂宁基地的建设。其中，2018年建设2000亩，2019年完成3000亩，2020年完成5000亩。

山东省在牡丹区传统农业乡镇高庄镇进行杂交构树产业发展试点。2016年底，牡丹区高庄镇人民政府与杂交构树龙头公司签订了发展3万亩杂交构树种植基地的框架协议。2017年，首批种植的3000余亩杂交构树进行全程机械化采收。用杂交构树饲料喂养的鸡生长健康，肉质品质好，受到食客们的一致好评。

重庆市稳步推动构树扶贫试点项目，巫溪县为全市首个构树扶贫试点县，大力发展草食牲畜和杂交构树产业，助推贫困农户脱贫增收。丰都县对种植杂交构树达5亩以上的农户给予种苗补贴，鲜料由企业按每吨不低于400元的订单保护价收购，从根本上确保贫困群众收益。云阳县探索杂交构树扶贫产业“山地模式”，打造以杂交构树“育、植、养、加、销”一体化绿色产业链，流转土地650亩建设杂交构树循环经济与扶贫产业可持续性发展示范基地。

湖南省创新发展绿色、优质、环保、可持续的现代化种养结合模式，解决土壤修复、养殖业转型升级的关键问题。截至2020年，累计种植杂交构树3万亩以上。

湖北省宜昌市五峰县种植杂交构树2000亩，在符合养殖的区域发展2万头黑猪养殖。相比于传统玉米种植，同样地块上种植杂交构树每亩增收可达1400~2200元。

### （二）主要企业种植情况

由于受土地非农、非粮“双非”政策和新冠疫情的影响，杂交构树新增种植面积放缓，从统计部分的情况来看，现存种植的杂交构树主要是以企业自营为主，与农户和他人合作种植的较少。另外，保持较好的多为自种、自用闭环模式发展的企业，特别是“构—饲—畜”模式的企业。10家企业的统计情况表明，截至2022年，种植杂交构树13.1716万亩，其中自营11.5296万亩，合作种植1.642万亩（表1–9）。

**表1–9　十家“构—饲—畜”企业杂交构树种植情况**

| 企业名称 | 种植面积（亩） | | |
|---|---|---|---|
| | 自营 | 合作 | 合计 |
| 贵州务川科华生物科技有限公司 | 100000 | 0 | 100000 |
| 魏县林盛农业科技发展有限公司 | 10300 | 5400 | 15700 |
| 唐山霖亿构树种植有限公司 | 800 | 3000 | 3800 |
| 安徽宝楮生态农业科技有限公司 | 1076 | 2000 | 3076 |
| 成都构草食品有限公司 | 200 | 2800 | 3000 |
| 辽宁茂源农业发展有限公司 | 2000 | 200 | 2200 |
| 湖北小构叶生物科技有限公司 | 100 | 2000 | 2100 |
| 四川朗布克农业科技发展有限公司 | 520 | 620 | 1140 |
| 北京手牵手科技有限责任公司 | 100 | 400 | 500 |
| 重庆东水蓝农业开发有限公司 | 300 | 0 | 300 |
| | 115296 | 16420 | 131716 |

## 四、杂交构树饲草料产业情况

杂交构树是一种高蛋白粗饲料，可鲜饲家畜。我国自古以来就有《农桑经》等书籍对构树鲜饲家畜的记载，对于牛羊而言，将构树枝条用铡草机铡成3~5厘米的长度，而后直接进行饲喂，最大量可占日粮摄入量的一半以上。将构树叶片添加到西非矮羊基础日粮中，可以提高日均采食量0.04千克。日粮添加10%~15%的杂交构树叶可显著增加育肥猪的平均日增重，当添加量达到10%时，背膘厚度显著下降，对肉品质有改善作用的游离氨基酸和谷氨酸钠等物质显著上升，肉色也有改善；日粮添加20%的杂交构树叶，可降低育肥猪料肉比。

但构树鲜饲料含有生物碱、木质素和单宁等抗营养因子，一般很难被动物直接消化利用，用其直接饲喂牛羊有适口性和消化率较低的问题。因此，开发利用构树资源需要采用正确的方式，合理的加工有助于细胞壁破裂，释放其中的营养素，提高消化率。针对不同品种、不同生理阶段、不同生产目的畜禽，杂交构树的加工和利用方式有所不同。

一般粗饲料加工有干燥、粉碎等物理加工方式，碱化处理等化学加工方式，以及青贮发酵酶等生物加工方式。目前，构树饲用饲草料产业加工主要包括干燥粉碎和青贮发酵，用于猪、牛、羊、鸡、鸭、鹅等畜禽养殖以及鱼、虾、蟹等水产养殖。

### （一）主要省份饲草料产业情况

2020年底，中国扶贫发展中心对部分省（区、市）饲料草产业调查的结果显示，杂交构树饲草料生产排前10位的分布是河南、安徽、广西、河北、贵州、山东、山西、四川、湖北、甘肃等省（区、市），总饲草料生产量为50.1769万吨。其中5万吨以上的省区有4个，10万吨以上的有河南和安徽2个省，生产饲草料分别为14.1万多吨和11.8万吨，见图1–4。

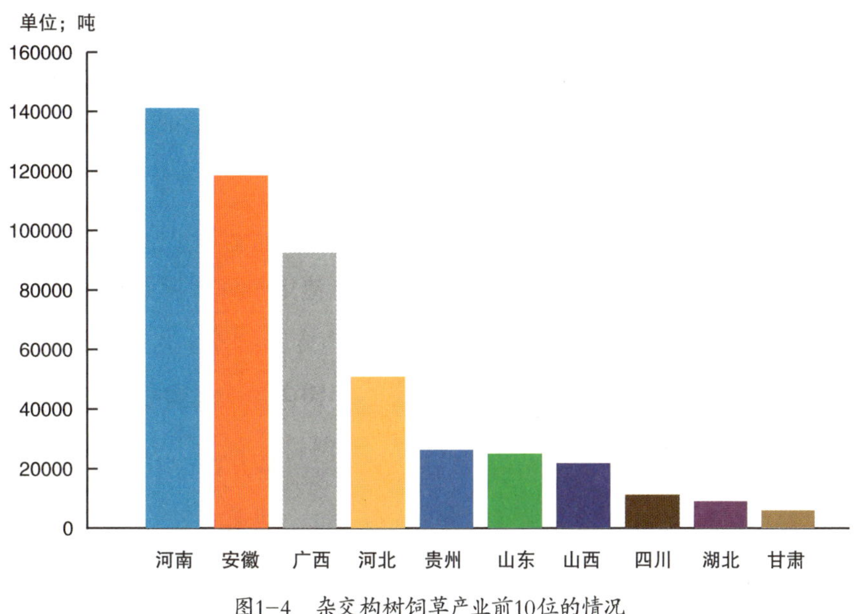


图1-4　杂交构树饲草产业前10位的情况

## （二）主要企业饲草料产业情况

目前，企业生产的饲草料包括杂交构树饲料原料与半价料和全价料。杂交构树饲料原料包括杂交构树青贮料、发酵料、干粉和颗粒料。添加杂交构树生产半价和全价日粮饲料主要用于养猪产业。从10家"构—饲—畜"企业统计结果来看，饲料年产能23.7万吨，年产量15.8万吨。其中，年产能万吨及以上的企业有7家，年生产量万吨以上的企业有5家，见表1-10。

**表1-10　十家"构—饲—畜"企业杂交构树饲料与养猪情况**

| 序号 | 企业名称 | 饲料加工（吨） | |
|---|---|---|---|
| | | 年产能 | 年产量 |
| 1 | 魏县林盛农业科技发展有限公司 | 90000 | 85000 |
| 2 | 贵州务川科华生物科技有限公司 | 50000 | 20000 |
| 3 | 湖北小构叶生物科技有限公司 | 30000 | 10000 |
| 4 | 安徽宝楮生态农业科技有限公司 | 20000 | 15000 |
| 5 | 辽宁茂源农业发展有限公司 | 18000 | 12000 |
| 6 | 成都构草食品有限公司 | 12000 | 6000 |
| 7 | 北京手牵手科技有限责任公司 | 10000 | 3000 |

续表

| 序号 | 企业名称 | 饲料加工（吨） | |
|---|---|---|---|
| | | 年产能 | 年产量 |
| 8 | 唐山霖亿构树种植有限公司 | 5000 | 2000 |
| 9 | 四川朗布克农业科技有限公司 | 1500 | 4500 |
| 10 | 重庆东水蓝农业开发有限公司 | 500 | 380 |
| 合计 | | 237000 | 157880 |

## 五、杂交构树养殖产业情况

利用杂交构树作为饲料原料，通过替代、添加等方式，自行开发配方，小规模探索养殖的品种，覆盖了大多家畜、家禽以及个别水产品。

### （一）杂交构树家畜养殖情况

#### 1. 牛羊类

反刍动物可以直接饲喂杂交构树，故而多数企业以牛、羊作为首选的饲养品种。其中以肉牛、肉羊为主，奶羊、奶牛较少。

使用杂交构树养殖的肉牛、肉羊，增重速度快，疫病发生率低，肉的品质也有显著提升，尤其体现在腥膻异味的减轻，同时，肉的口感变得更加鲜嫩。但由于养殖分散、规模小，受限于屠宰、分割，在销售上，大多没有做到与普通牛肉、羊肉的区分，市场影响力有待提升。

#### 2. 生猪

生猪产业的养殖方式多以集约化为主，现代化、规模化养殖企业引领着生猪养殖业规模化高质量发展。受二元饲料、三元猪养殖模式和设施设备限制，在杂交构树饲料未实现颗粒化干料之前，无法适应自动化饲喂系统，很难在现代化养殖企业中使用，仅在小规模、人工饲喂的企业和合作社当中使用。

受制于养殖规模所限，尽管有个别专卖店、体验店在推广杂交构树饲料，但市场份额几乎可以不计，影响力较小。从统计的部分“构—饲—猪”企业情况看，10家杂交构树企业生猪年存栏8.26万头，年出栏10.56万头，总共18.82万头。其中，养殖规模万头以上的企业有3家，10万头以上的有1家，为河北魏县林盛农业科技发展有限公司，见表1–11。

**表1–11　十家“构—饲—猪”企业杂交构树饲料养猪情况**

| 序号 | 企业名称 | 生猪养殖规模（头） | | |
|---|---|---|---|---|
| | | 年存栏 | 年出栏 | 合计 |
| 1 | 魏县林盛农业科技发展有限公司 | 35000 | 77000 | 112000 |
| 2 | 安徽宝楮生态农业科技有限公司 | 6000 | 12000 | 18000 |
| 3 | 北京手牵手科技有限责任公司 | 5000 | 8000 | 13000 |
| 4 | 重庆东水蓝农业开发有限公司 | 1500 | 3000 | 4500 |
| 5 | 湖北小构叶生物科技有限公司 | 3000 | 1500 | 4500 |
| 6 | 贵州务川科华生物科技有限公司 | 500 | 1000 | 1500 |
| 7 | 唐山霖亿构树种植有限公司 | 2000 | 1000 | 3000 |
| 8 | 成都构草食品有限公司 | 1500 | 800 | 2300 |
| 9 | 四川朗布克农业科技有限公司 | 600 | 1000 | 1600 |
| 10 | 辽宁茂源农业发展有限公司 | 500 | 300 | 800 |
| 合计 | | 82600 | 105600 | 188200 |

### （二）杂交构树家禽养殖情况

蛋鸡、肉鸡养殖，同样由于杂交构树饲料颗粒料的缺失，无法将其应用于自动化养殖。尽管用其小规模人工饲喂生产的鸡蛋、鸡肉品质更高，但因为份额太小，市场影响力较弱。

鸭、鹅目前多以订单式托管养殖为主。委托企业追求的是出栏速度和成本，对品质没有特殊要求，加上鸭、鹅相对鸡来说是小品种，市场份额小，虽有企业尝试，但推广效果不明显。

### （三）其他（鱼虾等）

个别地区有尝试用杂交构树饲喂鱼、小龙虾、蟹等。例如在北京市顺义区北京乔纳森科技有限公司、河北省唐山市唐山霖亿构树种植有限公司、河南省太康县等企业用杂交构树鲜料或发酵料饲养生产的产品品质优良。安徽省霍邱县安徽宝楮生态农业科技有限公司，开展淡水鱼、小龙虾、大闸蟹等杂交构树生物发酵饲料生态养殖示范，取得了节约饲料成本、增加收入的好效果。

第二章 CHAPTER 2

# 杂交构树产业市场情况分析

# 第一节　杂交构树产品市场现状及分析

## 一、杂交构树种苗市场现状及分析

从需求上分析，种苗市场取决于种植需求，种植需求又取决于饲料市场。构树扶贫工程是推动，下游产业需求是拉动，构树扶贫工程结束后，目前缺乏推动力量，只能靠下游需求拉动上游。根本上，养殖业对构树饲料的需求不是刚性的，只有构树养殖规模发展起来，拉动养殖业对构树饲料的需求，才能进而拉动构树种苗的需求。

扶贫工程通过实践，证明了采用“科构101”组培苗的必要性，接下来杂交构树产业发展，企业自主选择种苗，是否采用“科构101”，是否采用组培苗，没有行政约束力。单纯靠市场功能，低成本、低价格的劣质种苗有可能会抢占种苗市场，但因为成活率低、产量低、品质低，进而会增加项目失败概率，从而造成口碑上的影响。

面对这种现实，只有扎扎实实地打造一个成功的样板，凸显“科构101”组培苗的优异性能，才能唤醒市场需求。从供给侧考虑，整合现有的2.0技术企业，有计划、按步骤组织生产，先满足系统内需求，再根据系统外订单，逐步满足市场。

从竞争的角度考虑，2.0技术繁育的种苗跟扦插苗相比，有品质上的优势和成本上的劣势。劣势直观、明显，优势需通过下游的种植、养殖效果体现，存在时间差，存在滞后性。目前看来，种苗市场规模小，也缺乏手段在价格上与竞争者争夺市场。

## 二、杂交构树饲草料市场现状及分析

### （一）杂交构树饲料原料

杂交构树速生、丰产、多抗、耐砍伐，收割率高，将杂交构树在夏、秋季枝叶丰富的高产时节进行干料加工，制成杂交构树粉（叶粉、全株粉）或干草，可提高饲料资源利用率。杂交构树在株高80~120厘米时宜使用小型收割机、联合收割机、青贮料切碎机、滚筒式铡草机等机械收割，亦可将杂交构树茎叶切碎成1~2厘米，或采用带有压扁、揉丝功能的揉丝机揉成丝状，留茬高度15~20厘米；或用镰刀进行人工自行收割，在第一次收割时应当留下20厘米左右的茬，尽量多地留下芽眼，促使其二次可萌发更多的幼芽并形成枝叶。年均收3~5茬，每茬可收割鲜枝叶1.5吨以上，亩产量6吨/年。

根据国家标准委全国团体标准信息平台于2019年1月30日公布的杂交构树饲料加工团体标准《构树干草调制技术规程》，构树可于收获后在田间摊晒均匀，进行自然晾晒，水分晾晒至16%以下，即达干燥可贮藏程度，或在干燥室内通过50~70℃或120~150℃的热空气进行人工干燥，干燥后的构树可制作干草或干粉。日粮中添加适当比例的构树叶粉，不仅可为家畜提供优质的蛋白，还可降低饲料中主粮原料的比例，有效控制养殖成本、提高养殖效益。

## （二）杂交构树全混合日粮（TMR）

杂交构树枝叶可以制作青贮发酵，作为牛羊的全混合日粮的组成部分。

饲草在田间刈割堆放易造成养分流失，将其进行青贮制作不但能延长青绿饲料的保存时间，同时还能够软化杂交构树的木质素和纤维，有利于畜禽吸收利用。

然而青贮饲料主要依靠乳酸菌发酵制成，乳酸菌是依靠植物糖分的厌氧菌，因此青贮原料中需要含有最低需要的含糖量，一般要求青贮原料中糖含量至少为鲜重的1%~1.5%。杂交构树水分高、含糖量低，可添加玉米粉、糖蜜或者红糖补充含糖量。在收获后可运用混贮或青贮添加剂，如生物发酵技术和酶工程技术进行青贮发酵，进而改善动物对其消化吸收，提高饲用价值，推动杂交构树青贮的应用。

根据《构树青贮技术规程》，构树青贮收获的原料应及时切碎，从原料收获、切碎到入窖或裹包不超过6小时，原料切碎为1~2厘米。窖储装填或裹包前原料含水率以60%~75%为宜。

## 三、杂交构树饲料养殖品市场现状及分析

扶贫工程期间以及目前尚存的构树养殖，具有分散、品种少、规模小、出栏量少的特征，加之受限于屠宰加工配套，终端产品多以农贸市场、小圈子消化，没有给大众提供适量的体验机会，因而没能形成影响力。其中个别企业尝试过以专卖店、体验店、网店形式销售，也因为受限于产品种类少、产量小，所以在市场上没有存在感，销量份额可以忽略不计，没能形成口碑。

尽管如此，不可否认的是，用杂交构树饲养生产的肉、蛋、奶，无论从口感，还是从化验指标上，都具有相当的优势，属优质食材，符合市场需求，极富市场潜力。

对比苜蓿、秸秆等饲料，杂交构树树叶、青贮的干物质粗蛋白含量更高，具有更好的消化率、吸收率，用其饲养的禽畜在实践中出现喂得少、长得快的现象，具有降低养殖成本的优势。近几年，受全球疫情和局部战争的影响，全球粮食价格一直上涨，居高不下，直接导致饲料价格上扬，养殖成本增加。尤其是蛋白质饲料来源的供给，对进口的依赖程度较大。在这种形势下，杂交构树作为饲料蛋白质来源，既能补充不足，又能降低成本，显然是一显身手的好时机。养殖品种选择上，优先选择百姓日常生活的必需品，如猪肉、鸡蛋，其次考虑消耗饲料能力较大且肉品受欢迎的肉牛、肉羊。

### （一）杂交构树三元白猪肉

之前杂交构树生猪养殖，多以耐粗饲的黑猪为主。尽管与传统养殖相比，杂交构树黑猪肉的口感、味道有所改善，但终究黑猪肉与三元白猪相比，瘦肉率低、肌肉纤维粗，不如三元猪更受欢迎。同时，因为黑猪生长速度慢，存栏时间长，也未能直观显现出杂交构树饲料成本上的优势。与之相对应的，杂交构树养殖的白猪，在成本、品质上凸显出优势，更符合养殖的方向。

### （二）杂交构树牛羊肉

杂交构树饲喂的牛羊肉，与常规养殖品相比，口味上的改变十分明显，大大降低了不适的膻味，被所有品鉴、体验过的人群一致认可。尤其是牛肉，可以

在传统分类的“谷饲”“草饲”基础上，作为世界上第三大类“构饲”牛肉面向市场进行推广。

### （三）杂交构树鸡蛋

杂交构树鸡蛋，具有几个明显特征，一是蛋黄大，二是口味变化明显，香而不腥，检测指标更是具有明显优势。城市居民已经学会了在不同名称、各种功能的鸡蛋中如何选择，构树鸡蛋的优异品质适合百姓需求，有广阔的市场。

## 四、杂交构树新型销售及消费情况

河南中科康构科技有限公司位于河南省太康县，成立于2017年，最初主营杂交构树种植、饲料加工、构树养殖等业务，为打开养殖产品销路，带动前端构树产业发展，公司决定培育自有品牌并建立自己的销售渠道。2018年，在北京成立北京手牵手科技有限责任公司，注册“楮木香”商标，在京东商城建立“楮木香官方旗舰店”，主营产自太康县养殖基地的构树黑猪和构树鸡蛋。

经过几年的发展，楮木香京东旗舰店现已积累10.8万粉丝，年销售额500万元以上，老客户复购率达到30%以上。初步建立了杂交构树种植、饲料加工及销售、构树养殖、终端品牌及销售的完整产业链。

借助京东旗舰店的带动，建立了以北京为中心的供应链体系，产自河南省太康县的构树黑猪在本地屠宰后，冷链运输到北京大兴的加工基地，进行分割包装冷冻后入库，北京发货仓库可以满足京东旗舰店线上发货需求，同时也是线下市场的配送中心。京东旗舰店既是一个销售平台，同时也是一个宣传阵地。凭借构树养殖的优良品质，楮木香构树黑猪肉还进入了北京市养老券失能补贴专用销售平台，受到北京老年人和残疾人消费者的一致好评。

## 第二节　杂交构树产业主要经营模式分析

### 一、杂交构树种苗的主要经营模式

#### （一）选择“科构101”品种

扶贫工程带来阶段性的杂交构树热，各种各样的构树种苗充斥市场。在实践过程中，中科院植物所培育的杂交构树具有明显的优势，市场上出现了以不同名称、各种名义挂靠、假冒中科院品种。为此，植物所后期明确定义中科院植物所目前投入到构树产业中的杂交构树名称为“科构101”。

#### （二）利用“叶培2.0”技术组培生产

杂交构树种苗的最佳繁育方式是工厂化组培繁育，通过这种方式，可以确保种苗遗传性状的稳定，进而保证种植环节的产量和饲料品质。组培苗最终是以容器苗的形式栽种。从组培原种到容器苗的生产分为两个阶段：组培繁育阶段和种苗驯化阶段，其中组培繁育又包括继代和生根两个步骤。组培繁育阶段的最终产品为组培生根苗。利用温室，将组培生根苗培育到能够下地栽种容器苗的过程，为种苗的驯化阶段。

初级阶段“芽繁1.0”组培技术与进阶后的“叶培2.0”技术，主要差别在组培繁育的继代步骤上，1.0技术以芽分芽的方式进行原种的扩繁，与进阶到2.0代的叶培方式相比，有两个方面的弊端。

一是随着继代次数的增加，需要利用复壮技术，避免原种出现退化。复壮的过程，需要掌握技术、具备经验，对工业化大规模生产来说，难度比较大。二是原种分化的比例相对小一些，加之继代苗质量退化等，导致生根率的降低，成本相对会高一些。

因此，采用2.0技术进行工厂化育苗，会减轻工厂生产管理的压力，在种苗质量、成本上具有优势，是首选且必选的方案。

### （三）组培繁育与驯化的衔接与分布

组培繁育的门槛较高，除了需要掌握技术，成熟的生产管理团队、熟练的技术工人是确保生产正常的必要条件。生根苗的驯化工作，与设施农业中其他种苗的管理方式相同，技术条件类似，普通农民通过简单培训即可上岗。

按照以往的经验，组培生根苗，经过合理的包装，采用航空、高铁等形式运输，可24小时之内到达驯化场地。因重量轻、体积微小，其间发生的运费成本核算到每棵苗上，可以忽略不计。如果当地保存条件适宜，在3天之内定植到容器中，不影响成活率。因此，种苗的繁育与销售可以采取以下几个原则。

一是将组培与驯化作为上下游；二是在种植大区自营或培育驯化能力；三是按订单生产，避免生根苗到期出瓶后的浪费，避免囤积容器苗造成温室管理成本的升高以及后期成活率降低的损失。

## 二、杂交构树种植的主要经营模式

杂交构树经过全国各区域的广泛种植、深入加工及养殖推广探索，形成了多种实实在在、行之有效的产业模式，对我国绿色循环农业及畜牧业高质量发展具有重要意义。一是探索出丰富可行的产业模式。通过广泛种植，杂交构树在河南、山东、湖南、湖北、广西、广东等种植条件良好的地区充分地发挥了其生物量大、蛋白含量稳定、高产稳产的优势，产业综合效益十分显著。在重庆、贵州、四川、云南等地势险峻且山地资源丰富的地区，农民肩挑背扛，将杂交构树栽种到房前屋后和峡谷深沟，在涵养水源和增加贫困地区植被覆盖面积的同时，所形成的自种自养模式更是满足当地农民实际需求，大幅度地提高了家庭收入，实现了“家门口”增收脱贫。二是创新出独具特色的产业模式。各地在发展杂交构树种植时，依托政府、龙头企业以及大型集团创新发展理念，探索出了“金沙江干热河谷”“云南怒江峡谷”“洋县田园综合体嵌入”这些独具特色的产业模式，集合库区帮扶、山区扶贫、种养循环农业观光多种功能，为提升产业效益拓宽了新路。三是延伸出生态绿色的产业模式。在种植环节，首要的是要发挥杂交构树快速绿化、水土保持、生态涵养的绿化优势，在此基础上延伸出“西藏高海拔生态治理”“甘肃沙漠化治理”以及“福建农光互补”的产业模式，利用西北地区地广人稀的地理特点，推广大面积机械化连片种植，再结合杂交构树饲料加工与养殖，最大限度地发挥杂交构树高蛋白木本饲料的消炎抗菌、降本增效价值，以及减少排放氮氧化物和二氧化碳的节能减排价值。今后，随着杂交构树产业推广继续扩大，相信在政府、企业、农户等多方的共同智慧及努力下，杂交构树产业将创造更多的生态、经济、社会效益。

当前，杂交构树产业在全国推广中，呈现出因地制宜、创新探索、当地资源能得到充分利用和转化等优势特点。

### （一）贵州山区特色模式

以务川自治县、开阳县为主要发展区，农户自种自养为主要模式，1亩杂交构树养殖5头猪，农户在房前屋后、田边地头种植杂交构树，一家人种植3亩杂交构树，养殖15头猪。种植劳动力成本低，杂交构树鲜物质自行粉碎发酵，水料喂养简单便捷，农户年收入可达4万元。

### （二）云南怒江峡谷模式

怒江峡谷沟深坡陡，土地贫瘠，但光照充分。2018年，当地政府把构树产业作为主要扶贫产业，种植杂交构树12000亩。农户在狭小贫瘠的土地上种植杂交构树，既保持了水土，又能脱贫致富。由于光照好，排水性强，杂交构树鲜物质产量高，1亩杂交构树可养殖8头猪，一年的养殖时间，构树猪可长到400斤左右，农户年收入达3.5万元，远远超出当地的脱贫标准。

### （三）新疆大农业产业模式

杂交构树在新疆的种植适宜区主要是在北纬40°以南的地区。自2015年以来，杂交构树在石河子、伊犁、库尔勒、喀什、和田等地区种植均获得成功，生长数据喜人。杂交构树的种植，对新疆地区蛋白饲料的缺乏是一个特别好的补充。尤其是规模化种植、机械化采收，对杂交构树的饲用成本的降低是一个很好的方式。

### （四）沙漠化治理模式

2017年，贵州务川科华生物科技有限公司与甘建投建设工程有限公司合作，在武威进行了200亩的杂交构树沙漠化试验种植，取得了巨大成功。这对于沙漠治理和杂交构树产业延伸，是一个有效的探索。

2018年，在陕西榆林定边荒漠地区种植杂交构树3000亩，生长良好。

### （五）西藏高海拔地区生态治理模式

2018年，在山南市贡嘎县海拔4000米的荒滩地，种植杂交构树500亩，存活率达95%。2022年，原本寸草不生的荒滩变得郁郁葱葱。该模式对今后在高海拔地区种植杂交构树起到了很好的示范作用。

### （六）陕西商洛合作社模式

陕西商洛市种植杂交构树3800亩，发挥杂交构树耐干旱、抗逆性强的优势。通过成立合作社带领农民进行低产低效土地改造，提高土地产出率和劳动生产率，效果显著。

### （七）福建浦城农光互补模式

在福建浦城杂交构树产业园，政府引导农户在光伏板下种植杂交构树，实施构树农光互补、光伏发电模式。通过光伏发电和杂交构树种植推动农业高质量发展，实现“企业增效、乡村富裕、农民增收”一举三得，更是践行“双碳”行动的模式创新。

### （八）湖南宁远杂交构树立体经济模式

湖南宁远发展农户种植杂交构树5000亩，在杂交构树下面养殖鸡和鹅，省去了除草工序。杂交构树长到1米左右后，每株采摘三四片叶子，做成构树茶，最后再全株收割粉碎做发酵饲料。1亩杂交构树的种植收入就可达上万元。

### （九）金沙江干热河谷产业模式

三峡集团于2018年将杂交构树产业纳入金沙江流域沿山县（市）帮扶产业。三峡集团每年要拿出向家坝、乌东德、白鹤滩等电站发电产值5%的资金，帮扶库区县（市）发展产业。干热河谷对植物生长要求较高，杂交构树在此区域的适应性优势很明显，宜宾、屏山、巧家、攀枝花等地区，杂交构树种养循环模式的创新，对当地产业价值提升起到了很明显的作用。

### （十）洋县田园综合体嵌入模式

陕西洋县占地3000亩的田园综合体项目，引入杂交构树种养结合产业，种植杂交构树800亩，养猪100头，养牛50头，养羊200只，以发展特色产业为主导与游园参观者形成良性互动，不但拓展了农业产业价值链，而且把优良的生态价值持续转化为经济价值，为经济发展和农民增收注入新功能。

## 三、杂交构树饲草料的主要经营模式

杂交构树属于桑科构属，作为新兴的优质木本饲料，在缓解我国优质蛋白饲料短缺方面具有重要的战略意义。杂交构树适应性强、分布广 、抗污染能力强，在环境保护和生态修复上发挥了重要作用。在饲料化价值方面，杂交构树一年收获多茬次，对环境有很强的适应性。杂交构树生物量大，每公顷产量从45吨到120吨不等，且营养丰富。此外，它还含有丰富的氨基酸、维生素、碳水化合物、微量元素以及抗氧化物质、抗菌物质和可消化纤维。近年来，越来越多的研究表明，饲喂杂交构树可以提高动物生产力和饲料利用率。

目前，杂交构树作为饲草料的利用方式除了常规的鲜饲和晒制干草外，青贮是其主要加工利用方式。鲜饲是最简单的利用方式，即将鲜嫩的枝叶用铡草机铡成3~5厘米后直接饲喂牛、羊，可占日粮的一半以上，猪则需打浆后饲喂，以提高适口性和消化率，也可全枝打浆发酵后作为饲料原料制成全价饲料喂养牲畜。晒制干草为利用阳光或人工方法将构树枝叶晒干后使用，可直接饲喂或粉碎后作为商品出售，作为配制全价饲料的植物蛋白原料。青贮利用方式为以株高1.2~1.5米时收割的鲜嫩构树枝叶为主要原料，辅以一定量的禾本科牧草或人为添加发酵促进剂或添加碳水化合物含量丰富的玉米粉等原料，利用乳酸菌发酵原理，制成长期储存并随时取用饲喂的青绿多汁饲料。经过发酵不但提高了构树叶营养成分含量，改善了适口性，而且更加有利于动物对营养成分的吸收利用。

### （一）生态循环种养结合模式

通常情况下，1亩杂交构树可年产嫩枝嫩叶6吨（南北方平均值），加工成全价料后至少可饲养1头奶牛或2头肉牛或6头猪或10只羊。该饲料因蛋白含量高、营养均衡、适口性好，各种养殖动物都爱吃，而且消化降解率高、免疫力强，有利于动物健康和养殖产品品质提升。加之杂交构树易种植、饲料成本低、比较效益明显，深受种植、养殖企业和养殖户的欢迎。

杂交构树以青贮为主要加工方式，合理搭配全株玉米青贮、优质牧草和玉米秸秆等资源，发酵形成高品质青贮饲草料或者直接饲喂养殖畜禽。畜禽粪污资源化利用后生成的农家肥可发酵成沼液种植杂交构树，形成完全闭合的生态循环链，减施化肥，粪污不外排就地循环利用，没有对土壤和地下水产生污染，从源头上彻底解决养殖业环境污染难题，促进畜牧业健康良性发展，实现了“草畜”生态种养循环模式。

安徽一家专业从事杂交构树种养结合生态循环的农业产业，专注无抗、安全、生态农产品生产，打造“种植+养殖+粪污再利用”的生态循环种养结合模式。在畜牧生产方面，猪场存栏种猪750头，年出栏育肥猪15000头；养殖肉蛋兼用的麻黄鸡，年出栏3万只；具有2条饲料生产线，年产2万吨构树生物饲料和1.5万吨构树鲜叶饲料。在构树种植和废污循环方面，年育构树苗1000万株，自种构树133.3公顷，扶持当地村集体和农户种植构树53.3公顷，年消纳畜禽粪污2万吨，形成了构树育苗、种植、饲料加工、粪污消纳循环产业链。在畜产品销售方面，设立上海、合肥、六安“大别山构香”等多家生态农产品专卖店。

### （二）扶贫助农经营模式

构树扶贫工程被列入2015年我国精准扶贫十大工程之一，通过以树代粮，种养循环，可有效解决贫困户对养殖饲料的需求，降低养殖成本，帮助其脱贫致富。在蛋白饲料价格较高的情况下，利用贫困地区荒山荒坡种植构树，培育地方品种、创特色品牌前景可观。一是可以绿化荒山荒坡、防止水土流失，对生态建设作用巨大；二是贫困地区道路崎岖，交通不便，饲料供给成本过高，且荒山荒坡土地租金低廉、地方畜禽品质资源丰富，就地取材，种植构树，发展畜牧业，可以大大降低养殖生产成本；三是可以发展特色畜牧业，创造绿色品牌，夯实产业发展基础，解决贫困地区农民就业，大大增加农民收入。

常见的扶贫助农经营模式有“构树养殖合作社+贫困户”发展模式，即以乡镇为单位，成立构树种植农民专业合作社，广泛吸收贫困户入社，种植杂交构树。种植户与合作社签订合同，实行“统一供种、统一种植技术、统一收割、统一回收”，再由合作社统一收购加工或销售。如岳西叶河构树种植专业合作社，依托到村扶贫产业项目开展经营管理，吸纳164户贫困户入股构树产业，年终保底分红1000元，吸收20户贫困户在合作社长期务工。中科安岳林业公司提供构树苗和构树饲料制作技术，合作社种植构树55.5公顷，年养殖2万只鸡、300头猪、300头羊，生猪养殖饲料成本降25%左右。

除此之外还有“贫困户+构树养殖合作社+基地（企业）”发展模式，即以乡镇为单位，以村级贫困户为主体，建立杂交构树种植农民专业合作社，依托相关龙头企业提供构树苗和构树饲料制作技术，建立杂交构树产业扶贫基地（企业），由基地（企业）收购、加工，从而达到贫困户、合作社、基地（企业）共赢的目的。既吸纳了贫困地区劳动力就业，增加了贫困地区农民的收入，又绿化了荒山，保持了水土，提高了土地附加值，壮大了村集体经济。

## 第三节　杂交构树产业主体竞争结构分析

### 一、现有企业间竞争

杂交构树产业发展还处于起步阶段，其特征是产业发展基础差，尚未形成规模效应；发展实践与理想规划错位；产业链闭环基本打通，但产业链条脆弱。分析现有企业间竞争，有助于企业把握行业竞争特点，找准战略发展方向。

#### （一）杂交构树单一产品企业间竞争

##### 1. 杂交构树饲料产品生产企业的竞争

杂交构树作为新兴饲用原料，其生产企业必须直接面对传统饲料生产企业的竞争。目前我国已经成为全球第一大饲料生产国，饲料行业处于调整优化阶段。在当前阶段，饲料行业竞争激烈，呈现以下特点：由工业化向信息化方向发展，行业内部的整合趋势明显，大量小型饲料企业倒闭。杂交构树饲料行业刚刚起步，产业投入要求大，技术相对不成熟，未形成规模效应，加工成本相对较高，与传统饲料行业相比竞争力弱。但伴随饲料行业技术革新与原料价格波动，杂交构树饲料生产企业展现出独特的竞争优势。我国自2020年起饲料中全面禁止添加抗生素，抗生素替代品研发是行业技术发展焦点。杂交构树饲料富含类黄酮、生物碱、果胶等生理活性物质，能增强动物健康，提高免疫能力，实现无抗养殖。此外，国内豆粕、玉米等传统饲料生产的主要原料价格持续上涨，而饲料原料成本通常占饲料总成本的九成以上。杂交构树饲料原料成本低，全价饲料企业出厂价远低于同类产品。发挥杂交构树饲料优势，抢占功能性高蛋白饲料市场，是杂交构树饲料生产企业竞争的关键。

**2. 在养殖产品方面杂交构树企业与传统养殖企业竞争**

杂交构树的饲料产品受市场欢迎，杂交构树养殖生产的畜禽产品，营养价值高，品质好，不含抗生素，绿色健康，符合消费者对高品质安全绿色食品的要求。目前涌现出许多杂交构树特色农产品品牌，如太康县中科康构公司打造的“楮木香”品牌冷鲜肉，在北京、郑州等大型超市设立专柜，京东网注册楮木香官方旗舰店，其价格是普通冷鲜肉的2~3倍，主要面向高消费群体。杂交构树养殖产业相比传统养殖产业非常具有竞争力，各种产品面对不同的消费群体，当前竞争程度较小。杂交构树养殖产业逐渐成熟，养殖规模不断扩大，规模效应显现，产品成本和价格逐渐下降，将来必然会与传统养殖业形成激烈竞争。

## （二）杂交构树多产品兼具型企业间竞争

杂交构树产业呈现出以综合性龙头企业为支撑的产业格局，龙头企业是推动杂交构树种植、养殖的主力军。各地龙头企业依托种养一体的发展模式，不同程度形成了从育苗、炼苗、种植、养殖、屠宰到系列产品加工的杂交构树产业链，产出饲料、禽畜产品和构树加工食品等多种产品。目前杂交构树产业市场集中度较小，大部分杂交构树产品的销售依靠本地市场，企业间直接竞争较小。杂交构树企业间的竞争，主要体现在杂交构树产品开发应用的竞争和杂交构树原材料生产成本的竞争。扩大繁育种植规模，形成规模效应的企业就能取得成本优势。充分应用杂交构树原材料、进行产品研发创新、构建下游应用产业链、培育新消费群体的企业，能获得更高的经济效益。所以，降低原料成本、开发新产品新市场是杂交构树多产品兼具型企业间竞争的关键。

## 二、潜在进入者分析

杂交构树产业尚处于发展初期，潜在进入者对产业的影响是多方面的。潜在进入者的进入对杂交构树产业内原有企业的发展形成一定压力，同时将起到培育市场的作用，不断扩大生产量，提高产业生产能力，降低单位生产成本，提高产业盈利能力。新企业进入一个产业的可能性受到潜在利益、所花费的代价与所要承担风险三者间相对大小情况的影响。分析杂交构树产业的进入障碍与吸引力，总结潜在进入者特点，有助于现有企业应对新加入者带来的竞争，为制订产业发展战略提供参考。

### （一）育苗种植企业的潜在进入

杂交构树育苗种植企业作为杂交构树产业发展的基础，对于潜在进入企业的吸引力与障碍体现在以下几个方面。

第一，种苗培育技术成熟，市场供应充足。杂交构树种苗的主要生产方式为组培育苗，包括继代、生根、炼苗三个步骤，前两步需在无菌组培车间进行。所以杂交构树种苗的生产前期固定资产投入高，具有一定的技术壁垒。生产成本受规模效应影响大，在政策扶持下，通过中科院植物所的积极技术推广，现有的杂交构树组培育苗企业年产能达8亿株以上，可以满足年种植近百万亩的需求，其产品具有规模大、单位生产成本低、市场占有率高等特点。这对将要进入杂交构树种苗生产行业的企业产生较大的阻力，提出了更高的技术要求和资金要求，但市场上优质、足量、低价的种苗也为新企业发展提供了机遇，特别是新兴的小微企业，可利用现有种苗供应体系，优先发展杂交构树种植，快速完成资金回笼和技术积累。

第二，杂交构树种植效益具有明显的比较优势。杂交构树生长快、产量高、品质好，耐刈割，一次种植可多年持续收获。在广西，亩产鲜茎叶可达8吨以上。种植杂交构树每年每亩比种传统作物增收2000元以上。

第三，受耕地保护政策影响，杂交构树种植转向新发展空间。2019年的《关于加强和改进永久基本农田保护工作的通知》提出“永久基本农田不得种植杨树、槐树、杂交构树等林木”，该政策对杂交构树种植企业产生较大冲击。此前杂交构树种植地绝大多数位于国家基本农田范围之内，各地大面积的杂交构树种植地几乎全部进入复耕序列，使潜在进入者的积极性受到影响。但我国有大量适宜种植杂交构树的林荒地、一般耕地等边际土地，在受保护的基本农田之外潜在可种植空间十分可观。杂交构树利用边际土地产出可观的经济效益的同时，具有良好的水土保持和土壤改良效果，对潜在进入者有较大吸引力。

第四，杂交构树原料市场对接困难。目前大部分杂交构树下游企业采用“种养一体”模式，其原料主要来自自营农场或与农户合作种植的杂交构树。杂交构树产业尚未形成规范化的原料采购供应市场，这是新兴的杂交构树育苗种植企业进入的主要障碍之一。

杂交构树作为新型功能型、高蛋白饲用作物，经济价值不断凸显，育苗种植行业发展潜力巨大，必然吸引越来越多的投资者进入，凭借当前国家的推广政策进入育苗种植行业，可以抢占新兴产业先机。杂交构树育苗种植潜在进入者有以下两类：一是大型农业育苗种植企业，该类型企业凭借现有组培苗生产设备和种植管理经验，相对容易转向杂交构树的生产；二是传统饲料、养殖企业，被杂交构树的发展前景所吸引，通过布局杂交构树育苗种植，为自己开展杂交构树饲料养殖业务做准备。

### （二）饲料养殖加工企业的潜在进入

饲料养殖加工作为杂交构树产业发展的关键，对于潜在进入企业的吸引力与障碍体现在以下几个方面。

第一，杂交构树饲料养殖加工经济效益明显，对潜在进入者产生极大吸引力。杂交构树饲料品质好，利润空间大。杂交构树饲料生产是“林—饲—畜禽”种养一体化产业发展的关键环节，生产成本低于同类全价料，饲料市场方面拥有相当大的价格空间，能有效替代苜蓿、青贮玉米等传统饲料。杂交构树饲料养殖产品质优价优、市场价格高。杂交构树饲料养殖产品生态有机，营养价值高，并且养殖综合成本低，极大减少动物治疗费用和粪污处理费用。以杂交构树为原料的食品、茶叶、饮品受到消费者青睐。

第二，企业专业性较低，为潜在进入者提供较大空间。杂交构树产业试点都具有全产业链特征，能显著带动种、饲、养等各个产业领域的农民广泛就业和创收，具有显著的社会效益和经济效益。但单个企业进行全产业链打造，力量过于单薄，抗市场风险能力有限，并且对于产业的单个环节缺乏专业性和研发能力。杂交构树产业发展需要进一步的产业细分和全国范围内的协同发展。

第三，销售渠道有待拓展、市场开拓仍需投入，是企业进入的主要障碍。杂交构树饲料产品销售渠道缺乏，目前饲料销售渠道以经销商为主，而由于产品及市场的特殊性，经销商必须具备以下条件：在市场上的营销和开拓能力，专业的畜禽养殖、病害防治知识及较强的组织能力、经济实力等。对于杂交构树养殖产品、杂交构树加工产品，现有企业积极尝试商超合作、电商平台售卖等多渠道销售构树产品，但由于杂交构树产品市场知名度低、广告投放少、产量未形成规模等因素，市场销量较小。潜在进入者要建立一个健康、稳定的分销渠道难度较大。

对于杂交构树的饲料养殖加工企业的潜在进入者，杂交构树产业具有较大的潜在利益和足够的发展空间。典型的潜在进入企业一般具有以下特点：较强的经营能力、品牌优势，较强的技术优势，如大型畜牧养殖企业，能依托已有的销售渠道，推广杂交构树饲料和养殖产品，快速提高行业专业水平，有效整合行业产能。

## 三、同类产品替代竞争分析

### （一）不同饲料原料的营养特点分析及相互替代潜力

杂交构树叶含有20%以上的粗蛋白和微量元素硒等，比苜蓿草粉高出8%左右，中性洗涤纤维和酸性洗涤纤维含量均低于苜蓿，略高于豆粕和玉米，粗脂肪与钙的含量也较高，营养全面，饲用价值极高，是玉米、大豆等传统蛋白饲料的绝佳替代品，可减少饲喂成本。杂交构树作为高蛋白且营养均衡的优质木本植物，为从根本上缓解我国养殖业饲料，尤其是粗蛋白饲料短缺问题提供了理想的原料来源。

青贮杂交构树的粗蛋白、粗脂肪、钙和磷分别占干物质的21.14%、4.9%、1.74%和0.36%，而青贮苜蓿只有18.02%、3.53%、1.4%和0.29%；杂交构树每亩年产净蛋白400多千克，是大豆每亩年产净蛋白的7倍、苜蓿每亩年产净蛋白的4倍左右。

### （二）不同饲料原料的市场格局分析

从2008年以来，我国苜蓿商品干草种植面积从30万亩增加到635.5万亩，苜蓿干草从10万吨增加到380万吨。但相对于我国庞大的草食动物存栏量，优质粗饲料依然供应严重不足。据海关数据显示，2021年，我国牧草进口量达到178万吨，进口苜蓿草金额为6.8亿美元，进口量近139.8万吨。2018年，中美贸易战后，我国进口苜蓿关税增加2倍。每吨苜蓿干草成本增加550～800元不等，给草食动物养殖带来较大的成本压力。

据国家奶牛产业技术体系统计，2022年3月份，粗饲料价格和豆粕价格同比有较大的涨幅，青贮和长干草类的粗饲料价格上涨15%～20%，豆粕涨幅20%～30%，见表2-1。在粗饲料供应的巨大缺口及其与蛋白饲料价格涨幅较大的情况下，优质饲料资源的开发利用尤为迫切，杂交构树经过科学加工能够成为高利用价值的非常规饲料资源。

表2-1　2022年初主要的饲料原料价格（元/千克）和涨幅

| 饲料 | 2021.3 | 2022.3 | 涨幅（%） |
|---|---|---|---|
| 玉米 | 2.7 | 2.8 | 4 |
| 豆粕 | 3.6 | 4.6 | 28 |
| 青贮 | 0.5 | 0.59 | 18 |
| 苜蓿草 | 2.65 | 3.1 | 17 |

发展杂交构树等木本植物产业有利于减少进口苜蓿使用量，提高我国农民经济效益和养殖场利润，是我国畜禽产业绿色健康发展的重要途径。

## （三）不同饲料原料的适用畜禽分析

对于家畜饲养，杂交构树有三种利用方式，分别为直接饲用、制作叶粉、青贮发酵。

### 1. 直接饲用

杂交构树叶可直接用于畜禽的饲喂，但其粗纤维含量对于禽类、幼龄家畜而言过高，蛋白质结构复杂，难以完全消化利用。而且杂交构树叶含有大量刚性毛刺，适口性差，禽类和幼龄家畜不喜欢采食，鲜嫩枝叶中含较多的单宁也影响适口性。饲粮中添加大量新鲜的杂交构树叶，会因为适口性问题造成动物采食量的下降，进而降低动物的生产产能。鲜嫩构树枝叶直接喂饲，需要经过初加工，如切碎或打浆，与其他饲料混合均匀后喂饲，从少到多逐渐增加使用量，让畜禽有一个适应过程。研究表明，构树鲜叶搭配部分精料直接饲喂猪等家畜有较好的效果。

### 2. 制作叶粉

构树叶粉是将构树叶在质和量达到相对平衡的时期进行采收，经过自然风干或人工干燥制作而成的能够长时间储存的粉末状非常规动物饲料。构树叶粉受到人们关注，不仅因其是优质蛋白饲料，还因为其能够降低饲料中粮食所占的比重，缓解因粮食短缺而造成的原料价格上涨压力。构树叶粉的常用制作方法是，新鲜采收的构树叶连同嫩枝在晴天时直接晾干。

### 3. 杂交构树青贮

我国草食动物市场需要大量的粗饲料，饲草是发展草食动物养殖的基础，优质粗饲料是实现草食动物高产的重要因素，是提升畜产品质量的重要途径。据统计，2021年末我国奶牛存栏930万头，肉牛（包括水牛、黄牛）存栏9817万头，全国羊存栏31929万只。反刍动物能够有效利用青粗饲料，包括青贮饲料。杂交构树枝叶可以作为牛羊的重要饲料组成。有试验表明，将构树叶片添加到西非矮羊基础日粮中，可以提高日均采食量，并且西非矮羊血液常规检测结果并未表现出异常变化。林萌萌等研究发现，在萨寒杂交肉羊养殖中，利用青贮杂交构树叶替代蛋白饲料，随着替换量的增加，相同日增重下肉羊的排泄物增多，饲料消耗率下降。另有报道，构树作为青贮饲料投喂黑山羊，与常规饲料组对比，试验组黑山羊身体长速较快，一只黑山羊的平均饲料费用，明显低于常规饲料投喂的黑山羊。屠焰研究表明，杂交构树全株嫩苗粗蛋白质24小时和48小时瘤胃降解率为86.77%和94.29%，可为反刍动物提供数量较多、消化率较高的蛋白质。苏应玉研究发现，在荷斯坦奶牛的基础日粮中分别添加4%、8%、12%的发酵构树叶，可不同程度地提高产奶量，12%的添加量组奶量增加最多，各试验组间的乳脂率、乳蛋白、干物质含量无显著差异。

（1）奶牛。在饲粮中添加10%~15%的杂交构树青贮饲料可增强奶牛的免疫和抗氧化功能，提高乳中多不饱和脂肪酸的浓度。饲粮添加杂交构树青贮可影响荷斯坦小母牛的血清抗氧化剂和免疫指标，以及粪便参数、粪便微生物组成和功能。在用杂交构树青贮饲料替代全株玉米青贮饲料时发现对荷斯坦小母牛的瘤胃微生物的多样性和均匀性没有显著改变，但促进了机体的蛋白质代谢。杂交构树替代苜蓿干草对低产奶牛干物质采食量和产奶量没有影响，但提高了其抗氧化能力。当然由于杂交构树对奶牛的消化率和产奶量有潜在不利影响，因此饲粮中添加杂交构树干草应做好把控。有研究发现，饲粮中杂交构树青贮添加比例为7%对泌乳前期奶牛的采食量和产奶量并无显著影响，添加比例达到或超过14%对奶牛采食量和产奶量有不利影响。在奶牛基础饲粮中分别添加4%、8%、12%的发酵构树饲料后，泌乳奶牛采食量和产奶量都有一定程度的增加，且以添加8%的组别最为显著。同时，荷斯坦奶牛饲料中添加8%和12%的杂交构树发酵饲料，可降低牛乳体细胞含量，并提高乳清抗氧化功能。科学合理地饲喂杂交构树饲料可使奶牛奶产量、乳脂肪、乳蛋白分别提高2%、0.24%、0.04%，而菌落总数和体细胞数分别下降69.57%和15.38%，奶牛乳房炎发病率下降0.41%。另外，使用构树发酵饲料可以降低10%饲料成本。

（2）肉牛。杂交构树的粗蛋白含量较高，尤其是叶片和全株嫩苗、细枝条，是较好的饲料原料，其干物质（DM）、粗蛋白（CP）和有机物（OM）瘤胃降解率较高，可将其叶片、全株嫩苗、枝条作为蛋白质饲料应用在日粮中，其粗蛋白（CP）、有机物（OM）、中性洗涤纤维（NDF）、酸性洗涤纤维（ADF）含量与其48小时的干物质瘤胃降解率有显著相关性。另外，在肉牛饲粮中添加15%杂交构树青贮饲料可提高其产能，降低丙二醛，增加血超氧化物歧化酶，提高抗氧化能力，提高肉品质。同时，研究发现饲粮中同时添加青贮燕麦和发酵杂交构树饲料能提高肉牛免疫性能，改善牛肉品质。

（3）羊。构树作为青贮饲料投喂黑山羊，与常规饲料组对比，试验组黑山羊身体长速较快，一只黑山羊的平均饲料费用，明显低于常规饲料投喂的黑山羊。在黑山羊日粮中添加12.5%的青贮构树替代部分苜蓿干草，能够降低十二指肠、空肠隐窝深度，在一定程度上改善肠道形态，促进肠道健康。在萨寒杂交肉羊养殖中，用青贮杂交构树叶替代蛋白饲料，随着替换量的增加，相同日增重下肉羊的排泄物增多，饲料消耗率下降。饲喂青贮杂交构树可提高奶山羊的采食量和产奶量,并使血清中泌乳相关激素含量升高，进而促进泌乳。可使羊奶中乳脂、乳糖及不饱和脂肪酸含量升高，饱和脂肪酸含量降低，进而提升乳品质；青贮杂交构树能提高肉羊免疫力，改善肌肉营养成分、氨基酸和脂肪酸的组成，添加量为12%效果最好；饲喂杂交构树青贮饲料能够改善奶山羊粪便微生物群落结构，抑制有害微生物，维持后肠道健康，为奶山羊的生长发育带来积极影响，在一定程度上提高公羊的精液品质。在湖羊日粮中添加杂交构树干料和青贮杂交构树，可提高胴体品质。

纤维含量高的饲料并不适合饲喂单胃动物，对于猪、家禽和水产等，杂交构树具体用法用量还有待考量。

(4)生猪。杂交构树叶粉，可以用于猪饲料中，在育肥猪饲料中采用全株发酵杂交构树饲料替代豆粕可改善肉品质。10%~15%的杂交构树叶可显著增加育肥猪的平均日增重，添加20%的杂交构树叶可降低育肥猪料肉比，4%全株发酵杂交构树饲料替代日粮中的豆粕可以增加眼肌面积，降低背膘厚度，改善猪肉品质。

(5)家禽。1.5%~2%杂交构树叶可以增强3~9周龄蛋鸡对新城疫的免疫力。在产蛋中期蛋鸡日粮中添加不同水平的构树叶均可增加蛋重，以2%添加效果最佳。日粮中添加2%~6%的构树叶粉后，能够促进合成肌肉的蛋白质生成，提高良凤花鸡的生长性能。使用7%发酵构树粉替代部分三黄鸡基础日粮影响了胸部肌肉品质，利用青贮构树枝叶替换25%稻糠对后蛋黄颜色明显提高。饲粮中添加6%的杂交构树叶还可以提高广西三黄鸡的法氏囊指数，改善盲肠菌群结构。

(6)水产。利用构树叶饲喂草鱼等水产动物，不仅能提高草鱼的成活率，而且可将排出的粪便研制成生物絮团促进剂，将其转化为其他鱼虾的优质饲料，对鱼虾生长起到良性促进作用，形成良好的“产业链”。同时，构树叶能有效改善草鱼肠道菌群组成，还能影响金鲳鱼肠道菌群的多样性及丰富度。

第三章 CHAPTER 3

# 杂交构树产业创新发展分析

# 第一节　杂交构树科技创新发展分析

## 一、杂交构树种质创新与品种培育

杂交构树种质创新与品种培育是产业的核心，目前，这方面的工作主要由中科院植物所沈世华研究团队开展。

### （一）杂交构树农艺性状形成基础研究

#### 1. 构树基因组染色体水平高精度破译

利用测序技术、文库、光学图谱、遗传图谱以及三维基因组等辅助组装策略，完成了首个构树基因组的测定。该研究得到的构树（$2n=2x=26$）基因组大小为386.83Mb，覆盖度接近100%。其中，99.25%的序列挂载到了13条染色体上，注释了30512个蛋白编码基因，报告了一个高质量的、染色体级别的构树基因组。

序列的比较分析显示，构树与桑树大约在3100万年前分开，并在黄酮合成途径上发生了显著的基因家族扩张事件，尤其是查尔酮合成酶家族基因数量远远多于桃树、杨树和桑树等，与大豆等豆科植物相当。另一个显著特征是，构树木质素合成基因家族收缩。由于黄酮和木质素的合成来自共同的前体苯丙烷，构树通过基因家族的进化，在削弱木质素合成的同时，大大增加了黄酮类的合成。构树黄酮是主要的药效成分，也是重要的信号分子，募集共生微生物。共生微生物多样性分析结果显示，构树的主要共生细菌为假单胞杆菌和根瘤菌，与豆科植物的细菌组成相似，表现出生物固氮类植物的特征。共生真菌多为食用菌类，包括大型真菌木耳、桦树菇等。这些共生菌的活动在增强构树环境适应能力的同时，为构树的快速生长提供了必要的氮素等营养元素，构树叶片蛋白含量高的特性可能与黄酮合成的增强有着十分密切的关系。

构树通过基因家族的进化，在削弱木质素合成的同时，调控木质素单体比例。在构树木质素合成基因家族中，咖啡酸-3-氧-甲基转移酶家族数量却显著增加，提高了S单体含量和S/G比例，使得构树木质结构比较疏松，木质素容易降解，适于造纸，也易于被动物所消化和微生物降解，成为优质的饲料原料。综上，高质量构树基因组的破译揭示了构树基因组通过“低木质素—高类黄酮”与共生微生物协同进化模式利于造纸、饲用、药用并成为适应性强的遗传基础，打开了构树性状形成的“密码天书”，为高蛋白质功能性木本饲用植物资源的研究和开发提供了重要的理论依据，为药物分子合成、纤维木质结构和抗逆性状形成的分子遗传机制研究，以及分子设计育种和高产、优质、多抗新品种培育提供了强有力的支撑。

#### 2. 杂交构树转录组学研究

为解析杂交构树的优良性状的形成机制，对杂交构树组培苗的根、茎和叶等组织分别进行了转录组测序，获得了第一份杂交构树的转录组数据。其中，基因功能富集到30659个基因，大部分与抗氧化活性、生物合成与代谢、胁迫响应等相关。代谢通路分析显示7199个基因列入了119个代谢途径，除了一些基础代谢之外，更多的基因被注释为与病原菌互作、类黄酮合成等次生代谢相关。通过组织差异表达分析，筛选出在茎中高表达的、参与纤维素和木质素合成的关键候选基因2474个，参与黄酮类、生物碱等次生代谢途径基因3347个，而且大部分基因是在叶中高表达，表明杂交构树叶是黄酮类、粗蛋白等合成和储存的主要器官；植物络合素等重金属代谢相关的基因在根中高表达，验证了构树具有很强的重金属代谢能力，为揭示构树在尾矿等土壤污染严重的地区正常生长的分子机制提供了关键的证据。

转录因子是调控植物生长发育、逆境适应的上游关键基因，对各种功能基因的表达进行精确的调控。转录组测序分析结果显示，杂交构树中转录因子有1337个，归属于55个家族，差异表达分析显示，有627个转录因子基因归属于47个家族，具有根、茎和叶组织差异表达的特性。其中，共有40个家族的135个转录因子参与了杂交构树根的生长发育、调控根毛发育、侧根发生、根尖伸长以及根部维管组织的发育等。42个家族的296个基因参与了茎的生长发育、茎尖组织胚性的保持、侧芽的发育和侧枝的生长发挥着关键的调节作用。此外，

196个转录因子基因归属于33个家族，其中，包含在杂交构树叶的形态建成、叶型以及光合作用等代谢过程中起关键作用的基因。

**3. 杂交构树非生物胁迫基因家族研究**

干旱应答元件DREB为一种转录因子，可以启动下游几十上百个基因的表达，抵御不良环境。采用基因克隆技术，从杂交构树中得到一个长1384bp编码330个氨基酸的*BpDREB*2转录因子基因。序列比对分析和蛋白三维结构预测表明，*BpDREB*2含有一个典型的AP2DNA结合结构域，归属于DERB家族的A–6组；酵母单杂实验结果表明，*BpDREB*2可以与DRE元件特异结合并能激活下游报告基因的表达，同时，亚细胞定位的结果显示*BpDREB*2蛋白定位于细胞核。因此，*BpDREB*2是一个典型DREB类转录因子。该转录因子基因明显受到干旱、盐碱胁迫处理诱导表达，而转基因拟南芥结果证实，在不影响植物的正常生长的条件下，*BpDREB*2可以提高转基因植物对盐和低温胁迫的耐受能力，为构树新品种的培育、提高其抗逆性提供了候选基因。

**4. 杂交构树干细胞调控基因家族研究**

通过基因科隆技术从杂交构树中克隆到10个杂交构树干细胞调控基因（*BpWOX*）。系统进化分析表明，所克隆到的10个*BpWOX*基因在三个进化支中均有分布，其中属于WUS支的包含6个。

为了研究杂交构树*BpWOX*基因的活性表达部位，采用半定量PCR检测了该家族基因在10种不同组织器官中的表达情况。结果表明，有些WOX基因在不同组织中的表达模式很相近，如*BpWOX*8和*BpWOX*10在所研究的所有组织中都有较高表达，说明它们可能在多个发育阶段都发挥调控作用；而*BpWOX*7在我们研究的10个组织中的表达量都非常低，说明它可能主要是在其他器官或组织中表达，或者它需要在特殊条件下才能被诱导表达。有些WOX基因在不同组织中的表达差异很大。例如，*BpWOX*4和*BpWOX*9都分别在7个营养器官中有较高表达，而在其他3个生殖器官中的表达量相对较低，说明这两个基因主要是在营养器官发育时发挥功能；*BpWOX*3的表达在茎、根和雌花序中相对较低，而*BpWOX*1主要是在芽、愈伤、果实和雄花序中表达。这些基因在不同组织中的表达差异，说明它们在植物进化过程中发生了功能分化。环境胁迫下的表达模式分析结果显示，6个*BpWOX*基因分别在10种不同胁迫处理下的表达模式不同。结果表明，不同*BpWOX*基因能够受到不同环境胁迫的影响。本实验的研究结果为后续研究杂交构树在适应逆境条件调整形态建成的过程中，解析WOX基因所发挥的作用的分子机制打下了基础。

**5. 杂交构树叶型发育相关基因家族的分析**

本研究采用定量PCR检测了该家族基因在8种不同组织器官中的表达情况，BpYAB基因主要在叶片和花器官中表达，成熟叶片的原位表达结果显示BpYAB3和BpYAB5不具备极性分布模式，而是在叶片片层结构中全表达，说明它们可能在杂交构树的叶片发育过程中发挥调控作用。亚细胞定位和酵母单杂交实验结果显示构树 BpYAB3、BpYAB4和BpYAB5具有典型的转录因子特征，能够特异定位于细胞核，并且可以激活下游目的基因的表达，但是在竞争蛋白的作用下，其转录激活能力明显受到抑制。组织特异性分析表明构树异位表达BpYAB4会导致拟南芥叶片变小并向下卷曲，果荚变短，种子变小，这说明*YABBY*基因除了调控叶片发育可能还参与种子的发育。

**6. 杂交构树低温应答分子机制研究**

对杂交构树组培苗进行4℃低温处理，生理指标的测定结果显示，低温条件下，杂交构树的叶片光合作用能力降低，可溶性糖含量上升，膜透性增大，SOD酶活性提高。电镜观察结果显示，在4℃处理6小时以后，叶片细胞发生了明显的变化，细胞膜发生了内陷，出现了许多膜性小泡。随着胁迫时间的延长，叶绿体外膜膨胀，变圆，其中非常显著的变化是淀粉粒开始积累，数量增多，体积增大。由此可见，低温抑制杂交构树的光合速率的同时阻碍了光合产物的输出。综合以上结果，推测淀粉积累和光抑制可能是杂交构树应对低温胁迫的一个适应机制。

差异转录组表达谱分析结果显示，杂交构树中共有5800个基因响应低温胁迫。从2小时到24小时的处理过程中，差异基因数量先逐渐增多，在6小时达到最高值，为3484个，其中2096个上调，1388个下调，6小时之后逐渐下降，表现出杂交构树响应低温并逐渐适应低温的过程。对差异基因进行功能注释以及代谢通路分析，发现差异基因集中于碳水化合物代谢、光合作用、苯丙烷类代谢、黄酮类代谢等过程。具体来说，参与糖酵解和三羧酸循环的酶类基因在6小时低温下表达量增多，说明植物体通过增强呼吸作用来为生命活动供给能量。光合作用相关的基因，即光合电子传递链的主要载体，在6小时下调表达，使电子传递效率降低，之后又恢复到正常水平。低温显著影响了植物体的次生代谢，苯丙烷类主要是木质素合成的相关基因在6小时显著上调，说明木质素合成活跃。类黄酮合成途径也被低温所诱导。另外，还有花青素、类固醇、维生素E、萜类合成相关基因上调表达，而类胡萝卜素、油菜素内酯的合成却受到抑制，说明次生代谢物调控的复杂性。此外，还有许多差异表达基因参与转录、翻译、蛋白质加工、氨基酸代谢、脂类代谢、信号转导等过程。

对应答低温胁迫的转录因子基因深入分析，发现47个家族的794个转录因子基因调控了杂交构树的低温适应过程。根据表达模式将794个基因分为早期、中期和晚期响应三个组，分别包含有95、550和149个转录因子。早期主要是低温信号转导的关键调控转录因子。中间主要是调控杂交构树的低温耐受性反应以及负责调控杂交构树在低温胁迫下的生长发育。还有部分转录因子在低温处理12或24小时显著上调，说明这些转录因子在低温胁迫的晚期发挥关键作用。

为了探讨它的低温适应性分子机制，我们从磷酸化蛋白质学角度开展了研究。将杂交构树无菌苗置于4℃低温中处理6小时后，其表观形态和生理生化层面没有明显变化，但蛋白质组磷酸化水平上共检测到427个磷酸化蛋白。处理48小时后，幼苗表现出显著损伤，此时共有611个磷酸化蛋白其磷酸化水平发生显著变化。通过生物信息学计算，总共富集到9个磷酸化基序，推测蛋白激酶是引起这些蛋白磷酸化修饰的主要酶类。蛋白质功能富集结果表明磷酸化蛋白主要参与信号转导、蛋白修饰和翻译。转运和细胞成分组织则仅在6小时和48小时处理中被富集。进一步通过构建低温响应蛋白激酶和磷酸酶互作网络，我们发现一个同时具有蛋白激酶和磷酸酶结构域的蛋白（P1959）位于网络中心，可能是$Ca^{2+}$、脱落酸、油菜素内酯和乙烯信号通路间的枢纽。基于这些结果，我们绘制了磷酸化水平上杂交构树响应低温的代谢通路图。

**7. 木质素代谢基因的克隆与分析**

采用基因克隆方法，从构树中分离一个编码咖啡酰辅酶A-O-甲基转移酶（CCoAOMT）的基因，将其命名为*BpCCoAOMT*。它的cDNA全长序列为1087bp，编码一个由247个氨基酸组成的蛋白。系统进化树分析表明：它与CCoAOMT酶亲缘关系较近，而与咖啡酸-O-甲基转移酶（COMT）的亲缘关系较远。序列分析进一步揭示：BpCCoAOMT蛋白含有一个腺苷-甲硫氨酸结合域和一个典型的甲基转移酶的功能结构域，它与双子叶植物CCoAOMT酶的同源性高达83.7%～94.7%。利用核酸杂交证实该基因是以至少2个拷贝的形式存在于构树基因组DNA中。采用同源建模的方法预测了构树CCoAOMT蛋白的空间结构。它的主链构型和折叠方式与杨树CCoAOMT酶的结构更为接近，而与苜蓿COMT酶的空间结构相差很多。采用RT-PCR方法分析表明：BpCCoAOMT基因是一个组成型表达的基因，在根茎叶各器官中的表达只有微小差别。

采用基因克隆方法，从构树中分离到一个编码阿魏酸-5-羟基化酶（F5H）的基因，将其命名为BpF5H。它的cDNA全长序列为1685bp，编码一个由514个氨基酸组成的蛋白。序列分析表明：BpF5H蛋白含有阿魏酸-5-羟基化酶所特有的几个功能结构域，即位于N-末端的信号肽、紧挨着信号肽的脯氨酸富集区、细胞色素P450家族的功能域和位于C-末端的半胱氨酸亚铁血红蛋白配合体信号，它与双子叶植物F5H酶的同源性为69.73%～76.25%。利用核酸杂交证实该基因是以2个拷贝的形式存在于杂交构树基因组DNA中。采用RT-PCR方法分析了BpF5H基因的组织特异性表达，表明BpF5H基因是一个组成型表达的基因，但在根、茎、叶各器官中的表达差别很大，在茎中表达最强，在根中表达较弱，而在叶中表达最弱。

**8. 杂交构树侧枝发育相关基因的克隆与功能验证**

对杂交构树*BpTCP*8、*BpTCP*14和*BpTCP*19进行克隆、系统进化、分子生物学特性和表达模式分析，结果表明*BpTCP*8、*BpTCP*14和*BpTCP*19基因编码区全长分别为1359bp、1239bp和1323bp，都有核定位信号和不同强度的转录激活活性，并在腋芽中高丰度表达，且可以响应独脚金内酯激素信号。将*BpTCP*8、*BpTCP*14和*BpTCP*19在拟南芥野生型中异源表达，可以抑制腋芽的发生；转化拟南芥多分枝突变体中可以功能互补，不同程度地恢复突变体的表型，且可以上调脱落酸抑制腋芽发育途径中的表达。

利用基因编辑技术分别对*BpTCP*8、*BpTCP*14和*BpTCP*19基因进行了敲除，并均得到了相应的基因编辑植株。对各编辑植株的组培苗和移栽苗的分枝数进行统计，发现敲除*BpTCP*8、*BpTCP*14和*BpTCP*19基因可显著增加分枝数。对各编辑植株中脱落酸抑制腋芽发育途径相关基因的表达量进行检测，发现敲除*BpTCP*8、*BpTCP*14和*BpTCP*19基因可显著下调其表达。利用35S启动子分别驱动*BpTCP*8、*BpTCP*14和*BpTCP*19基因在杂交构树中过量表达，发现各基因过量表达植株的组培试管苗和移栽幼苗表型与对照组无明显差异，均只有一个主茎，没有多余的分枝。

## （二）杂交构树分子改良

### 1. 杂交构树叶形种质创制

干细胞调控相关转录因子是植物特有的基因家族，在植物生长发育和逆境适应等方面发挥重要作用。其中有3个WOX基因共同调控叶片发育，利用基因编辑载体，构建*BpWOX*基因突变载体，并转化杂交构树，得到抗性的阳性植株。对阳性植株的基因编辑位点进行测序，检测到*BpWOX*在靶点序列发生改变，导致*BpWOX*蛋白的保守结构域缩短，同时发现*BpWOX*1的mRNA表达量在WOX突变株中明显降低。大田移栽显示*BpWOX*基因编辑植株稳定表现为深裂，与对照杂交构树相比，叶片裂度大，叶色深，植株矮，生物产量低。生物学性状和农艺、经济性状仍在选育中。

### 2. 杂交构树株型种质创制

杂交构树*BpTCP*基因调控侧枝发生，利用CRISPR/Cas9技术分别敲除*BpTCP*8、*BpTCP*14和*BpTCP*19基因进行，获得分枝数显著增加的基因编辑植株。大田移栽表现出侧枝多、稍有矮化的特征，生物学性状和农艺、经济性状仍在选育中。

## 二、杂交构树高效育苗技术

杂交构树“科构101”为败育雌株，没有种子。种苗繁育就成为应用推广的关键核心技术，种苗的质量和成本就决定着产业扶贫成败。早期中科院植物所建立了“科构101”“芽繁1.0”组培工厂化育苗技术，从2006年开始应用，至今还有一部分企业使用。但长年继代容易出现分化能力降低、弱苗递增、筛选工作量加大等现象。

针对这些问题，中科院植物所科技人员基于植物细胞全能性理论，以杂交构树叶片为材料，探究了生长素、细胞分裂素等6种不同植物生长调节剂在其离体培养过程中的独立效应及组合效应，并在此基础上建立了杂交构树“叶培2.0”诱导干细胞高效组培快繁体系，主要结果如下。

第一，杂交构树叶片的最佳不定芽诱导体系为MS基础培养基添加适当浓度的6-BA和NAA，不定芽诱导率可达98.3%左右，出芽时间约为27天，不定芽诱导系数约为7.66。将形成的不定芽在增殖继代培养基上培养，增殖系数可达5.89；将继代芽接种到生根培养基上诱导生根，生根率可达95.9%。

第二，杂交构树叶片不定芽的发生途径分为两种，一种是不形成明显愈伤组织直接形成不定芽，另一种是在形成愈伤组织的基础上再形成不定芽。叶片外植体通过哪种途径形成不定芽主要依赖于外源施加的植物生长调节剂浓度配比。

第三，基因表达谱分析发现，叶片在诱导7天左右大规模脱分化，14天左右获得茎尖干细胞分生组织，开始再分化不定芽，21天左右叶片开始进入大量形成不定芽阶段。这为揭示诱导干细胞分化机制提供了理论支撑。

“叶培2.0”组培快繁技术以无菌试管苗叶片为材料，剪成小片，经过脱分化直接再生不定芽，继代培养1~2次后，生根出瓶炼苗，不再反复继代扩增。有以下优势：种苗品质好，壮实整齐一致，活力强；繁殖系数提高，“芽培1.0”为200株/年·芽，“叶培2.0”为280株/年·芽，提高40%；操作简单，继代次数少，省去选苗复壮过程，便于程序化作业；生产效率高，单位个人组培人员提高出苗率20%以上。

## 三、杂交构树丰产栽培技术

目前，杂交构树配套栽培技术相对落后、水肥利用效率低、栽培生产过程缺乏规范和标准，导致产量提高不明显、效益低。缺乏基于区域资源匹配的抗旱、耐盐碱、丘陵山区栽培技术的研究，对杂交构树生态高效栽培技术的关注度较低，杂交构树丰产优质种植技术尚未形成系统的模式。针对杂交构树产量品质不稳定的情况，中国农业大学、中科院地理所等单位开展机械化高效种苗栽植、种植密度合理配置与高光效利用、水肥需求规律与水肥一体化高效施用和节水等技术研究，研究刈割频次、留茬高度、采收时期、植株部位与产量和品质的均衡动态规律，构建土地健康、可持续发展的丰产高效栽培模式，建立标准化原料生产技术体系。

### （一）杂交构树丰产高效栽培模式开发

根据我国东部、中部、西部和南部不同地区杂交构树栽培现状，重点研究不同地区杂交构树栽培条件，分析区域间气候土壤和水文等差异，确定降水量、积温、土壤酸碱等条件，建立不同地区构树栽培试验田，评估土壤肥力，合理确定施肥方案；确定包括株行距等具体栽培参数，并配套相应的给水排水措施和田间管理方案。最终构建杂交构树规模化丰产栽培技术体系，杂交构树年实际产量提高20%。

### （二）建立标准化原料生产技术体系

重点开展杂交构树生长特性、生态适应性和饲用品质特性等评价，优选出产量高、饲用品质好的杂交构树技术措施。研究区域性刈割频次特性、留茬高度差异、收获时期、植株部位与产量和品质的均衡动态规律，将收获技术标准化，确定杂交构树不同生育期的养分动态变化和收获技术之间的关系，为构建适合于不同地区、不同时期、不同留茬高度等条件下的优质杂交构树生产技术体系提供理论和技术保障。

## 四、杂交构树菌酶发酵青贮工艺

杂交构树具有生物量大、蛋白含量高和饲用价值高的特点，且含有丰富的氨基酸、维生素及微量元素，同时富含酚类、黄酮类、萜类、多糖、不饱和脂肪酸及生物碱等多种抗氧化、抗应激、促免疫等生物活性物质。然而杂交构树木质素、粗纤维素和半纤维素等物质含量高，若将杂交构树直接进行饲喂，易导致畜禽不喜食、消化吸收率低，大量营养成分随粪便排出，限制了杂交构树在畜牧生产中的应用。此外，杂交构树水分含量可高达80%，传统的干草生产方式不仅会增加木本植物枝叶的木质化程度，而且在干燥过程中容易引起叶片脱落，造成营养成分大量损失。菌酶发酵是一种科学理想的加工方式，通过菌酶发酵可以将构树叶复杂蛋白质降解为氨基酸、小肽等易被畜禽吸收利用的营养物质，还能在一定程度上降解其纤维以及抗营养因子，提高适口性，增加营养价值，使其成为畜禽喜食的优质绿色饲料资源。此外，菌酶发酵过程中通过微生物与酶协同作用转化分解产生大量的芳香族物质，柔软多汁，是能够提高畜禽免疫力、促进畜禽增重、改善肉质风味的一种新型生物饲料制作方法。目前杂交构树菌酶发酵青贮工艺主要有：微生物菌剂发酵工艺、酶制剂发酵工艺、菌酶协同发酵工艺。

### （一）杂交构树微生物菌剂青贮发酵

杂交构树蛋白结构复杂，缓冲能值高，且原料附着高丰度大肠杆菌（*Escherichia coli*）等有害微生物，自然青贮造成大量营养物质损失。外源添加微生物菌剂能快速抑制有害微生物生长与繁殖，进而减少粗蛋白等营养物质损失。杂交构树青贮微生物菌剂主要包括同型发酵乳酸菌剂、异型发酵乳酸菌剂、同型和异型复合菌剂等。

2013年，农业部发布的第2045号公告规定，允许用于饲料微生物添加剂的菌种有34种，主要包括酵母菌、乳酸菌、芽孢杆菌、霉菌和光合细菌5类菌种。目前常用的杂交构树青贮微生物菌剂、菌种主要是乳酸菌和芽孢杆菌。同型发酵乳酸菌是目前使用最广泛的微生物菌剂发酵剂，主要有植物乳杆菌（*Lactobacillus plantarum*）、干酪乳杆菌（*Lactobacillus casei*）、粪肠球菌（*Enterococcus faecalis*）、蒙氏肠球菌（*Enterococcus mundtii*）以及一些片球菌属乳酸菌（*Pediococcus*）。乳酸菌剂添加量通常为每克鲜重$10^5$～$10^6$CFU（CFU：菌落形成单位），以显著提高乳酸，降低pH值、乙酸、丁酸和氨态氮为主要特征，具有较好的干物质回收率，有助于提高动物生产性能及饲料利用率。异型发酵乳酸菌以布什乳杆菌（*Lactobacillu buchneri*）为主，布什乳杆菌能将杂交构树中乳酸转化为等量的乙酸和1,2–丙二醇等挥发性脂肪酸，更能有效地抑制酵母菌生长，从而提高杂交构树青贮饲料有氧稳定性。其他异型发酵乳杆菌剂，也被用作杂交构树青贮添加剂。部分异型发酵乳杆菌还可以产生苯乳酸、苯甲酸、水杨酸等多种抗真菌活性物质，这些物质与乙酸协同后可抑制真菌繁殖，提高杂交构树青贮有氧稳定性。

近年来，随着微生物资源不断开发，功能性乳酸菌被不断挖掘，其中以产细菌素乳酸菌为主。乳酸菌细菌素是乳酸菌生长代谢产生有抑菌活性的蛋白或多肽类物质。乳酸菌细菌素可分为四类：Ⅰ类为羊毛硫抗生素（Nisin），包含不常见的氨基酸羊毛硫氨酸，脱水残基和β甲基羊毛硫氨酸；Ⅱ类，包含小的热稳定的非羊毛硫氨酸肽（<10 kDa）；Ⅲ类，包含大的热不稳定蛋白（> 30 kDa）；Ⅳ类，包含具有脂质或碳水化合物部分的复杂蛋白质。Ⅱ类乳酸菌细菌素不仅能够抑制革兰氏阳性菌，还能够抑制荧光假单胞菌（*Pseudomonas fluorescens*）、恶臭假单胞菌（*Pseudomonas malodora*）和大肠杆菌（*Escherichia coli*）等革兰氏阴性细菌。此外，Ⅱ类乳酸菌细菌素拥有优良的物理化学性质，能够在酸性及高温下保持良好的活性，也是杂交构树微生物菌剂发酵工艺中常用菌株之一，所产生的乳酸菌细菌素具有抑菌谱广 、安全、无毒、高效等特点。

芽孢杆菌具有耐高温、高压特性，是一种理想的微生物添加剂。它具有较高的纤维素酶、淀粉酶以及蛋白酶活性，在增殖的同时可释放出酵素物质，还可产生氨基酸、维生素和促生长因子等多种物质，可有效促进动物机体内物质的代谢，减少抗营养因子对动物的副作用。微生物菌剂发酵具有代谢转化植物材料中酚类或黄酮类等抗氧化生物活性物质的潜力，但其对酚类或黄酮类的代谢能力及转化方向与植物基底类型、生物活性物质种类与含量、微生物种类、发酵时间、发酵条件等因素息息相关。

## （二）杂交构树酶制剂

杂交构树中的糖大多以结构多糖的形式存在于植物细胞壁中，只有被分解为可溶性糖才能被乳酸菌所利用。为了进一步改善青贮发酵品质，各种酶制剂被应用于杂交构树青贮发酵工艺中。常用的酶制剂包括纤维素酶、半纤维素酶、果胶酶、淀粉酶及包含这几种酶的复合酶。酶制剂主要功能有：降解青贮原料中难以消化吸收的纤维物质；能够抑制有害菌生长；能够提高动物机体免疫，维持肠道健康；能够减少饲料原料中的有害有毒物质。

在青贮饲料加工生产时，纤维素酶类将杂交构树中不易利用的纤维组织分降解，增加可溶性碳水化合物含量，以达到促进发酵、改善品质、提高营养价值的目的，为乳酸菌提供更多的糖分来促进发酵。纤维素酶还具有氧化还原酶活性，可以消耗青贮饲料中多余的氧气，保障乳酸菌繁殖的厌氧环境，抑制有害菌繁殖。此外，由于植物细胞壁结构被破坏，在微生物代谢过程中通过不同的生物转化途径（例如糖基化、去糖基化、环裂解、甲基化、葡糖醛酸化等）分解或合成大量代谢产物，释放出大量酚类、黄酮类及其衍生物等抗氧化生物活性物质，达到整体上改善青贮饲料中生物活性物质含量与功效的作用。此外，阿魏酸酯酶也是青贮发酵工艺常用酶类型之一，它能够将阿魏酸类酯、低聚糖阿魏酸酯和多糖阿魏酸酯中的酯键进行水解并释放出阿魏酸和其他产物。在天然木质纤维素原料的结构中，木质素和半纤维素将纤维素包裹在内部，纤维素酶不能充分有效地吸附到纤维素上是酶解效率不高的一个重要原因。当阿魏酸酯酶作用于天然木质纤维素原料时，可以水解阿魏酸与半纤维素之间的酯键，将阿魏酸从植物细胞壁中游离出来，从而破坏细胞壁骨架结构，使得青贮饲料纤维结构疏松，促使纤维降解酶更易吸附在底物上，提高天然木质纤维素原料的降解率。

优良的杂交构树青贮酶添加剂一般应具备以下性能：能够耐受偏酸环境，

在pH值4.0～6.5范围内有作用效果；在青贮发酵初期能降解纤维产生大量糖分；耐温性能好；适宜水分含量广；分解蛋白的能力弱；成本低且保质期长。

## （三）杂交构树菌酶协同发酵

菌酶协同发酵饲料是通过微生物发酵工程和酶工程技术协同作用生产的单一饲料或混合饲料。菌酶协同发酵能够将酶制剂和微生物功效有机结合，使两者协同发挥作用高效改善青贮发酵品质。在动物胃肠道两者能够共同抑制有害菌生长，促进益生菌生长，进而提高机体生长速度，减少疫病发生。我国颁布的《农业绿色发展技术导则（2018—2030年）》，将发酵饲料应用技术作为重点研发和集成示范的指导内容，为菌酶协同发酵饲料发展奠定了良好开端。2020年国家出台的《关于支持民营企业发展生猪生产及相关产业的实施意见》中提出：应加快动物生物饲料开发应用，积极优化调整饲料配方结构。据统计，截至2022年，全国范围开展的动物生物发酵饲料研发和生产的相关企业已经达1000余家，涉及菌酶同步、菌酶异步固态发酵料产品产量已突破10000吨/月，产品已在畜禽养殖上得到良好的效果验证。

杂交构树作为新型优质木本饲料来源，菌酶协同发酵是提高杂交构树青贮发酵品质的重要手段。杂交构树青贮发酵生产实践中，由于微生物酶活性不高、种类缺少、数量不够等问题，导致对构树原料分解不充分，而酶解构树青贮无法保证生成有益微生物代谢产物。菌酶协同工艺弥补了单纯发酵或酶解杂交构树青贮饲料的缺点，不仅能够充分降解大分子物质，还能够产生有益代谢产物，具有较高的应用价值。根据对氧气需求的不同，菌酶协同分为厌氧型、好氧型以及兼性厌氧型。其中，好氧菌酶协同发酵适用于单一原料的发酵，常用的发酵菌种为曲霉菌、芽孢杆菌、酵母菌等好氧或兼性厌氧菌；厌氧菌酶协同发酵适用于单一或混合原料的发酵，常用的发酵菌种为乳酸菌、芽孢杆菌和酵母菌；而兼性厌氧菌酶协同发酵目前尚处于研发阶段。与好氧型菌酶发酵相比，厌氧发酵具有质量稳定、发酵更彻底、污染概率低、生产效率高以及发酵产品均匀度好等优势，是目前应用最广泛的发酵方式。根据基质含水量的不同，菌酶协同发酵饲料分为固态型和液态型。相比液态发酵，固态发酵配套技术和设备均相对简易，投资成本更低。固态发酵能源消耗低、发酵产品产出率高，但发酵周期相对较长。

杂交构树菌酶协同发酵饲料效果显著优于单一使用酶制剂进行预处理或者单一使用菌种进行微生物发酵的饲料，可更高效地获得目标产物。在构树青贮饲料中配合微生物菌剂使用千分之一鲜重的纤维素酶制剂，可使其乳酸含量显著提升、pH值显著下降，还可以增强有氧稳定性。将酵母菌和碱性蛋白酶添加到杂交构树青贮饲料中，能有效增加饲料口感、改善杂交构树青贮品质。将酿酒酵母菌、乳酸片球菌、植物乳杆菌和双歧杆菌复合微生态制剂与溢多酶协同发酵制成构树青贮饲料，可释放生长因子，促进双歧乳杆菌等菌群生长繁殖，防治动物腹泻。将光合细菌、真菌和放线菌等组成的EM发酵菌种和由蛋白酶、纤维素酶、复合酶组成的酶制剂发酵构树叶制成发酵构树饲料，该饲料发酵时微生物大量繁殖，分泌多种酶，菌体蛋白含量增加，有效提高了发酵构树叶中粗蛋白质含量，显著增加了游离氨基酸含量，有效补充了内源酶，降解了部分构树叶细胞壁，促进了肠道对非淀粉多糖的消化吸收。采用酿酒酵母菌、米曲霉菌、植物乳杆菌以及含曲霉菌的酶制剂进行级联发酵（高温、低温、中温三级差别发酵）制成发酵构树饲料，产品营养品质大大提高。

### （四）杂交构树菌酶发酵青贮工艺

#### 1. 贮前准备

（1）根据种养规模和杂交构树生物学特性配备相应的设施、设备及材料。

（2）饲料添加剂应符合中华人民共和国农业农村部《饲料添加剂品种目录》的规定。

（3）完成设施、设备、运输车辆的调试、检修与保养。

（4）完成各类人员的组织、培训与配置。

#### 2. 刈割及留茬

杂交构树应适时收割，以免影响原料产量或青贮质量，每年可收获3～5茬，株高在1.2～1.5米时可进行刈割，留茬高度一般为10～15厘米，不同地区和不同品种的刈割时期、茬次、高度与留茬高度不同。随着生长期的推移，杂交构树逐渐衰老，茎、叶木质化程度加深，粗蛋白质含量下降而粗纤维含量急剧上升，不利于其作为蛋白质饲料使用。禁止混入泥土和杂物。操作安全应符合GB 10395的规定。

#### 3. 切碎或揉丝

由于全株构树茎枝硬度大，粉碎对机器刀片要求高，目前全株粉碎应用较少。全株构树主要的加工方式是切段和揉丝，切段通常将构树切至1~2厘米的小段，揉丝是通过揉丝机将构树揉成无硬结且柔软的丝条形状。切碎或揉丝处理可以破坏部分植物细胞壁（纤维素和果胶），让胞内可溶性糖流出，经乳酸菌发酵后产生乳酸，降低pH值，从而提高杂交构树青贮发酵品质。根据不同畜禽对粗饲料硬度及长度的需要合理制定加工方式，如饲喂牛羊可进行切段，饲喂猪鸡可进行揉丝再配合其他饲料进行饲喂。

#### 4. 菌酶发酵剂

构树发酵是涉及构树、微生物菌种和环境共同作用的动态过程。发酵剂种类可分为微生物发酵、酶制剂发酵、菌酶协同发酵。

微生物发酵中广泛使用的乳酸菌如植物乳杆菌、干酪乳杆菌、布什乳杆菌以及产细菌素乳酸菌和芽孢杆菌等。以鲜重$10^5$~$10^6$CFU/g添加量单独或者混合添加，对杂交构树青贮发酵有一定改善效果，可调节青贮发酵过程中微生物活动，改善发酵品质，减少营养损失。

杂交构树青贮发酵的酶制剂主要有纤维素酶、木聚糖酶、甘露聚糖酶以及阿魏酸酯酶，其作用是体外降解粗纤维和聚糖，生成可溶性糖供乳酸菌利用，以100~200 U/g FM，不同酶制剂使用量不同。

菌酶协同发酵是利用益生菌与酶之间的协同作用，最大化地降解原料中的大分子物质。利用植物乳杆菌、布氏乳杆菌配合纤维素酶以及青贮全株构树，其饲料青贮品质和有氧稳定性优于单独添加乳酸菌组或纤维素酶的青贮饲料。菌种是全株构树发酵过程中的“发动机”，合理搭配发酵菌种和使用适宜的制作方法可获得高蛋白、低纤维的优质发酵全株构树饲料，而利用固态发酵方式中的混菌和菌酶协同发酵展现了巨大的产业价值。其中最常见的是植物乳杆菌和纤维素酶，以鲜重$10^5$～$10^6$CFU/g单菌或复合菌配以鲜重$10^5$～$10^6$CFU/g酶制剂。

菌酶发酵剂选择依据杂交构树特性、生物活性物质种类与含量、微生物功能与特性、酶制剂特性、发酵时间、发酵条件等适时选择与应用。

**5. 装填、压实和密封**

经切碎或揉丝后的杂交构树原料应尽快入窖，每层厚度为20～30厘米，均匀撒布菌酶剂，并逐层压实，压实后的原料高于窖口40厘米以上进行封口。装窖尽可能在短时间内完成，小型窖要当天完成，大型窖最好不超过3天完成。当天未装满的窖，必须盖上塑料薄膜压严，第二天揭开薄膜继续装窖。青贮窖装满后用青贮专用塑料薄膜立即密封、压实。塑料薄膜重叠处至少应交错1米，并用青贮专用胶带密封。封窖后，应定期检查窖顶和窖口，注意防范鼠类、鸟类破坏，如发现下沉或有裂缝，应及时修补。

切碎后应立即打捆，在打捆过程中使用青贮添加剂，打捆后立即裹包，裹包层数应达到4层以上，堆垛层数不宜超过3层。草捆密度应达到600千克/立方米以上，打捆过程中应避免混入泥土和杂物。

**6. 实时管理**

经常检查草捆的密封情况和堆垛情况，底层草捆出现变形时，应及时调整堆垛层数。防止鼠、鸟等造成的拉伸膜破损，出现破损及时修补。

## 五、杂交构树新型采收加工机械设备

杂交构树作为畜牧饲料，其高蛋白含量和无抗性，给养殖业饲料的发展注入了新的生机，受到了养殖企业和养殖专业户的青睐。杂交构树的采收方式有人工刈割和机械收割两种。人工刈割是小规模杂交构树饲料林或大山、深山地带常采用的收割方式。人工刈割只能满足整枝收割，收割后需要整枝运输至场地后再进行切碎加工。人工收割工序分散，需要较多的人工投入且效率很低，不利于杂交构树的可持续发展。机械化联合作业收获是杂交构树产业发展的必由之路，但构树机械化联合收获不同于大宗农作物以及青贮饲料收获，它是一次种植，多季多年收获，收获过程要考虑下茬枝条持续萌发，但不同于灌木收获。同时构树皮纤维较多，且有韧性，收割时不恰当的切碎方式会造成纤维结团，给后期的饲料加工和饲喂都带来不便，为此开发适合杂交构树的采收机械对杂交构树产业的发展具有促进作用。2019年国家发改委产业结构调整指导目录中，在鼓励类农业收获机械类别中增加了"杂交构树联合收获机械"品目，鼓励企业投入杂交构树联合收获机械的研发。

## （一）杂交构树生长特性对采收的影响

### 1. 杂交构树的多次采收特性

杂交构树多年生长，每年能收获3~5次左右，可连续收割15~20年。杂交构树耐刈割，且越割侧枝生长越多。杂交构树株高1米刈割，比2米或3米刈割具有更多的优越性。《中国饲料原料目录》中也规定木本饲料的高度应在3米以下，株高1米刈割不但营养价值高、适口性好、动物易于消化，且高密度的刈割，反而能刺激和加快侧枝发芽生长，增大了生物量（鲜物质产量）。据统计，杂交构植在种植的第一年在1米高度刈割，比1.5米高度能多刈割一茬，鲜嫩枝叶产量可达4000~5000千克，第二年可多刈割2茬，鲜嫩枝叶可达8000~12000千克。合理规划构树种植密植，是实现构树在株高1米左右刈割的前提条件，否则不能实现较高的营养成分含量和较高的生物产量双赢的结果。种植密度加大、苗木封垄早、刈割次数增加、组织幼嫩，也便于机械化采收。

### 2. 杂交构树的根系保护对采收的影响

杂交构树在中国的温带、热带均有分布，不论平原、丘陵或山地都能生长，具有速生、适应性强、分布广 、易繁殖、热量高、轮伐期短等特点。其根系浅，侧根分布很广，生长快，萌芽力和分蘖力强，但多次收割剪伐会对根系形成拉扯，使根系损伤造成减产。多次剪伐后底部茎杆较粗，由于根系浅，机器碾压容易造成根系损伤，当土壤水分不足时，根系修复慢，容易造成作物减产。所以机械化收获时一是要求平茬收割时，应快速平茬且茬口平整，不能对根系形成拉扯现象造成根系损伤；二是机械的轮胎应行走于垄沟内，不能碾压根系；

三是要求机器重量尽量轻，减轻对田地的压实作用。

**3. 杂交构树的种植区域对采收的影响**

由于杂交构树生长适应性强，故不必特意占用耕地进行种植，可种植于河滩、荒地、荒山、平原、丘陵或山地等地带。这是一种不与粮争地的优质蛋白饲料作物，可在北方地区的半沙化边际土地种植，也可在丘陵坡地、台地种植，种植适应性广，但机械收获时就会带来南北方机械化收获适应性问题。南方种植杂交构树的地区多为浅坡、台地，且雨水多，田地潮湿、泥脚深，不适合轮式机器作业，应采用履带式专用驱动底盘。北方地区的半沙化边际土地，土质松软，要求机器通过性好、驱动力强的高架四轮驱动底盘适合杂交构树的机械化收获作业。

## （二）杂交构树饲料化应用对采收作业的要求

**1. 杂交构树饲料化应用的方式**

鲜食饲料：直接刈割切碎揉搓鲜食饲喂，切碎长度小于5厘米。此方式是最简单、成本最低的方式，但需要每天收割，不适合大规模应用，饲料无法存储。

青贮饲料：收获切碎至2厘米左右，可裹包青贮也可窖藏青贮。在常温条件下，青贮20~30天，低温可贮50~60天，仍保持较好品质。

蛋白饲料粉饲料：收获后烘干细碎磨粉作为蛋白饲料粉添加在其他饲料中混合后饲喂牲畜。大多为猪饲料、鸡鸭饲料等。

颗粒饲料：根据饲喂要求按照不同的添加比例，饲料粉或干枝叶和其他饲料混合后压粒制作配方饲料，形成独特的构树颗粒饲料。也可和其他农副产品以及秸秆等经粉碎后充分混合，加入发酵剂以及微生物能量物质，经充分发酵后，出料制粒，形成全营养发酵颗粒饲料。

**2. 杂交构树收获机械作业性能要求**

长度要求：杂交构树根据不同的饲喂方式可作为粗蛋白饲料用于饲喂牛、羊、鸡鸭和猪等畜禽，用于牛、羊等反刍动物的饲料，要求其切碎长度小于20毫米，用于猪饲料要求切碎长度应小于5毫米。由于杂交构树作物的特殊性，要求机器多次收割且切碎质量好，效率高，能耗低，机器重量轻，避免对构树根系碾压损伤。做猪饲料可用青贮后饲料二次加工细碎方法实现。

平茬要求：杂交构树因多次收割剪伐易对根系形成拉扯进而使根系损伤造成减产，所以要求平茬收割时，根茬茬口断面平整，茬口平滑，无碎茬、裂茬，防止水分流失过快影响萌芽再生，以利于分蘖、复萌，提高再生生物量。

农艺要求：当收获机械轮距和种植行距不适应时，多次收割会使轮胎碾压杂交构树根部，损伤根系，容易造成再次生长的产量减少。因此在种植杂交构树时要求农艺与农机结合，种植工艺要规范，行距应满足收割设备轮距、割幅要求，避免漏割、压根、压垄现象的发生。

## （三）杂交构树新型采收设备

### 1. 履带式联合收获技术装备

履带式杂交构树联合收获机主要适合南方泥泞以及坡地、台地的杂交构树机械化收获。可一次性作业完成平茬收割—输送—切碎—抛送—装箱，切碎的物料小于20毫米，可直接用于牛羊饲喂或青贮。

该设备特点：履带行走，地形适应性强；往复式割刀，适合于嫩丫枝条的平茬收获；设备外形尺寸小，转弯半径小；滚刀碎断，防止纤维结团。

**表3-1　履带式杂交构树联合收获机技术参数**

| 序号 | 项目 | 单位 | 设计值 |
| --- | --- | --- | --- |
| 1 | 型号名称 | / | 4GSL-2200履带式构树收割机 |
| 2 | 型式 | / | 自走式 |
| 3 | 工作状态外形尺寸（长×宽×高） | mm | 5450×2700×3000 |
| 4 | 配套发动机额定功率 | / | 113kW（154马力） |
| 5 | 配套发动机额定转速 | r/min | 2300 |
| 6 | 割幅 | mm | 2200 |
| 7 | 作物收集割台型式 | / | 直切割台 |
| 8 | 割台切割器型式 | / | 往复式割刀 |
| 9 | 喂入机构型式 | / | 螺旋绞龙 |

续表

| 序号 | 项目 | 单位 | 设计值 |
| --- | --- | --- | --- |
| 10 | 喂入机构数量 | 个 | 1 |
| 11 | 秸秆切碎机构型式 | / | 滚筒式 |
| 12 | 籽粒破碎机构型式 | / | 揉搓板式 |
| 13 | 驾驶室型式 | / | 普通驾驶室 |
| 14 | 变速方式 | / | 手动变速 |
| 15 | 驱动方式 | / | 液压驱动 |
| 16 | 制动器型式 | / | 内置湿式摩擦片 |
| 17 | 履带宽 | mm | 450 |
| 18 | 履带接地长 | mm | 1480 |
| 19 | 轨距 | mm | 1215 |
| 20 | 作业速度范围 | km/h | 1~5 |
| 21 | 设计切段长度 | mm | 15 |

### 2. 自走轮式杂交构树联合收获技术装备

自走轮式杂交构树联合收获机主要是针对北方干旱及半沙化边际土地地区开发的一种轮式液压四驱底盘的杂交构树联合收获装备，可一次性作业完成杂交构树的平茬切割、中间输送、切碎、抛送装箱、液压自动翻转卸料。机器采用低损平茬收割技术、喂入负荷自动监控和行走速度自动调控的智能化技术、轮式液压四轮驱动高架底盘技术，实现轻简化整体布置，机器重量轻，对田地碾压程度轻，平茬收割时茬口平整，对根系损伤小，适合北方沙化及半沙化边际土地的杂交构树收割，切碎的物料长度小于20毫米，可直接饲喂或用于青贮饲料。

该设备特点：高速锯片刀平茬收割，对根系扰动最小；顺序喂入，切段均匀；铡切碎断，防止纤维结团；高地隙底盘，通过性好；智能控制喂入量，防止喂入过量堵塞。

表3-2 自走轮式杂交构树收割机技术参数

| 序号 | 项目 | 单位 | 参数 |
| --- | --- | --- | --- |
| 1 | 型号名称 | / | 4GS-2200型自走式构树收割机 |
| 2 | 形式 | / | 自走式 |
| 3 | 工作状态外形尺寸（长×宽×高） | mm | 5850×2430×4000 |
| 4 | 机器重量 | kg | 5050 |
| 5 | 配套发动机额定功率 | kW | 147 |
| 6 | 配套发动机额定转速 | / | 2200 |
| 7 | 割幅 | mm | 2200 |
| 8 | 割台切割器型式 | / | 圆盘式锯片 |
| 9 | 喂入机构型式 | / | 喂入辊 |
| 10 | 喂入机构数量 | / | 7 |
| 11 | 切碎机构型式 | / | 滚筒式 |
| 12 | 驱动方式 | / | 液压四轮驱动 |
| 13 | 变速方式 | / | 电控自动变速 |
| 14 | 导向轮轮距 | mm | 1640 |
| 15 | 导向轮轮胎规格 | / | 10.0/75-15.3 |
| 16 | 驱动轮轮距 | mm | 1695 |
| 17 | 驱动轮轮胎规格 | / | 400/70-20 |
| 18 | 轴距 | mm | 2520 |
| 19 | 作业速度范围 | km/h | 2~5 |
| 20 | 设计切段长度 | mm | 15 |

### （四）杂交构树低成本烘干设备

杂交构树是国内研究的富含大量蛋白质的木本饲料资源。一般情况下，采收后大多采用青贮的方式保存或者鲜食饲喂。青贮是优选的饲料加工贮存方式，青贮过程中乳酸菌使饲料内部产生大量乳酸，使其气味芳香，柔软多汁，适口性好，能提高饲料的消化率和牲畜的采食率，且贮存加工成本低，是构树饲料的首选贮存方式。但对于需要长距离转运或作为单胃牲畜（鸡、鸭、猪等）蛋白饲料添加，则需要对构树进行烘干加工，以降低运输成本或方便配比添加。

杂交构树采收时采用叶、茎全株收获，采收后含水量达到75%左右，烘干后要求含水在30%～15%范围内。其烘干强度大，原料产出比率低，需要能源量多，如何降低烘干成本且又能保证烘干饲料质量，需要根据使用情况进行合理的工艺研究和设备的优化选配。

**1. 干燥工艺方法对比**

杂交构树常见的干燥方式是自然晾晒，但自然晾晒受日照、风速、气温等多种因素的影响，不易控制且干燥时间长。而杂交构树需要快速降低水分，并有较好的干燥品质，因此需要对杂交构树干燥工艺及设备进行研究。常见的干燥技术有热风干燥、真空干燥、真空冷冻干燥、微波干燥等。

热风干燥是以热空气作为干燥介质，首先将物料表面的水分汽化并不断扩散到周围介质中，然后将物料水分从内部逐渐向表面转移，使物料含水量下降，直至达到一定的水分含量为止。热风干燥具有设备结构简单、价格低廉且易于操作等优点，更适合大规模生产且易于普及，目前已广泛应用于粮食、果蔬、肉类等农产品的干燥。

真空干燥就是将被干燥的物料置于密封的干燥室中，在抽真空的同时不断加热被干燥物料，使物料内的水分子通过压力差和浓度差扩散到表面，水分子在物料表面获得足够的动能，在克服分子间的吸引力后，逃逸到真空室的低压空间，从而被真空泵抽走的干燥过程。因为水的汽化温度与蒸气压成正比，所以真空干燥时物料中的水分在低温下就能汽化，可以实现低温干燥。真空干燥时由于干燥室的压力始终是负压，气体分子稀薄，含氧量低，还可以降低操作温度，因热作用与氧化作用引起的物料变色少，基本可以保持物料的天然色泽。真空干燥过程中会产生较大的压力差和浓度差，从而使物料的干燥速率提升，缩短干燥时间。真空干燥技术广泛应用于农产品加工中，也多与其他工艺结合来研究对农产品干燥品质及干燥特性的影响。因此，真空干燥是一项低温、快速、应用广泛且研究众多的干燥技术，在农产品的干燥中具有非常重要的应用价值。

真空冷冻干燥是在较低温的环境中，将物料水分快速冷凝成冰，而后在较高的真空度下使冰直接升华去除水分的干燥技术。水分升华后物料的形状及内部结构基本维持不变，故干燥后，产品有很好的复水性。并且干燥过程温度较低，特别适用于易氧化食品以及热敏性食品的干燥，可以使产品较好地保留其原有的色、香、味、形等。此方法与其他干燥技术相比，能够得到较高质量的最终产品，如较好地保留维生素和热敏性营养物质、收缩性小、复水性能高、很好地保持食品风味等。然而此技术在工业化应用中同样存在许多缺点，如干燥速度慢，能量消耗高导致运营成本较高，初始投资大，且冷冻产品为避免吸潮和氧化，包装设备及材料消耗大等，都增加了最终产品的成本。

微波干燥是指利用波长为1毫米~1米、频率为300MHz~300GHz的电磁波的穿透性把能量传播到被加热物体的内部，依靠高频电磁场造成分子运动和相互摩擦从而产生大量摩擦热使得介质温度升高，促使水分子从物料逸出达到干燥的目的。微波干燥具有干燥速度快、产品内外同时加热等优点。但微波干燥也存在许多缺点，如物料受热不均匀导致产品质量下降、物料表面易烧焦等问题，又如微波设备复杂、价格昂贵、单位耗能高等，这些限制了微波干燥的工业化应用及推广。

较高的干燥温度可以快速降低物料的水分，但会使物料焦煳且营养成分降低。杂交构树是粗蛋白含量高的饲料资源，高温、冷冻和微波都会对蛋白质产生影响，使蛋白质变质。真空干燥、真空冷冻干燥以及微波干燥所需成本较高。因此，需要对杂交构树进行低温的热风干燥研究。

**2. 热风干燥设备研究现状**

热风干燥的设备有厢式干燥器、滚筒干燥器、带式干燥器等几类。

厢式干燥器中，一般用盘架盛放物料。优点是容易装卸、物料损失小、盘易清洗。因此，对于需要经常更换产品、价高的成品或小批量物料，厢式干燥器的优点十分显著。其主要缺点是：物料得不到分散，干燥时间长；若物料量大，所需的设备容积也大；工人劳动强度大；需要定时将物料装卸或翻动时，粉尘飞扬，环境污染严重；热效率低，一般在40%左右。此外，产品质量不够稳定。因此随着干燥技术的发展，需逐渐完善此类干燥器。

滚筒干燥器的主体是略带倾斜并能回转的圆筒。滚筒干燥器与其他干燥设备相比，具有以下优点：生产能力大，可连续操作；结构简单，操作方便；故障少，维修费用低；适用范围广，可以用它干燥颗粒状物料，对于那些附着性大的物料也很有利；操作弹性大，生产上允许产品的产量有较大波动范围，不易影响产品的质量；清扫容易；等等。这种干燥器的缺点是：设备庞大，一次性投资多；安装、拆卸困难；热容量系数小，热效率低（但蒸气管式转筒干燥器热效率高）；物料在干燥器内停留时间长，且物料颗粒之间的停留时间差异较大，因此不适用于对温度有严格要求的物料。

带式干燥机（简称带干机）由若干个独立的单元段组成。每个单元段包括循环风机、加热装置、单独或公用的新鲜空气抽入系统和尾气排出系统。因此，对干燥介质数量、温度、湿度和尾气循环量等操作参数，可进行独立控制，从而保证带干机工作的可靠性和操作条件的优化。带干机操作灵活，湿物料的干燥过程在完全密封的箱体内进行，劳动条件较好，避免了粉尘的外泄。与转筒式、流化床和气流干燥器相比较，带干机中的被干燥物料随同输送带移动时，物料颗粒间的相对位置比较固定，具有基本相同的干燥时间。对干燥物料色泽变化或湿含量均匀至关重要的某些干燥过程来说，带干机是非常适用的。此外，物料在带干机上受到的振动或冲击轻微（冲击式带式干燥机除外），物料颗粒不易粉化破碎，因此也适用于干燥某些不允许碎裂的物料（如食品）。带干机不仅供物料干燥，有时还可对物料进行焙烤、烧成或熟化处理。带干机结构简单，安装方便，能长期运行，发生故障时可进入箱体内部检修，维修方便。缺点是占地面积大，运行时噪声较大。

目前的带式烘干机没有针对杂交构树的设备，需要针对杂交构树的干燥工艺进行相应的研究，研发杂交构树低温带式烘干设备，并降低系统能耗以及解决污染问题。

### 3. 杂交构树低温带式干燥系统

传统热风带式干燥机如图3-1（a）所示，通常是环境空气经过电加热器加热或燃煤（气）锅炉产生的热风通入干燥器内将物料加热干燥，然后干燥物料后的废气排到大气。这种干燥方式能耗大且污染严重。优化改造后的带式干燥机如图3-1（b）所示，设计新的气流组织方式，回收排湿空气，加热后再循环利用，降低系统热负荷；同时采用低品位能量回收间接增焓利用技术，回收排湿废气的余热，降低二次能源消耗。具体流程如下：环境空气经过热泵冷凝器加热到目标温度后进入干燥器，干燥物料后的排湿废气一部分通过旁通与环境空气混合后再经过冷凝器加热用于物料干燥；另一部分排湿废气排出干燥器，经过热泵蒸发器将这部分空气的余热进行回收，经过热泵再利用。

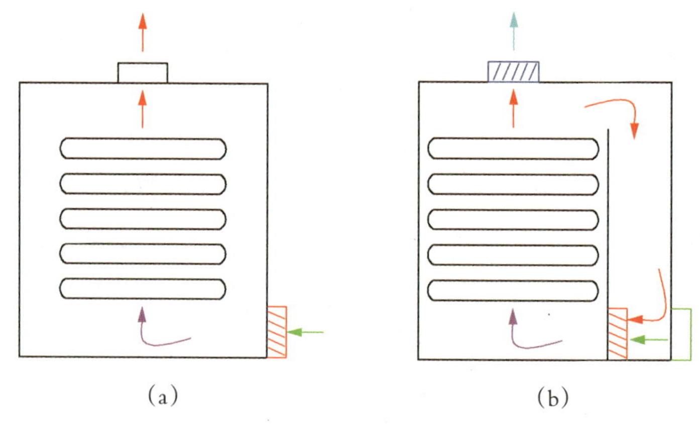


图3-1　杂交构树低温带式干燥装备剖面图

数学仿真模型的构建是系统理论分析的重要研究方法之一。研究者将制冷技术和空气调节理论相结合，建立复合式多级热泵干燥系统的数学仿真模型，研究系统的运行特性。为复合式多级热泵干燥系统的优化提供参考，并为自动控制奠定理论基础。

蒸气压缩式热泵工况参数主要包括冷凝温度、蒸发温度、过热度和过冷度。当运行工况参数发生变化时，热泵的性能指标也随之变化。对于热泵机组，其制热量、制冷量、功耗等都随着运行工况的变化而变化，一般情况下，热泵压缩机的制热量随着蒸发温度升高或冷凝温度的降低而增加。在风量一定的条件下，其运行工况蒸发温度、冷凝温度与热泵的性能密切相关。掌握热泵性能与工况参数之间的变化规律，是系统调控的基础，因此应让热泵机组尽量在节能工况下运行，以获得最大的节能效果和环保收益。目前，研究热泵干燥系统对于干燥介质温度的调控主要通过间接性启停控制或升、降温控制模式，很难精准地控制热泵的冷、热负荷来满足一些温湿度要求高的干燥物料。所以，在一定运行工况条件下，为达到特定的干燥送风温湿度，寻找最优的蒸发温度、冷凝温度是非常重要的。

仿真模型计算结果：1小时干燥构树吨，初始含水率84%，终了含水率12%。计算得除湿量为818千克，循环风量为60000立方米/小时，热负荷约为700千瓦。即传统带式干燥设备耗电量为700千瓦/小时。

提高热泵系统蒸发温度和增加气流组织优化后的旁通比可以有效降低杂交构树带式干燥装备的能耗，且前者节能效果显著，最大可节约电能77.5%，两种技术结合可最高节约能源90%。

具体的仿真模拟结果如下：假设环境平均温度为25℃，湿度为80%，送风温度为70℃，含湿量为16k/千克。冷凝温度为75℃，制冷剂为134a，压缩机效率为85%，在相同热负荷的条件下，不同蒸发温度热泵机组性能如表3–3所示。根据计算结果可知，当蒸发后温度达到30℃，可节约电能77.5%。

**表3–3　不同蒸发温度条件下热泵机组性能**

| 序号 | 蒸发温度（℃） | 制冷量（kW） | 理论输气量（$m^3/h$） | 压缩机功率（kW） | COP（制热量/输出功） |
|---|---|---|---|---|---|
| 1 | 15 | 515 | 825 | 220 | 3.2 |
| 2 | 20 | 530 | 708 | 196 | 3.5 |
| 3 | 25 | 550 | 617 | 177 | 3.9 |
| 4 | 30 | 568 | 537 | 157 | 4.4 |
| 5 | 35 | 582 | 466 | 137 | 5.1 |

接下来考虑优化气流组织后，即旁通有一定余热，升高初始空气温度后的节能效果。假设排风相对湿度为90%。结果表明，旁通比越大，节能效果越显著。当排风温度为35℃时，不同旁通比条件下的节能效果均优于排风温度为30℃的工况。另外，当旁通风量占总风量的20%~25%时，其节能效果相近，但空气湿度增加较大，因此可优先选择旁通比为20%的工况。当旁通比为1∶3或

1∶2时，节能效果均较为显著，最大节能量为12%。但送风湿度也会增加较多，此时需根据物料热质传递规律确定送风合适的相对湿度，不仅要考虑节能效果，也要考虑干燥效率。

**4. 网带式烘干设备设计**

网带式烘干的送风方式为底部自下而上穿透式送风，风机配置调风装置，可调节进风量。

链条传动时，物料从上料输送机开始进入，上料输送机可调节铺料厚度，然后进入烘干设备第一层，物料自上而下分别经过每层网带。在行进过程中通过底部进入的热风作用对物料进行加热脱水，并将高湿气体从设备顶部直接排出，料经过最后一层后通过出料器将干物料送出，然后由出料输送机送离烘干设备。

整个烘干过程连续式进行，不断进鲜料，不断出干料，自动化程度高，节省人工。

网带式烘干设备参数及经济性分析：经计算，含湿率从80%降到13%，选用25匹热泵机组1台，每小时大概能处理0.25吨的杂交构树，单台热泵机组的价格为51.4万元。电费以1千瓦时0.6418元计算，平均干燥电费成本142.19元/吨。

## 第二节　杂交构树产品创新发展分析

### 一、杂交构树饲料产品发展分析

#### （一）杂交构树“豆粕玉米替代减量”饲料产品

杂交构树粗蛋白含量高，通过发酵加工替代部分饲料，有利于缓解人畜争粮、蛋白质饲料紧缺带来的压力。养猪成本中的重要一项是豆粕等蛋白饲料的使用，构树叶中的粗蛋白含量比较高，而且构树生长速度快，是一种比较好的豆粕替代品，可以部分使用构树叶替代豆粕。

### （二）杂交构树减抗或无抗饲料

杂交构树中富含的类黄酮和生理活性物质，对提高动物免疫力有一定效果。饲养实践证明，其可减少对动物抗生素的使用。

## 二、杂交构树综合利用深度开发产品发展分析

### （一）杂交构树打浆造纸

杂交构树韧皮纤维细长，长宽比大，是一种优质的长纤维原料，其纤维长度仅低于棉花和亚麻，与桑树皮纤维长度相接近，远高于雁皮和落叶松。同时杂交构树韧皮纤维色泽洁白柔软，原浆不经漂白其白度就可达到80%以上，品质优良，因此可用于制造礼品包装纸、书画纸等各种高档纸，甚至包括质量要求很高的印钞纸。

杂交构树树皮纤维经脱胶后，纤维色泽洁白，具有天然丝质外观，纤维手感柔软。应用气流纺或最新的“嵌入式复合纺纱”技术，均可制成纱线，继而生产面料、服装等。且杂交构树纤维具有良好的吸放湿性，与涤纶、粘胶、氨纶、腈纶、棉花、羊毛等纤维混纺、交织，可生产出风格多样且性能良好的纺织品。同时也可以用非织造加工工艺，生产高档汽车内饰品、地毯、环保袋等。

杂交构树韧皮纤维色泽白、强度大、纤维素含量高，纤维长度与亚麻和大麻比较接近，但细度很细，与细绒棉接近，手感柔软，是生产制造高级用纸（宣纸、币纸、绝缘纸）和人造棉以及高级混纺等产品的优质原材料。同时杂交构树木质部比较松软，色白且芯少，同时纤维素含量高，可用来生产化机浆做文化用纸、纸板和卫生纸等。

印制钞票的纸均采用坚韧、光洁、挺括、耐磨的印钞专用纸。这种纸经久耐用，不起毛、耐折、不断裂。其造纸原料以长纤维的棉、麻为主。而杂交构树韧皮纤维含量较高，且长而细，色泽洁白柔软，品质优良，可满足制钞用纸的要求。

目前用于制浆的主要树种是马尾松、火炬松、杨树，这些树种的共同特点是生长周期较长，需3~10年的时间，导致资金周转速度慢，建设造纸工业原料林基地的投资数额巨大。杂交构树基本实现了当年栽植、当年成林，种植一次

可连续采伐，属超短轮伐期速生树种。杂交构树造林容易，生长迅速，造林后当年可郁闭成林，改变了以往林业生产周期长、见效慢的缺点。

杂交构树适合高密度栽培，种植的株行距采取1米×1米，每亩地造林密度为666株。经实测每亩地可产杂交构树皮200~300千克，杆1.5~2.0吨，比其他的速生材经济效益要好。迄今为止，它是适合工业用材生产中的周期较短的品种，也是比较丰产的品种。

同时杂交构树抵抗胁迫的能力很强，具有抗盐碱、抗旱和抗寒等特性，可作为新一代的人工造林树种。另外，杂交构树对生态环境有较强的改良作用。杂交构树根系发达，固沙、固土性能强，还能吸收土壤中的盐碱离子，可以达到改良土壤的目的。

杂交构树纤维品质优良，因而其在造纸、纺织等多个方面都有广泛的应用。同时其生物学特性也使得它适合于林—浆—纸一体化工程，符合当前对木材纤维原材料的要求，具有极大的发展潜力。

## （二）杂交构树造林绿化

杂交构树具有很强的适应性，能够耐干旱、耐贫瘠、耐盐碱、抗污染和病虫害，已在河北、山东、天津、内蒙古、新疆、河南等10个省区生态环境脆弱的地区进行了生态绿化和经济林试验示范，在生态修复、环境改善、水源涵养、防沙固沙等方面具有巨大前景，未来可在我国至少2亿亩的非耕地上推广种植，并有相当的规模产量用于产业化，可变“绿水青山”为“金山银山”。

### 1. 杂交构树矿区修复

矿产资源是我国社会经济发展的重要支柱，但长期无序开采、重利润轻保护的掠夺式开发方式，引发了诸多环境问题，如地表植被破坏。在矿产资源的开采过程中，地表无植被固定，在干燥与大风作用下产生尘暴，在降水时可能引起水土流失。开采、洗选和冶炼过程中的重金属污染土壤、附近河流、地下水，严重影响周边农作物的产量、品质，对人体健康构成潜在威胁。长期以来，政府和企业都相继投入巨大人力和物力，通过大范围种植园林绿化植物对矿区进行改造和生态修复。但是，由于前期巨大的资金投入和后期不断增加的养护成本，常用的园林植物，如银杏、白蜡、刺槐等乔木在矿区难以适应，许多地区的绿化和生态修复工程没有达到预期的结果。作为一种速生树，杂交构树可广泛用于矿区的生态治理。另外由于杂交构树的叶面和茎的表面有极强的吸附作用，因此它也能大量吸附粉尘和二氧化硫等有毒物质。研究表明，1棵杂交构树一年能吸收二氧化硫3.1克、滞尘150克，按每亩600棵种植量，1亩杂交构树每年吸收二氧化硫1860克、滞尘90千克，可减少酸雨的生成和腐蚀，改善空气质量。因此它是城市园林绿化及屋顶绿化，特别是工矿企业绿化的理想树种。

**2. 杂交构树盐碱地原土绿化**

据统计，全球约20%的耕地受到盐害的威胁，我国盐碱地土壤面积约有15亿亩，占国土面积的1/10。2010年，中科院植物所在河北唐山曹妃甸吹沙造地形成的高盐沙质土上的试验表明：当含盐量在1%以下时，杂交构树的成活率较高，稳定在95%以上；当含盐量在1%～1.5%时，度过2周的适应期后，开始受到盐害的影响，出现持续死苗现象，成活率没有保证；当含盐量在1.5%～3%或者高于3%时，树苗成活困难，成活率低于20%，在这种程度的土壤条件下，杂交构树无法实现原土种植。2012年，在天津大港油区盐碱地设置多个试验点对杂交构树和白蜡的种植后对比试验中发现，杂交构树株高的生长量是白蜡的3.5倍，茎粗生长量是白蜡的1.7倍。研究表明杂交构树属速生树种，在水肥供给充足的情况下，年生长量很大，相比其他盐碱地绿化树种具有更高的时效性，从而能加速盐碱地的绿化进程。

**3. 杂交构树石漠化治理**

喀斯特石漠化是我国三大生态灾害之一，治理核心原则是生态植被恢复。然而，石漠化地区生态环境脆弱，植被恢复比较困难。在贵州的实践表明，杂交构树在岩溶干旱及缺磷、氮等逆境胁迫下，均能正常生长，因而是石漠化地区植被恢复的先锋树种。杂交构树侧根极其发达，再生和穿插能力强，可形成坚固的网络结构，能涵养水源、保持水土，从而防治石漠化。此外，杂交构树具有吸尘抗污性，枝繁叶茂，地上生物量大，对重金属的耐受性和转移能力较强，对修复重金属污染土壤及恢复污染地区的生态环境和土壤微生物环境有重要作用，其叶片等凋落物也能增加土壤的有机质，对恢复石漠化地区土壤有积极作用。在大量边际土地上种植杂交构树，结合“粮改饲”工程是石漠化治理的重要举措。

## （三）杂交构树高档菌菇

目前食用菌生产所需的主要原料木屑资源短缺，而辅料麸皮、豆粕等原料价格偏高等因素制约食用菌产业发展。杂交构树枝干含有12%的粗蛋白、8%的木质素、32%的半纤维素，能够满足食用菌生长发育所需要的碳素和氮素营养。以杂交构树树干、枝丫、全株为主要原料，通过碳、氮比例调配，开发适宜药食用菌的替代高效栽培料配方，形成定量组配与均匀混合、自动填装、自动接种等技术，生产优质药用、食用菌菇，具有巨大的市场前景。同时，还可以减少木材资源砍伐，保护生态环境，缓解药食用菌产业发展面临的原料瓶颈难题。

河北省魏县菌菇企业的实践表明，添加适当的杂交构树做菌菇养殖基料，可节约20%成本，提高菌菇中蛋白质、钙等的含量，显著提升菌菇品质。未来，可选择有市场前景、经济效益突出的药食用真菌，结合真菌生长发育特性和产地生态资源条件进行轮作，实现土地资源的最大化利用，形成构树药食用菌轮作技术体系，打造高品质的构树药食用菌生产示范基地，并面向适生地区示范推广，形成杂交构树新功能药食用菌品牌，服务大健康产业，带动地方绿色经济发展和农民脱贫致富。

## （四）杂交构树生物制炭

杂交构树茎杆占生物量70%左右，其中杂交构树树干半纤维素含量约32%，比一般木材高30%左右。蒋剑春院士认为，杂交构树枝干经热解炭化活化可生产工业硅还原炭、储能活性炭、生物炭等高值化炭产品，与其他树种相比，杂交构树全产业链综合经济效益有明显优势。

可利用杂交构树材质天然多孔、灰分低等特性，突破氧化扩孔、高温重整和催化活化制备高吸附性能活性炭关键技术，开发空气和水体污染治理净化活性炭、储能炭、特异性能炭等新型炭材料。还可以构树纤维素或木质素为原料，突破纺丝、碳化和活化关键技术，开发高性能活性炭纤维。

1. 杂交构树木质纤维水热炭化利用

杂交构树半纤维素经水热解聚后，液体产物可转化为低聚糖、乙酰丙酸、糠醛等生物基产品，用作生产食品、保健品、医药等原料。水热固体产物生物质炭的灰分低（<1%），可生产工业硅还原炭、储能活性炭、生物炭等高值化工业炭产品。

2. 工业硅用炭还原剂

木炭是工业硅冶炼的最佳还原剂，仅云南省保山市工业硅行业每年需求木炭超过40万吨。杂交构树树干经热解炭化、杂交构树枝条炭粉经绿色胶粘成型后可制备含碳量75%以上的工业硅用炭，满足工业硅等冶金行业对炭还原剂的质量要求。炭化过程产生的可燃气体除用于炭化过程供热外，还可产生一定规模的蒸汽供构树叶饲料生产用热能。

3. 民用炭

我国不断加大生态环境建设力度，大力实施天然林保护工程，禁止砍伐林木、限用天然林木炭、严禁土窑烧炭，对木炭产量带来了一定的不利影响，木炭产量逐年减少。而我国对木炭的需求量在逐年递增，2021年为159.65万吨，目前产能尚不能满足木炭市场的需求。杂交构树生物量大、芯材灰分低，直接炭化后能得到固定碳含量超过90%的优质木炭，可用于民用取暖的清洁燃料。且木炭生产单元少，过程短，适合大规模生产利用。

4. 工业活性炭

活性炭广泛用于环保、能源、化工、医药、食品、国防等各行各业，目前我国活性炭产量已达世界第一，工业化技术装备成熟。杂交构树材质天然多孔、灰分低，有利于水蒸气渗透活化制备高吸附性活性炭，可用作燃料电池正极炭材料、气相污染治理用活性炭、自来水净化用活性炭等工业炭产品。

### （五）杂交构树养生茶

作为茶文化的发祥地，中国茶文化历史悠远、底蕴浓厚，以茶待客、以茶会友已经成为人们日常生活的重要部分，中国茶与茶文化已经成为东方文明的重要象征。杂交构树叶表面绒毛较野生构树少，经过不断的研究和技术革新，杂交构树嫩叶制茶技术有了很大的进步，在保障杂交构叶茶色泽的基础上，改善了构树茶的口感，再结合杂交构树叶片的保健价值，杂交构叶茶已经成为集色泽、口感和保健于一体的新型茶制品。

另外杂交构树叶也可以与金银花等混合以改善饮用口感，用于制作构叶绿茶，构叶的香醇加上金银花的芳香，清热解毒，绿色健康。杂交构树叶片还可用于制作杂交构树金花茶。将高温灭菌后的构树叶片加入金花菌菌液内进行发花，使叶片和金花菌充分接触发酵，软化构树叶片表面绒毛，氧化构树叶片所含次生物质，最终改善构树茶饮色泽和口感。杂交构树叶含有黄酮类、酚类、有机酸、鞣质等化学成分，具有凉血、利水等重要保健作用，特别对心血管疾病具有良好的治疗功效，长期饮用可改善失眠多梦、高糖、高脂等症状。

杂交构树茶色泽青翠，入口清香，茶香四溢、沁人心脾，由于不含茶碱咖啡因，有利睡眠和休息，可增强人体免疫力。构茶中富含的硒元素能够有效地降脂减肥，具有促进食欲、安神利尿、消除水肿等功效。

## （六）杂交构树健康食材

通过测定杂交构树叶片的常规营养成分、微量元素、氨基酸等，发现其粗蛋白含量为26.1%，钙为3.4%，铁为247.09毫克/千克，铁、锰、锌、钴、碘等矿物元素含量也高于很多动植物食物，对于补充人体所需的氨基酸和微量元素有很大帮助。可用于制作各种绿色健康食品，用其加工的各种菜肴、面食、点心、保健茶、营养型饮料等，既美味可口，又有医疗保健的功效。

杂交构树中所含的黄酮类化合物具有很好的抑菌作用，黄酮类提取物可用于抗菌及消炎。构树内生菌产生的次生代谢物具有抗肿瘤的活性，含有的总生物碱可抑制肿瘤细胞生长，为抗肿瘤新药的开发提供了重要的依据。同时，构树类药物还具有降压、增强免疫力、抗前列腺炎等作用，临床上已经用于治疗浅部真菌感染、老年性痴呆以及肝炎等。

利用杂交构树叶粉经过曲霉菌和酵母菌发酵生成的构叶提取物，可以制作构叶保健减肥胶囊，加快对人体内多余脂肪的分解速度，起到减肥的功效，还可抗细胞氧化、抗衰老、增强人体免疫力。杂交构树根皮中可分离出一种能够抑制酪氨酸酶的活性物质，为美白产品的研发提供了依据。

中国食文化已有千年，自古就有“药补不如食补”的说法，杂交构树是不可多得的药食同源的天然保健食品。

杂交构树叶片幼嫩多汁，表面光滑少毛，食用口感比构树更佳，用开水焯过后用油盐调味，就是一道开胃爽口的凉菜。嫩叶如若沾上蛋液并裹以面粉，在滚烫的油锅里一炸，外部酥脆的面粉加上内部柔嫩的叶片，两种口感的叠加就是另外一种美妙的风味。沿袭构树的医疗保健价值，开发多样的杂交构树美食，可以为人们的餐桌提供更加丰富的绿色健康食品。

## 第三节 杂交构树相关技术标准

### 一、杂交构树国家团体标准

在中国扶贫发展中心及浙江省、河南省等相关部门推动下，相关科研院所、大专院校和企业等单位起草编写杂交构树产业相关技术规范。2019年，在全国团体标准信息平台发布第一批相关技术标准，截至2022年共有21项。其中，北京华夏草业产业技术创新战略联盟发布16项，浙江省农产品质量安全学会发布3项，北京生物饲料产业技术创新战略联盟、河南省肉类协会各发布1项，见表3-4。

表3-4 杂交构树国家团体标准一览表

| 序号 | 团体名称 | 标准编号 | 标准名称 | 公布日期 |
|---|---|---|---|---|
| 1 | 北京华夏草业产业技术创新战略联盟 | T/HXCY 001—2019 | 构树青贮技术规程 | 2019-01-30 |
| 2 | | T/HXCY 002—2019 | 构树干草调制技术规程 | |
| 3 | | T/HXCY 003—2019 | 构树青贮质量分级 | |
| 4 | | T/HXCY 004—2019 | 构树干草质量分级 | |
| 5 | | T/HXCY 005—2019 | 构树饲用技术规程肉牛 | |
| 6 | | T/HXCY 006—2019 | 构树饲用技术规程奶牛 | |
| 7 | | T/HXCY 007—2019 | 构树饲用技术规程肉羊 | |
| 8 | | T/HXCY 008—2019 | 构树饲用技术规程猪 | |

续表

| 序号 | 团体名称 | 标准编号 | 标准名称 | 公布日期 |
|---|---|---|---|---|
| 9 | 浙江省农产品质量安全学会 | T/ZNZ 101—2020 | 生态优品饲料原料构树半干青贮饲料 | 2020-04-01 |
| 10 | | T/ZNZ 102—2020 | 生态优品构树袋装青贮技术规范 | |
| 11 | | T/ZNZ 103—2020 | 生态优品构树种植技术规范 | |
| 12 | 北京华夏草业产业技术创新战略联盟 | T/HXCY 004—2020 | 构树饲用技术规程草鱼 | 2020-05-06 |
| 13 | | T/HXCY 005—2020 | 构树饲用技术规程鹅 | |
| 14 | | T/HXCY 006—2020 | 构树饲用技术规程鸡 | |
| 15 | | T/HXCY 007—2020 | 构树饲用技术规程驴 | |
| 16 | | T/HXCY 008—2020 | 构树饲用技术规程肉鸭 | |
| 17 | | T/HXCY 009—2020 | 构树饲用技术规程兔 | |
| 18 | | T/HXCY 020—2020 | 杂交构树组培快繁技术规程 | 2020-08-07 |
| 19 | | T/HXCY 022—2021 | 近红外法测定构树青贮饲料粗蛋白含量操作规程 | 2021-10-27 |
| 20 | 北京生物饲料产业技术创新战略联盟 | T/CSWSL 024—2020 | 饲料原料发酵构树 | 2022-04-15 |
| 21 | 河南省肉类协会 | T/HNSMA 002—2022 | 发酵构树饲喂与畜产品品质评价技术规范 | 2022-08-15 |

资料来源：全国团体标准服务平台（http://www.ttbz.org.cn/）

## （一）北京华夏草业产业技术创新战略联盟发布的团体标准

由中国农业大学牵头，组织中国科学院植物研究所、华南农业大学、贵州大学、湖南师范大学、湖南农业大学、河北农业大学、沈阳农业大学、山东农业大学、山西省农科院、宁夏回族自治区农业农村厅、中国科学院青岛生物能源与过程研究所、中国科学院亚热带研究所、中国科学院微生物研究所、河南工业大学、贵州省草地技术试验推广站、广西然泉农业科技有限公司、中储牧草科技有限公司、新希望乳业股份有限公司、山西中科宏发农业开发股份有限公司、兰考中科华构生物科技有限公司、四川新西南构树产业发展有限公司、中植构树生物科技有限公司、四川益膳轩农业开发有限责任公司、四川科海生物技术开发有限公司、贵州务川科华生物科技有限公司、临西县华楮生物科技有限公司、贵州黔昌盛禾现代农业有限公司、贵州众智恒生态科技有限公司、甘肃省天水供销构树生物投资（集团）有限公司、陕西胖农生态农业科技有限公司、山东丰唐生态农业科技有限公司、荣城构羊现代农业（重庆）有限公司、东阿阿胶股份有限公司、宁夏德泽农业产业投资开发有限公司、保定牧天畜禽饲养有限公司、青岛西海岸新区农业农村局、中粮营养健康研究院有限公司、成都安之源生态科技有限公司、内蒙古东达生物科技有限公司、北京助尔生物科学研究院（有限合伙）等40家单位分别起草了下列团体标准。

**1. 构树青贮技术规程**

本标准规定了构树青贮过程中贮前准备、原料、收获、切碎、窖贮及拉伸膜裹包青贮的技术要求。

**2. 构树干草调制技术规程**

本规程规定了构树干草调制过程中调制准备、原料、收获、自然干燥法、人工干燥法、打捆、贮藏的技术要求。

**3. 构树青贮质量分级**

本标准规定了构树青贮技术要求、检测方法及质量分级。

**4. 构树干草质量分级**

本标准规定了构树干草技术要求、检测方法及质量分级。

**5. 构树饲用技术规程肉牛**

本标准规定了肉牛用构树饲料的原料收获、粗加工、调制全混合日粮、饲喂方式和参考饲喂量。

**6. 构树饲用技术规程奶牛**

本标准规定了奶牛用构树饲料的原料收获、粗加工、调制全混合日粮、饲喂方式和参考饲喂量。

**7. 构树饲用技术规程肉羊**

本标准规定了育成与育肥肉羊用构树饲料的原料收获、粗加工、饲喂方式、调制全混合日粮和参考饲喂量。

**8. 构树饲用技术规程猪**

本标准规定了猪用构树饲料的原料收获、粗加工、调制方法、饲喂方式和参考饲喂量。

**9. 构树饲用技术规程草鱼**

本标准规定了草鱼用构树饲料的原料收获、粗加工、调制方法、饲喂方式和参考饲喂量。

**10. 构树饲用技术规程鹅**

本标准规定了鹅用构树饲料的原料收获、粗加工、调制方法、饲喂方式和参考饲喂量。

**11. 构树饲用技术规程鸡**

本标准规定了鸡用构树饲料的原料收获、粗加工、调制方法、饲喂方式和参考饲喂量。

**12. 构树饲用技术规程驴**

本标准规定了驴用构树饲料的原料收获、粗加工、调制全混合日粮、饲喂方式和参考饲喂量。

**13. 构树饲用技术规程肉鸭**

标准规定了肉鸭用构树饲料的原料收获、粗加工、调制方法、饲喂方式和参考饲喂量。

**14. 构树饲用技术规程兔**

本标准规定了兔用构树饲料的原料收获、粗加工、调制方法、饲喂方式和参考饲喂量。

**15. 杂交构树组培快繁技术规程**

标准规定了杂交构树组培快繁的一般原则，包括母树的选择、外植体的选择与处理、丛生芽诱导、生根培养、移苗与炼苗、包装和运输、移植和苗木管理等技术要求。

**16. 近红外法测定构树青贮饲料粗蛋白含量操作规程**

本文件规定了近红外法测定构树青贮饲料中粗蛋白含量的术语和定义、仪器设备、测定、结果处理和表示、异常样品的确认和处理、准确性和精密度、测试报告等内容和技术。

包括杂交构树组培育苗、青贮与干草加工，以及肉牛、奶牛、猪、肉羊、鸡、鸭、鹅、鱼、驴、兔等杂交构树饲料加工、饲用、育苗等团体标准。

## （二）浙江省农产品质量安全学会发布的团体标准

浙江省农业科学院组织浙江国构农牧开发有限公司、浙江省农产品质量安全学会、浙江省农业科学院农产品质量标准研究所等单位起草了下列标准。

### 1. 生态优品饲料原料构树半干青贮饲料

本标准规定了饲料原料构树半干青贮饲料的术语和定义、要求、检验规则、包装标签和贮运。

### 2. 生态优品构树袋装青贮技术规范

本标准规定了杂交构树袋装青贮的加工基本要求、加工技术要求、贮后管理及取饲。

### 3. 生态优品构树种植技术规范

本标准规定了生态优品构树的种植环境、育苗、种植、田间管理、采收和生产记录管理等方面的要求。

## （三）其他机构发布的团体标准

### 1. 北京生物饲料产业技术创新战略联盟

河南省高新技术实业有限公司组织博益德（北京）生物科技有限公司、天津博菲德科技有限公司（生物饲料开发国家工程研究中心）、中国科学院亚热带农业生态研究所、河南省科学院、中国农业科学院饲料研究所、江西省科学院生物资源研究所、中国科学院深圳先进技术研究院、新疆兽药饲料监察所等单位起草了《饲料原料发酵构树》。本标准规定了饲料原料发酵构树的技术要求、试验方法、检验规则、标签、包装、运输、贮存及保质期等。

### 2. 河南省肉类协会

河南省高新技术实业有限公司组织河南盛华春生物科技有限公司、河南省纳普生物技术有限公司、河南省科学院、汝州市中王生态农牧科技有限公司、人和川构成都科技有限公司、洛阳盛平生态科技有限公司、兰考县畜牧局、山东省莒南县检验检测中心等单位起草了《发酵构树饲喂与畜产品品质评价技术规范》，包括杂交构树发酵料饲喂与畜产品品质评价技术规范，含鸡肉、猪肉、羊肉、牛肉、蛋、牛肉等品质评价团体标准。

## 二、杂交构树地方标准

各地政府根据杂交构树发展的需要，制定了地方标准，由地方市场监督管理局发布。省级标准有4项，其中，甘肃2项，江苏1项，广西1项。市级标准有2项，河南濮阳和云南大理各1项，见表3–5。

**表3–5　杂交构树地方标准一览表**

| 序号 | 省（区、市） | 标准号 | 标准名称 | 批准日期 |
|---|---|---|---|---|
| 1 | 甘肃省 | DB62/T 4158—2020 | 杂交构树青贮饲料技术规程 | 2020–07–24 |
| 2 | | DB62/T 4157—2020 | 杂交构树袋装发酵饲料生产技术规范 | |
| 3 | 江苏省 | DB32/T 3855—2020 | 构树组织培养技术规程 | 2020–10–13 |
| 4 | 广西壮族自治区 | DB45/T 2351—2021 | 杂交构树生产与饲喂利用技术规程 | 2021–07–27 |
| 5 | 濮阳市 | DB4109/T 021—2021 | 杂交构树发酵饲料技术规程 | 2021–08–06 |
| 6 | 大理白族自治州 | DB5329/T 83—2022 | 杂交构树袋装青贮饲料加工技术规范 | 2022–04–24 |

资料来源：地方标准服务平台（https://dbba.sacinfo.org.cn/）

### （一）省级地方标准

甘肃省发布了《杂交构树青贮饲料技术规程》《杂交构树袋装发酵饲料生产技术规范》，均由甘肃省农业农村厅提出、归口并监督实施，起草单位是天水市畜牧技术推广站。前者规定了袋装发酵饲料生产技术、质量评定、取用等要求，后者规定了设备设施、原料选择、原料处理、青贮方法、贮后管理、青贮启用、感官质量评定、应用建议等技术要求。

江苏省发布了《构树组织培养技术规程》，由江苏省林业局提出并归口，起草单位是江苏省林业科学研究院。标准规定了组织培养母株选择、外植体选择与灭菌、诱导培养、增殖培养、瓶外生根培养、管理和记录等。

广西发布了《杂交构树生产与饲喂利用技术规程》，由广西壮族自治区农业农村厅提出并宣贯，由广西畜牧业标准化技术委员会归口，起草单位是广西壮族自治区畜牧研究所。标准规定了杂交构树种苗繁育、栽培技术、收获、加工与饲喂利用、储存与运输等全产业链技术规程。

### （二）地级地方标准

河南省濮阳市《杂交构树发酵饲料技术规程》，由濮阳市农业农村局提出并归口，起草单位是濮阳市饲草饲料站、濮阳博益德生物科技有限公司。标准规定了杂交构树发酵饲料的设施设备、备料、微生物添加剂、制作、品质鉴定、饲喂和功效等。

云南省大理市发表了《杂交构树袋装青贮饲料加工技术规范》，由大理白族自治州畜牧工作站提出，由大理白族自治州农业农村局归口，起草单位是大理白族自治州畜牧工作站、洱源县草山饲料站、大理一品高原农业有限公司、云南瑞通牧业科技开发有限公司。标准规定了杂交构树袋装青贮饲料加工的原料、添加剂准备、加工制作、贮后管理、取用、质量评价等技术要求。

## 三、杂交构树企业标准

自2018年以来，共19家企业发布了28项企业标准，包括杂交构树组培育苗、组培种植、收割机、青贮发酵、饲料加工、养殖（猪、牛、养、鸡、鹅、鱼、小龙虾）、茶叶等。见表3-6。

**表3-6　杂交构树企业标准一览表**

| 序号 | 企业名称 | 标准编号 | 标准名称 | 发布日期 |
|---|---|---|---|---|
| 1 | 成都安之源生态科技有限公司 | Q/MA6CPYKEXD.1—2018 | 饲料原料 构树青贮饲料 | 2018-08-23 |
| 2 | 魏县林盛农业科技发展有限公司 | Q/WXLS01—2018 | 杂交构树饲料 | 2018-11-23 |
| 3 | 山东好百年绿色生态产业园有限公司 | Q/371500HBN 002—2019 | 含阿胶构树养生茶 | 2019-03-13 |

续表

| 序号 | 企业名称 | 标准编号 | 标准名称 | 发布日期 |
|---|---|---|---|---|
| 4 | 贵州中魁农业（集团）中林农业发展有限公司 | Q/520382ZLNY 001—2020 | 杂交构树饲料 | 2020-02-22 |
| 5 | 湘潭华阳构树产业发展有限公司 | Q/430321XTZ 001—2020 | 饲料原料 构树青贮发酵饲料 | 2020-10-26 |
| 6 | 陕西鑫诚大唐畜牧有限公司 | Q/002—2021 | 混合型饲料添加剂嗜酸乳杆菌（杂交构树青贮用） | 2021-01-25 |
| 7 | 河南省鼎鸿盛构树生物科技有限公司 | Q/PBYD002—2021 | 畜禽、反刍复合预混合饲料 | 2021-03-15 |
| 8 | | Q/PDS001—2020 | 饲料原料 构树青贮发酵饲料 | 2022-05-16 |
| 9 | 聊城市开发区萋彩农林牧专业合作社 | Q/LKQC 0001S—2021 | 构树茶 | 2021-04-30 |
| 10 | 安徽宝楮生态农业科技有限公司 | Q/AHBC0206—2020 | 猪用构树生物发酵饲料 | 2021-08-26 |
| 11 | | Q/AHBC0411—2020 | 发酵构树中乳酸菌总数检测方法 | |
| 12 | | Q/AHBC0309—2020 | 肉用麻黄鸡构树生物发酵饲料 | 2021-08-31 |
| 13 | | Q/AHBC0205—2021 | 鲫鱼构树生物发酵饲料 | 2022-06-13 |
| 14 | | Q/AHBC0308—2021 | 皖西白鹅构树生物发酵饲料 | |
| 15 | | Q/AHBC0801—2021 | 构树小龙虾生产技术规范 | |
| 16 | 贵州务川科华生物科技有限公司 | Q/520326 KHSW-001—2021 | 杂交构树组培快繁技术规程 | 2021-11-08 |
| 17 | 山东润韵科技发展有限公司 | Q/RY 0001S—2021 | 富硒构树茶 | 2021-11-29 |
| 18 | | Q/SDRYKJ 001—2022 | 构树泡脚包 | 2022-08-22 |
| 19 | 贵州阳光草业科技有限责任公司 | Q/520113000000YGCYKJ·07—2021 | 杂交构树栽培技术规程 | 2022-01-10 |
| 20 | | Q/520113000000YGCYKJ·08—2021 | 全株杂交构树厌氧发酵饲料制作技术规程 | |
| 21 | | Q/520113000000YGCYKJ·09—2021 | 杂交构树青贮饲喂肉牛肉羊技术规程 | |

续表

| 序号 | 企业名称 | 标准编号 | 标准名称 | 发布日期 |
|---|---|---|---|---|
| 22 | 甘肃傲农饲料科技有限公司 | Q/ANSL07—2020 | 杂交构树发酵饲料 | 2022-05-11 |
| 23 | 成都臻植生物科技有限公司 | Q/50532138-06.28—2022 | 饲料原料 构树茎叶粉 | 2022-07-13 |
| 24 | 洛阳农发生物科技有限公司 | Q/LYNF003—2022 | 杂交构树培育技术规程 | 2022-09-13 |
| 25 | 大理一品高原农业有限公司 | Q/DLYP000-2022—2022 | 杂交构树颗粒饲料 | 2022-11-04 |
| 26 | 农昊中医农业（广东）有限公司 | Q/NHZYNY004—2023 | 饲料原料松针粉、龙脑樟狼尾草（皇竹草）、构树茎叶青贮饲料 | 2023-02-26 |
| 27 | 中科创构（北京）科技有限公司 | Q/110108ZKCG0002—2020 | 杂交构树栽培管理技术规程 | 2023-03-02 |
| 28 | 中国农业机械化科学研究院集团有限公司 | Q/CY NJY001—2023 | 杂交构树收获机 | 2023-03-02 |

资料来源：企业标准信息公共服务平台（https://www.qybz.org.cn/）

第四章 CHAPTER 4

# 杂交构树产业典型发展模式与代表性企业分析

# 第一节　杂交构树产业发展典型模式

杂交构树产业发展至今，逐步形成了以下七种典型模式。农民从事杂交构树产业之后，无论是从杂交构树单一的种植端还是养殖端，或者是杂交构树全产业链，均能够有指导、有体系、成系统地完成产业经营。在政府、合作社、龙头企业、大型集团的引导和帮助下，实现家庭增收、产业增效。与此同时，杂交构树产业在推广过程中，也为我国种养循环生态农业发展积累了丰富的产业经验和宝贵数据。

## 一、自主种植养殖模式

### （一）自主种植模式

农民利用自家闲置的土地种植杂交构树，采收后的杂交构树鲜物质经过回收销售，获得收益。

### （二）自种自养模式

农民利用自有的土地、圈舍发展杂交构树自种自养模式。采收后的杂交构树鲜物质经过加工制成杂交构树饲料喂饲猪、牛、羊等，由于养殖粪污无重金属污染可被制成有机肥料，直接返还杂交构树种植环节，实现杂交构树畜禽自种自养。

## 二、土地入股分红模式

### （一）“农民+土地股份合作社”的直营模式

农民以土地的经营权作价入股，成立土地股份种植专业合作社并进行杂交构树产业化经营。

### （二）“土地股份合作社+企业”的社企合作模式

农民以土地经营权先入股成立土地股份合作社，然后合作社再入股企业开展杂交构树产业化经营。

### （三）“农户+农业企业”的土地股份公司模式

农民以土地经营权直接入股企业，且采取租金保底、股金分红以及薪金创收“三金合一”。

### （四）“农民+合作社+公司”，建立新公司

农户以农村土地经营权入股组建土地股份合作社，之后土地股份合作社再以农村土地经营权作价入股，杂交构树产业化龙头企业用技术与资金等要素作价入股，组建成全新的农业公司。公司采取“优先股+分红”的分配方式，在确保农户土地经营权入股获得基本收益之后，剩余的利润再参与到公司的分红中。

## 三、进入公司务工模式

杂交构树产业化龙头企业采取“公司+农户”的模式，组织当地及周边乡镇农户进入公司务工，在杂交构树种植、饲料加工、养殖等产业链环节提供大量就业岗位。此模式不仅解决建档立卡户的就业问题，而且保障务工农户每年的收入稳定，还可以增加当地集体经济收入，一举三得。

## 四、种植养殖联动模式

杂交构树种植养殖联动模式是种养循环生态农业的代表模式，该模式是将杂交构树鲜物质加工成饲料提供给畜禽作为食源，禽畜养殖产生的粪便、有机物作为有机肥的基础，返还杂交构树种植。该模式采取“公司+农户+大型企业”的形式。在种植养殖环节中联合大型的种植企业、饲料生产企业、畜禽养殖企业以及肉制品加工销售企业等，实行规模化、标准化、优质化生产，保证饲料与畜产品数量、质量的稳定供给。同时销售环节与线上、线下渠道实现无缝对接，产销无忧，高效种养。

## 五、龙头企业带动模式

### （一）龙头企业全产业链标准化经营带动模式

杂交构树产业化龙头企业在杂交构树全产业链领域创设标准化作业流程、操作规范和工艺步骤，并通过技术培训、农机作业等方式帮助农户实施标准生产模式。实现以技术服务联代农户，以服务联动产业。

### （二）龙头企业股份合作经营带动模式

农民以土地经营权、大棚圈舍等生产设施、劳动力以及自有资金等要素和资产入股杂交构树产业化龙头企业或园区基地，参与杂交构树全产业链的经营，获得相应分红收入，实现成果共享、收益共享。

### （三）龙头企业引领就业创业经营带动模式

杂交构树产业化龙头企业通过发展杂交构树种植、饲料加工、肉制品电商、杂交构树产业园区观光、农耕文化、生活性服务业等，带动基地周边农户围绕产业链条延伸做配套服务。实现创业带就业，让农户逐渐成长为乡村新业态、新模式的创业者、从业者，成为杂交构树产业发展的生力军。

## 六、贷畜还畜模式

杂交构树产业化龙头企业联合当地政府推行“贷畜还畜”模式，即由政府出钱购买杂交构树种苗、仔猪无偿提供给农户种植及育肥，龙头企业全程免费提供杂交构树种植和养殖技术，与农户签订回收协议，帮助农民增收。此模式经营风险低，农民积极性高，致富效果明显。

## 七、其他

杂交构树产业在种植、饲料、养殖、终端肉制品、茶叶、保健食品、生物萃取等领域均具有独特的优势。具体发展模式可根据当地的实际情况加以探索和实施。

杂交构树产业在后续的实施中，将围绕上述典型模式努力拓宽产业思路，以优化各方合作模式、增加农民收入、加强产业可持续发展能力为主线，打造更宜业的产业模式，创造更宜居的乡村环境，增加从业者更丰富的幸福感和获得感。

## 第二节　杂交构树产业代表性企业分析

### 一、中乡同构（北京）农业科技发展有限公司

#### （一）企业概况

为顺应国家乡村振兴发展的大战略，践行向杂交构树要蛋白质的大食物观，在中国乡村发展志愿服务促进会的指导下，由全国9家杂交构树企业发起于2023年3月成立的一家股份制平台公司。首批股东成员分别是：四川省图鸣农业科技发展有限公司、安徽宝楮生态农业科技有限公司、四川郎布克农业科技发展有限公司、河南良秀智慧农业产业有限公司、贵州务川科华生物科技有限公司、湖北小构叶生物科技有限公司、重庆东水蓝农业开发有限公司、魏县林盛农业科技发展有限公司、辽宁茂源农业发展有限公司等。下一步，企业将根据发展需要及时调整股东成员，优化股权结构。

今后，企业继续在中国乡村发展志愿服务促进会的统一部署下，依托乡村振兴特色优势产业培育工程杂交构树专家组科技支撑，以现有9家股东产业为基础，带领全国杂交构树从业者，共同打造全国杂交构树产业化基地，规模化、标准化生产健康食材和优质肉蛋奶。企业致力于搭建销售平台，整合社会资源，打通发展瓶颈，为全国各地的杂交构树相关项目的实施提供政策赋能、技术赋能、金融赋能、营销赋能，成为杂交构树产业龙头、系列生态食品领跑者。

#### （二）主营产品

以“中乡同构”为主要品牌，策划、生产杂交构树系列生态绿色食品。目前有生鲜猪肉、牛肉、羊肉、鸡肉、鸡蛋等，也有高蛋白牛肉干、腊香肠、烤肠等预

制食品，以及杂交构树茶、面条、面包、粉干等。

## （三）运营情况

公司建立了完整的管理体系：以股东大会作为公司最高决策机构，选举产生了董事并组成董事会。董事会聘请业内人士为公司总经理，组建了完整的管理和运营团队。

销售方面，公司确立了toB和toC两线推进的销售战略。精干的销售团队短短2月已经打开了线上、线下相结合的销售渠道，线上积极布局抖音、微店等新零售，线下紧紧依托中国华电、中国移动等央、国企员工福利和集团采购。

品牌建设工作稳步推进，官方微信、抖音、小红书等传播矩阵已逐渐形成。

在全国杂交构树专家组支持下，完善产业链技术体系，强化科技支撑，加大成果转化和技术服务、技术指导、技术培训等工作。

公司近期计划在北京选址打造一个集产品展示、展销、品鉴为一体的杂交构树产品体验中心。

## （四）企业优势分析

### 1. 政策精通

公司管理团队熟悉国家相关政策，能吃透用足，与行业相关公司一道大力发展杂交构树产业，促进乡村振兴。

### 2. 技术领先

公司依托全国杂交构树专家组和来自农业、林草、高校等专家、学者的研究，技术不断进步，成果得到更好转化。

### 3. 体系完善

公司以北京为总部，9大股东企业为基地，初步打下杂交构树全国布局的良好基础。近日又有温州市鲸头蔬菜种植专业合作社正式加入，北京手牵手科技有限责任公司等公司意向加盟，不断增强企业股东队伍。

假以时日，中乡同构必将充分发挥排头兵、领头雁的作用，将杂交构树“以树代粮、种养结合”生态农牧业深植在乡村振兴的广袤大地上！

## 二、大连中植环境生物科技有限公司

### (一)企业概况

企业成立于2004年，针对大连地区贫瘠的荒山绿化难题和日益增长的海边盐碱地的绿化以及健康养殖的需求，与中科院植物所、中国农科院饲料所、辽宁中医药大学、大连工业大学等单位合作，开展了杂交构树产业化技术开发与试验示范和应用推广 。是我国杂交构树组培育苗、生态绿化、生物制浆、饲料养殖、饮用食用、药物开发最早的企业，先后授权7件中国发明专利。2009年，“杂交构树工厂化快繁技术”获大连市科技进步三等奖；同年，国家发改委、国家林业局第四批拉动内需项目“大连市杂交构树良种繁育基地建设项目”获批建设。2010年，“利用构树产业化促进新农村建设”入选国家级星火计划项目。2022年，“杂交构树细胞工程繁育及加工关键技术”获得辽宁省科技进步二等奖。在此期间被辽宁省电视台等媒体多次宣传报道。现有杂交构树组培育苗中心、种植基地和养殖基地等。

2015年，国务院扶贫办大力推动杂交构树精准扶贫工程，作为拥有产业核心技术和原种资源的企业，积极参与到杂交构树产业扶贫当中。为此，号召民间有识之士资本投资，新组建了中植构树生物科技有限公司，该公司成立之初，设定了以产业发展带动扶贫的思路，在“挣扶贫钱、扶贫挣钱、挣钱扶贫”三者中，选择的“挣钱扶贫”，即不以扶贫资金为导向。根据农业产业能够自身健康发展的要求，在非试点地区的辽宁、山东建立了产业基地，开展杂交构树种养结合闭环产业链示范，带动了一批企业。结合菏泽市牡丹区当地实际，通过土地租金、务工薪金、无息资金“三金”和零投入、零风险、零距离“三零”的构树扶贫模式，取得良好的可复制推广的产业扶贫效果，被国务院扶贫办写入构树扶贫工程典型案例中，相关经验与做法先后在《中国扶贫》《中国科学院院刊》上发表。期间山东省副省长、省扶贫办领导，农业厅、科技厅、畜牧局多次调研、参观，给予肯定，公司接待多次来自全国的政府、企业考察。

## （二）主营产品

企业从2004年4月开始杂交构树组培育苗，先是在大连农业科学研究所的组培实验室扩繁原种，继而在大连高新技术产业园区普兰店分园、大连市高新技术产业园区生物产业园批量生产杂交构树组培容器苗。2010年，在大连市高新区建设杂交构树组培中心和种植园，采用杂交构树“叶培2.0”技术年产生根苗5000万株以上，开始向外埠输出技术、销售杂交构树组培苗。

在杂交构树精准扶贫工程期间，作为第一批被中科院植物所授权的规范化育苗企业，积极响应国务院扶贫办的要求，率先降低了杂交构树组培苗针对扶贫工程的价格。作为最早使用2.0技术繁育种苗的企业，公司无私地承担了对兄弟企业的技术培训和指导，并向兄弟企业提供优质原种，帮助他们扩大种苗繁育能力，提高种苗质量。

## （三）运营情况

企业除了上述主营业务外，在辽宁瓦房店开展产业化试验示范，利用山地、次耕地、耕地，种植饲料林900亩；建设养殖圈舍，养殖复州黄牛、黑山羊。复州黄牛因属生长速度慢的耕牛品种，早已被淘汰，目前只靠财政支持的保种场品种保存。养殖保种场淘汰的小牛犊，在社会上造成很大影响，引起当地行业内的兴趣和关注。经过一个育肥周期，无论是增重速度还是牛肉的风味及口感，深深地征服了相关人士，让大家体会到了杂交构树的饲料价值，认识到杂交构树是一场饲料革命。

2016年，在大连肉牛养殖效果的激励下，在山东菏泽投资成立中植构树（菏泽）生态农牧有限公司，租用当地政府的扶贫大棚，开展杂交构树组培苗驯化工作。流转2600亩耕地，规划种植杂交构树饲料林，通过发展产业，直接和间接实现扶贫效果。

2017年，随着第一茬收割，230头肉牛入栏。为区别常规养殖和传统“草饲”“谷饲”牛肉，公司注册了“构饲”商标，开始在鲁西黄牛的养殖大区开展“构饲”肉牛的示范。2个月以后，山东省畜牧厅在菏泽基地召开了全省粮改饲现场会，到会嘉宾无不被“构饲”肉牛顺滑光亮的毛皮所吸引，无不惊讶于牛舍、粪便的低异味，更为增重速度而惊叹。

2018年，公司在菏泽引导成立了两个农民养殖合作社，分别开展肉牛和土鸡养殖。因为在饲料里添加杂交构树，两个合作社的效益都很好。

2019年，正当红火之时，受自然资源部、农业农村部一号文的影响，全国杂交构树种植的节奏放缓直到停滞，公司库存几千万棵容器苗积压，组培工厂停产，企业现金流中断。因为在辽宁瓦房店和山东菏泽流转的都是耕地，只能无奈退还给农民，3000多亩杂交构树饲料林不但毁掉、颗粒无收，而且还要按合同向农民赔偿违约金，更是给企业造成额外的损失。接下来的疫情期间，全国的杂交构树产业发展缓慢，2022年杂交构树列入乡村振兴特色优势产业培育工程，企业正在跟进新的发展机遇，期待东山再起。

## （四）企业优势分析

大连中植环境生物科技有限公司是一家科技创新型企业，多年来一直坚持杂交构树应用技术开发与集成应用。与科研机构合作，先后开展了多个领域的工作，积累了多项科技成果，练就一支精干的技术队伍和产业营运团队。

在品种培育方面，利用神舟七号载人飞船，搭载了杂交构树组培苗，开展了太空育种，获得了宝贵的新种质资源，新品种选育仍在进行中。

在杂交构树组织快繁育苗方面，与中科院植物所、大连工业大学合作，从实验室试验扩展到工厂化育苗应用开展了系列工作。“构树的一种组织培养方法”“一种制备构树体细胞胚的方法及其在构树扩繁中的应用”“一种制备构树人工种子的方法及其专用培养液”获得国家发明专利授权。

针对杂交构树饲用评价及在奶牛养殖的应用，委托中国农业科学院饲料研究所进行技术支持。首先通过化学及动物实验，证明了杂交构树树叶安全无毒。其次对杂交构树叶片的营养价值做出科学评价，对叶片中的粗蛋白在牛瘤胃内的24小时及48小时的降解率进行测定，得出杂交构树叶是优质的饲料原料的结论。并依照数据，开创了杂交构树精饲料配方，“一种用杂交构树叶配制的奶牛精饲料”获得国家发明专利授权。

我国木材紧张，纸浆缺口大，杂交构树生长快，除了木杆做纸浆，树皮更是能做特种纸。企业与大连工业大学合作研发杂交构树在造纸行业的应用，证明其木杆芯的纤维与杨树纤维接近，适合APMP制浆工艺；其韧皮纤维质量好，在特种纸张生产上更具有优势。期间除了发表论文之外，申报了3项国家发明专利，获得2项授权。

杂交构树是药食同源植物，富含多种功能性化合物。企业联合辽宁中医药大学等专家，开展了杂交构树叶在医药方面应用的研究，先后测定了类黄酮的含量，对内含化合物进行分析，针对控制血糖、抑制肿瘤、帕金森病等的应用，做了化学实验及动物实验，证明杂交构树叶的提取物具有上述功能。相关成果已发表论文，并获得“一种构树叶总酚酸提取物及其在制备抗癌药物中的应用”获得国家发明专利授权。

## 三、四川朗布克农业科技发展有限公司

### （一）企业概况

四川朗布克农业科技发展有限公司成立于2021年，系一家集种植养殖一体化的科技产业型企业。公司以发展村集体经济、带农富农、巩固脱贫成果，推动乡村产业化振兴为己任。公司旗下参股控股多家专业合作社和集体经济组织。专业合作社里有800多户农户，农户以自有承包土地或现金参股，集体经济组织以项目资金参股。公司拥有种养殖、畜牧技术人员中高级职称12人，工作人员18人。公司旗下养殖场面积12000平方米，加工厂3000多平方米，冷冻库5个，以收割、加工、喷灌、冷链车辆等设施设备若干。公司系中乡同构（北京）农业科技发展有限公司股东和全面战略合作伙伴，所有的肉蛋牲畜产品纳入帮扶产品销售目录。

### （二）主营产品

企业目前主要开展杂交构树种植、采收加工饲料、养殖。主要产品是杂交构树畜产品，包括杂交构树猪肉、牛肉、鸡和蛋等。

### （三）运营情况

企业种植杂交构树1500亩、年产青贮饲料7500吨、养殖生猪年出栏3000

多头、养牛1000头、养鸡5万只、年产鸡蛋80万枚。一、二、三产联动，种养结合，实行闭环运行。年产值3000多万元。带动农户800多户，解决农民务工700多人次，脱贫户389户，给每户农户年增加2万元收益。

### （四）企业优势分析

企业发展杂交构树产业具有得天独厚的优势。一是区域优势，企业注册在四川省安岳县，位于四川盆地中部，为成渝经济区腹心和成都、重庆的直线中点，有明显区域位置优势。二是产业优势，发展优质植物蛋白饲料，在安岳地区是空白，安岳地区农业人口达160万，过去是生猪储量大县，因杂交构树种植解决了饲料蛋白质源头，同时储存度高，助力安岳地区重回生态生猪养殖出栏大县。三是土地气候优势，充分利用荒坡、荒地、房前屋后、低效林栽种，解决了用地问题，又发挥了这些地的价值。同时，气候温和，雨水充沛，适宜大量种植杂交构树，丰产可达8吨/亩。四是市场优势，猪、牛、鸡、鸭、鱼类是老百姓生活必须肉食品，又是生态养殖，有利老百姓健康，尤其引入鱼、菜共生系统，杂交构树饲料更添光彩。五是成本优势，发展杂交构树养殖畜禽，降低饲料成本30%~40%，老百姓踊跃参加。六是模式优势，企业以发展壮大集体经济为主导，扶持脱贫户以土地或现金入股，普通村民每股1万元，脱贫户100元/股，低保户200元/股。土地入股：坡地每年每亩折资300元，坝地每年每亩折资600元，“安岳县林凤镇育才村股份经济合作社”在整个产业公司中占股5%，收入归集体经济；社会合作方占股20%，代表技术研发，用于产业发展及技术研发；社会资本方（四川朗布克）占股65%，村民土地入股和后勤村民入股（即普通股）占总股份的10%。上级支持村集体经济发展的款项记于村集体经济名下占股。同时，成立专业合作社“安岳县构香香猪养殖专业合作社”将种植杂交构树与养殖分开，独立核算。

## 四、贵州务川科华生物科技有限公司

### （一）企业概况

贵州务川科华生物科技有限公司（以下简称科华生物）属农、林、牧、渔行业，响应国家精准扶贫十大工程——“构树扶贫工程”、促进贫困地区供给侧改革及培育发展特色产业等要求，于2016年4月成立。企业现已独立掌握杂交构树全产业链80项自主知识产权专利技术，在产品质量水平、全产业链技术输出、科研技术创新、销售市场把控等领域均具有较强的核心竞争力。

科华生物是国家高新技术企业，连年来先后被各级主管部门授予“贵州省杂交构树工程技术研究中心”“贵州省企业技术中心”“贵州省专精特新企业”“贵州省知识产权优势企业”“贵州省科技型中小企业”“遵义市农业产业化龙头企业”“遵义市十佳科技创新平台”“遵义市构树组培科普教育基地”等荣誉称号。

科华生物董事长冉贤是民建贵州省优秀会员，贵州省第六批“百人领军人才”“千人创新创业人才”，贵州省高层次人才服务“优才卡”专家等。

历经多年发展，科华生物已具备较强的核心竞争力。在基础建设方面，已建成全国最大的杂交构树产业基地，种苗产能全国领先，可年产优质杂交构树组培苗1亿株。在科研创新方面，与中国科学院植物研究所、中国农业大学、北京林业大学、贵州大学、贵州省农科院等院所和高校开展“产学研”战略合作，申请及立项多个国家级、省市级科技、人才等项目。在推广方面，产业落地全国15个省、区、市，推广种植杂交构树10万亩以上。

### （二）主营产品

科华生物主营业务为杂交构树组培苗的繁育和生产，产品包括杂交构树成品苗和生根苗。企业利用先进的生物育种技术为构树扶贫工程和构树乡村振兴产业提供优质种苗。截至2022年，种苗种植成活率达到98%，种苗市场占有率达到70%以上。

### （三）运营情况

2016年，科华生物在贵州省遵义市务川县内建成全国最大的杂交构树组培中心（中国南方杂交构树组培中心，投资5000万高标准建成，占地30亩）和全国唯一的杂交构树产业孵化园（务川杂交构树产业孵化园，投资1.2亿元，占地500亩，涵盖杂交构树“种、养、加”全产业链示范），至2022年，杂交构树产业结合当地政府累计投资达到3.5亿元以上。该基地是我国目前最大的杂交构树种养循环产业基地。截至2022年，务川杂交构树产业基地作为我国精准扶贫产业、乡村振兴产业以及种养循环绿色产业基地，已接待包括全国300余县市考察团的参观及培训。

科华生物始终保持较强的盈利能力，近年企业主营业务收入超过4000万元，利润总额超过460万元，资产总额达到5141万元，研发费用总额达165万元。企业利润率在11%~16%左右。

### （四）企业优势分析

第一，专业的产品与服务能力。公司专注杂交构树育苗生产与销售的核心业务，已形成从生物育种—高效栽采—饲料加工—生态养殖—品牌销售的全产业闭环生产服务链。为国内各级政府、大中小型饲料及养殖企业、线上线下肉蛋奶等销售平台提供优质产品和提供全产业链技术输出配套服务。

第二，精细的管理研究系统。公司采用精细化生产管理系统，生产中心有7000余平方米的十万级净化车间，保障种苗的无菌培养和育种安全。研发中心负责产业化研究，包括：升级植物品种、优化生产流程、降低各项成本、增加产品性价比等。销售中心负责产品的对外整体服务，提高产品信誉度和市场占有率，让产品质量和售前、售中及售后服务在细分市场中始终占据优势。

第三，多元的产业推广体系。公司利用杂交构树速生、丰产、耐干旱、耐盐碱及适应性强、药食同源等多重优势，在全国进行产业推广。围绕杂交构树打造“构香小镇”农文旅一体化生态产业示范园区，与当地传统技艺结合，弘扬地域文化，提供安全美味的构树猪、牛、羊肉等。开发具有养生、抗衰老、提高免疫力的构树茶、构树菜、构树面膜等特色产品，开展构树造纸、构树制布等特色旅游项目。2017年，猪小白构树猪肉通过了具有国际公信力的谱尼（PONY）测试。在20项（包含铅、汞、铬等）重金属含量及农残、兽残、添加剂物质的检测中，所有检测数值远远优于测试标准，检测结果全部合格。

第四，领先的产业创新驱动。公司依托已建立的贵州省杂交构树工程技术研究中心、贵州省企业技术中心、遵义市十佳科技创新平台等科技创新动力，用成功、成型的商业模式将杂交构树种养循环产业扎根农村，提升农民劳动力的创业创新技能，促进增收致富，实现农村经济的持续发展，提升我国饲料工业竞争力，保障我国粮食安全。

2022年7月，杂交构树被国家乡村振兴局列为乡村振兴九大产业之一，科华生物也随之迎来新的发展机遇。公司进一步加快杂交构树品种培育、种苗高产种植、无抗生素畜禽饲养以及有机肉制品生产等技术研发，进一步完善杂交构树全产业链技术体系，充分利用杂交构树这一特色资源，解决我国在生态绿化与修复、缓解蛋白饲料不足、减抗替抗养殖等领域难题。并为农业高质量发展提供强有力的科技支撑，助力巩固拓展脱贫攻坚成果同乡村振兴有效衔接，保障我国粮食安全、农业安全。

## 五、安徽宝楮生态农业科技有限公司

### （一）企业概况

安徽宝楮生态农业科技有限公司成立于2016年12月，注册资本金6000万元。是一家专业从事杂交构树种养结合生态循环农业技术研发与可复制产业发展模式的农业科技企业，一家专注于无抗、安全、生态农产品的企业，一个以生态、科技、产业振兴乡村为己任的企业。

近年来，企业先后荣获2018、2019年度安徽省、六安市先进民营企业，2020年度市级龙头企业、文旅创意铜奖、脱贫攻坚社会扶贫工作先进企业，2021省级林业产业化龙头企业，及“国家AAA级诚信企业单位”“全国绿色农业产业（杂交构树类）指定生产基地”“中国生态食材生产示范基地”“安徽省秸秆暨畜禽养殖废弃物综合利用产业博览会金奖”“第十四届中国义乌国际森林产品博览会优质奖”等多项荣誉。

2018年，安徽宝楮生态农业科技有限公司安徽省院士工作站授牌成立，以中国工程院院士印遇龙先生为首的科研团队同步组建，在与印遇龙院士团队的合作努力下，宝楮科研团队首先针对构树种养生态循环农业产业链的若干关键节点展开了深入研究。截至2022年，已研发专利31项，并参与印遇龙院士团队开展《饲用构树生物饲料行业标准》和《饲用构树生物饲料加工制造规范》的起草。同时邀请中国工程院李德发院士团队，为霍邱县乡村振兴构树产业做整体规划。

宝楮公司秉持“绿水青山就是金山银山”的绿色发展理念，以科技研发为先导，致力于生态循环农业技术的科技研发和产业推广，致力于打造“生态环境持续改善，自然资源高效利用，食品安全持久保障，畜牧养殖业可持续性发展”的创新农业生产模式。安徽宝楮生态农业科技有限公司安徽省院士工作站依托院士团队的支持，科研团队迅速壮大，研究方向涵盖杂交构树育种、构树营养及生化机理、动物营养、生物发酵工程、生物饲料生产、动物疫病生物防控、食品加工、食品安全监测等学科，科研方向实现了公司全产业链覆盖。

通过不断的科技研发投入和建设，宝楮构树种养结合生态循环农业产业链各节点实现完整有序运行，周而复始的环状生态循环农业生产系统完全闭合。与此同时，形成了成熟的系统技术集成体系，通过这一系统集成技术体系，即可依照不同生产规模广泛复制该新型高效农业生产模式。

宝楮公司致力于建设一个集构树关联产业技术研究、种养结合生态循环农业技术研发、循环生态农业生产新技术示范、科技扶贫与生态产业扶贫培训基地、无抗生态安全食品生产基地、体验观光生态农业园区等为一体的新型高效生态农业园区。打造以构树关联产业为核心的无抗、生态、安全农产品产业集群，为促进农业生态进步和食品安全作出贡献。

## （二）主营产品

公司紧紧围绕构树产业这个核心，以构树生物饲料核心生产技术为基础，平行发展“大别山构香”品牌系列无抗、生态、安全农产品。“大别山构香”品牌的猪肉、麻黄鸡、鸡蛋以及精选构树头茬嫩芽，采用六安瓜片古法制作工艺精制的构树茶等构树产业链关联产品已投放市场，受到消费者认可。

### 1. 构香猪肉

将构树叶通过发酵加工再按配方比例加上玉米、豆粕等原材料，生产出构树饲料，这种饲料是用构树枝叶通过微生物发酵技术生产的符合国家标准的生物饲料，它完全没有添加抗生素、激素等添加剂，保证了饲料和饲养的生态和绿色标准。用构树饲料养出来的猪，瘦肉多，肥肉少，五花肉多，还有清香味。猪肉有嚼头，口感好，瘦肉香甜爽口，肥肉肥而不腻，鲜嫩香醇、香味浓郁。蛋白质含量高，以粗蛋白为主，热量高，脂肪含量低（仅为普通家猪的50%），以瘦肉为主，胆固醇含量比普通家猪低29%，肉产品的抗生素检测为0，还含有17种氨基酸，是名副其实的现代营养食品。

**2. 构树茶叶**

以构芽和叶为原料制成的构叶茶，富含蛋白质、维生素、微量元素及多酚类物质，易于人体吸收，不仅可抗细胞氧化、抗衰老、降血脂减肥，而且向人体提供了氨基酸、微量元素和维生素。同时由于构叶茶不含茶碱咖啡因，有利睡眠和休息，能增强人体免疫力。

**3. 构香鸡**

构香鸡全程使用构树生物发酵饲料，以鲜嫩构树为主要饲料原料，经生物发酵处理后全程饲喂，全程不添加抗生素。“大别山构香”麻黄鸡皮下脂肪较少，肌肉丰满，肌间脂肪含量和香味因子比普通散养鸡增加50%以上，使鸡肉香气更芬芳浓郁，香味更丰富，鸡肉口感紧脆，不柴不粉，汤汁尤为鲜美，并具有构树独特清香。总脂肪含量仅为一般鸡肉的二分之一，胆固醇降低三分之一，含有更多的多不饱和脂肪酸以及其他营养成分。

**4. 构香鸡蛋**

构香鸡全程使用构树生物发酵饲料，以鲜嫩构树为主要饲料原料，经生物发酵处理后全程饲喂，全程不添加抗生素，经第三方专业权威机构检测，农药残留、重金属、抗生素均未检出。不使用着色剂，不使用动物源性饲料，其生产的鲜蛋蛋黄呈天然米黄色，蛋黄比普通鸡蛋略大并呈半球形，蛋白浓厚透明，无腥味。熟鸡蛋表面光洁平滑，略有透明质感。白煮蛋蛋白口感滑嫩无渣感，蛋黄软润，不干不呛，芳香可口；炒鸡蛋色泽鲜亮，蛋香浓郁。一蛋多补，含有多种人体必需的功能性营养成分，如卵磷脂、叶酸、ω-3脂肪酸等，食用健康有保障。

随着运营规模的不断扩大，公司将以构树生态产品为中心，以坚实的生物技术研发为基础，不断丰富构树产业链生态产品。逐步形成三大板块：以构树生物饲料为基础的无抗、生态、安全畜禽水产养殖及肉蛋奶食品；以构树鲜芽为基础的构树茶、构香面条、构香馒头、构香饼干等特色食品；以宝楮肽饮、构香高硒蛋等为代表的功能型保健食品。

### （三）运营情况

自公司成立以来，已建成投入运营的项目包括：建成构树种养循环资源化综合利用示范园区1300亩。截至2022年，已累计种植饲用构树2600亩；已建成年产饲用构树生物发酵饲料2万吨车间；建成饲用构树种养结合生态循环养猪场14000平方米，年出栏无抗、生态构香猪1.2万头；建成投产饲用构树种养结合生态循环麻黄鸡（地方土鸡品种）养殖示范场；建成水产饲用构树生态示范养殖场面积160亩，开展淡水鱼、小龙虾、大闸蟹等饲用构树生物发酵饲料生态养殖示范；在六安、合肥、长三角地区等城市设立运营“大别山构香”生态农产品直营店多家。宝楮累计推广构树种植面积3000多亩，提供农民就业岗位100余个，引导当地农民成立合作社调整种植结构，种植高产值、高效益构树原料林基地，实现构树原料基地亩产值每年超过3000元。在保证、严控肉品质量的基础上，提高品牌有机猪肉和家禽等产品销售量。借助“互联网+”优质品牌猪肉和家禽等产品，同步发展线上线下销售。

通过上述建设项目的投产运营，除农产品屠宰、冷藏、深加工外，已基本形成饲用构树产业关联技术研究、饲用构树育苗和种植、饲用构树生物发酵饲料制造、饲用构树生态农产品销售的全产业链覆盖，种养结合生态循环链的各个环节已经形成无缝衔接，在核心区域内构成完全封闭的有机生态循环圈。和传统养殖场蚊蝇肆虐、臭气熏天的环境不同，宝楮生态农业科技公司所在地彭塔乡绿水青山、空气清新、鸟语花香，彻底破除了养殖业污染困局，充分展现了一种“生态文明、食品安全、美丽乡村”的全新生态循环农业生产模式。

经过几年的建设与发展，宝楮公司已经建立了完善的技术研发与生产体系，初步完成了生产系统的标准化，具备了复制扩大的基本条件。2022年成立安徽宝楮供应链有限公司，为大别山构香品牌系列以及安徽优质农产品在融入长三角、走向全中国做好前期铺垫以及配套服务。未来，宝楮公司计划以安徽宝楮生态农业科技有限公司彭塔基地为核心标杆示范基地，继续加强科技研发投入，进一步完善标准化体系，将彭塔基地打造成为科研、培训、生态农产品生产、农旅观光体验的综合构树种养结合生态循环农业科技园区。依托标准化的生产技术体系，面向六安、安徽乃至全国推广构树种养结合生态循环农业产业，为中国畜牧业生产向生态友好型、资源高效型、节粮型、安全保健型方向发展作出自己的贡献。

### （四）企业优势分析

公司生态优势优越，境内及周边地区工业基础十分薄弱，地表和地下水无污染源；区位优势优越，面向长三角城市群，背倚武汉，生态有机农产品拥有广阔市场空间。

生态食品：饲用杂交构树种植生长无须农药化肥，生物发酵饲料，能提高动物抗病能力，实现无抗生素养殖，生产生态健康畜产品。

保健美食：风味物质沉积效率倍数提升，无异味、芳香、鲜美、脆嫩，差异化极为显著，对人体有害成分减少、有益成分增加极为显著。如胆固醇减少40%，富硒、富含卵磷脂和多不饱和脂肪酸。

种养殖综合成本降低：粪污资源就地高效循环利用，降低环保支出80%，降低饲料成本10%；绝对优势微生物代替抗生素，减少药物使用，降低防疫成本。

自主专有技术：领先的饲用杂交构树生物饲料发酵降解技术和规模化生产技术，有利于快速复制推广 。

市场需求大：霍邱本县牧业年产值38.5亿元，饲料市场巨大。六安市饲料市场需求同样巨大，六安市着力防控非洲猪瘟疫情，着力推进生猪复产保供。

公司将涵盖大农业、大健康、大环保、大餐饮等。运用产业链整合、互联网、加盟、连锁、金融、上市六种发展模式，多角度融合、多主体参与、多资源整合、多价值追求、多功能开发，实现一、二、三产融合发展。

## 六、魏县林盛农业科技发展有限公司

### （一）企业概况

魏县林盛农业科技发展有限公司，位于河北省邯郸市魏县北皋镇，注册资金5000万人民币，公司拥有一支优秀的专业管理团队，有专业技术人员17人、优秀技术研发人员12人，吸收当地务工群众150余人，拥有高新农机设备13台。公司拥有现代化的种植、养殖技术，完善的研发团队和设备，经营销售食用农产品、有机饲料肥料、新型优种禽畜等几大类产品，是集种植、养殖、加工、销售于一体的现代化企业。2016年，公司成为中国“三农”产业工作委员会会员单位。2018年，被邯郸市人民政府办公厅评为“邯郸市现代农业园区”，同年，被河北省农业农村厅评为“河北省农业产业化重点龙头企业”。2019年，杂交构树饲料与食品加工厂项目被列为“河北省2019年农业产业化重点项目”“河北省高新技术企业”。

公司自2016年起，在魏县北皋镇开展杂交构树扶贫产业，种植万亩杂交构树，建立构树加工厂。截至2022年，已建立杂交构树“种—采—加—养”闭环产业链示范基地，走出了一条产出高效、产品安全、资源节约、环境优化的平原区杂交构树“林—料—畜”产业化发展的路子。通过土地租金、务工薪金、分红资金“三金”和零投入、零风险、零距离“三零”的构树扶贫模式，现已带动600多户建档立卡贫困户、3000多人实现增收脱贫，实现了生态效益、经济效益、社会效益、扶贫效益的有机统一。

公司以建立科技创新型企业为根本战略，以打造中国构树植物高蛋白饲料和生态畜禽产品领域的领航企业为目标，与中国农科院、中国林科院等机构合作开发构树相关产品，制作价廉高效的植物蛋白饲料。着力打造“构树育苗—构树种植—构树饲料—畜禽养殖—肉制品终端销售”一体化开发的构树产业模式，实现了公司、基地、农户、商户、终端消费者之间更多样的价值创造与更高效的价值传递。

### （二）主营产品

公司主营产品有：构树青储饲料、构树发酵饲料、构树鸡蛋、构树绿茶、构树红茶、构树猪肉、构树面。

### （三）运营情况

公司构树种植面积达10300亩，标准化育苗温室大棚10座。年育苗量1000万株以上，种植户每亩收入达到每年4000元。投入1亿元的200万头野玫香黑猪惠民项目正在积极筹建中，待养殖场正式建成后，第二年净利润可达到5000万。项目达产后可安排1000多个就业岗位。公司兴建了500平方米的研发中心，为下一步构树科技研发打下了良好的基础。在构树饲料加工方面，引进了年产6万吨的构树颗粒饲料生产线，投入生产后，年产值可达2.2亿元，年利润3500万~5000万元，已于2022年4月投入生产。年产构树颗粒饲料6万吨，市场单价每吨4100元，预计年生产效益2.46亿元，利润5000万元；构树发酵饲料年产3万吨，每吨价格3100元，预计年产值9300万元，利润3000万元。构树颗粒、发酵饲料两项年总产值3.39亿元，利润8000万元。

### （四）企业优势分析

公司前期是扶贫产业，现在是专精特新企业，规划走资本市场在科创板上市。

## 七、中科创构（北京）科技有限公司

### （一）企业概况

中科创构（北京）科技有限公司是由中国科学院植物研究所牵头成立的致力于杂交构树新品种研发及推广的科研型技术企业，主要负责杂交构树产业在全国的技术研发及推广，杂交构树组培苗的繁育和管理，搭建研发平台，联合国内科研单位开展新品种、新技术、新工艺攻关，组织推动全产业链相关技术标准的制定等。依托中国科学院植物研究所雄厚的研发实力，整合加强杂交构树产业化技术研发，以种苗作为根本，稳固产业发展基础；以科研作为支撑，促进产业技术革新；以市场作为导向，完善产业发展体系。

## （二）主营产品

杂交构树组培苗，由中科院植物所独家授权使用杂交构树“科构101”；杂交构树全价饲料，与中国农科院饲料所合作，研制全价粮饲料配方和生产优质饲料；杂交构树牛肉，用杂交构树饲料养殖安格斯肉牛，生产“构—饲—牛”产品；推广杂交构树产业技术服务。

## （三）运营情况

杂交构树产业经过10余年的不断探索发展，针对杂交构树自身特点和产业发展需要，逐渐形成了以饲料应用为主要方向，综合生态环境治理、园林景观、造纸和生物质生产加工等诸多领域的应用场景和产业方向。在饲料应用领域，中科创构经过长期的和多方的考察论证，针对杂交构树饲料特点，制定了由杂交构树种苗生产与种植、饲料加工、肉牛养殖、肉牛屠宰及精细分割、“构饲牛”产品品牌推广等一系列产业环节构成的“构+饲+牛”全产业链发展模式。

### 1. 种苗生产

在杂交构树种苗生产环节，中科创构从源头控制种苗来源、技术和品质，制定并发布杂交构树组培苗生产企业标准。在经过多地实地考察后，已与多家规模组培企业签订战略合作协议，可实现每年5亿株的杂交构树组培苗标准化生产规模，充分保证了杂交构树产业发展对于优质种苗的需求。

### 2. 种植推广

经过前期多方考察和论证，中科创构（北京）科技有限公司选定江苏省扬州市为杂交构树种植示范点，根据当地畜牧产业发展实际与需求，先后与新城镇和月塘镇两家乡镇级政府达成合议，共同发展杂交构树种养一体化产业。截至2022年，新城镇现种植100亩，月塘镇处在试验阶段，试验田种植20亩，后续会不断扩大到2000亩的种植面积。2023年上半年，计划落实建成位于江苏扬州的杂交构树标准化种植试验区，根据杂交构树种植技术规范完成500~1000亩的示范种植和配套养殖。加强栽培技术、采收加工机械、饲用化技术、种植标准的制定及示范应用，重点做好跟踪监督和工作指导，及时总结经验，调整实施方案，通过土地入股分红、进厂务工等方式带动当地农户增收。

### 3. 饲料加工环节

根据打造“构+饲+牛”杂交构树全产业链的目标计划，建立配套饲料加工厂是构建完整产业链的必备环节，也是降低养殖成本、保证产品品质、实现经济循环的必由之路。中科创构计划在扬州当地建立年生产能力5000吨的现代化杂交构树饲料加工厂，生产设施已建设完毕，生产设备全部到位并调试完毕，现已具备运作生产条件。饲料加工厂整体完工后，中科创构将实现对当地杂交构树种植基地构树原料的整体回收，生产杂交构树青贮料、发酵料的粗饲料。并且探索降低杂交构树饲料烘干成本的路径，生产适合不同细分市场和应用的发酵料、青贮料、干粉料，配制全价饲料等。

### 4. 肉牛养殖

杂交构树作为一种新型优质的木本饲料，具有很好的饲用价值，能有效地缓解畜牧业“原料总量不足、抗生素残留、环境污染”三大瓶颈问题。利用杂交构树饲料来喂养，并且进行农区集中圈养，不但集合了草饲肉质安全和谷饲肉质鲜嫩的优点，还缩短了饲养周期，降低了成本，提高了牛肉的品质。中科创构为实现“种养循环”生态农牧业经济模式，打造特色品牌，准备发展肉牛养殖示范区。肉牛的杂交构树饲喂试验工作已经在扬州开展。2023年，与建设扬州种植示范区步调一致的扬州杂交构树标准化养殖试验区，计划于2023年上半年落实建成，实现年存栏200头的肉牛养殖规模。

### 5. 肉牛屠宰及精细分割

为配合“构+饲+牛”杂交构树全产业链的发展，中科创构计划在扬州筹建规模化的现代化标准肉牛屠宰场，实现1000头的肉牛年屠宰加工量，形成“构—饲—牛”屠宰、分割和加工标准。

### 6.“构—饲—牛”产品渠道建设

与大型超市建立长期稳定的合作关系，使用中科创构的自有品牌完成终端产品的销售。

## 八、北京手牵手科技有限责任公司

### (一)企业概况

北京手牵手科技有限责任公司成立于2017年8月,注册资本300万元。公司成立之初主要是作为河南中科康构科技有限公司的子公司销售产自河南省太康县的构树黑猪肉和构树鸡蛋。手牵手公司立足北京,利用京东旗舰店辐射全国,目前客户主要分布在北京、天津、河北、上海、江苏、浙江、广东、山东、内蒙古、辽宁、吉林、山西等地。

### (二)主营产品

手牵手公司利用线上线下资源经营杂交构树养殖产品,注册品牌"楮木香",目前主要产品有构树黑猪肉、构树白猪肉、构树鸡蛋、构树羊肉等,线上销售平台主要是"楮木香京东旗舰店"。此外,北京市养老券和失能补贴销售平台"金色家园"用的黑猪肉由楮木香独家提供。线下和北京一些商超如亿潼隆合作,另外和北京"六里地"、天津"侬人仓"等专门销售高端有机食品的会员型公司也建立了合作,他们所用的高端黑猪肉均由楮木香独家提供。

### (三)运营情况

经济指标:手牵手公司目前年销售额600万元以上,其中线上占比80%,线下占比20%。楮木香京东旗舰店已积累10.8万粉丝,老顾客复购率30%以上。

企业盈利:2022年,受新冠疫情影响,物流延迟导致损耗增加,影响了线上利润率。当年线上毛利率20%,净利润5%左右。线下毛利率30%,净利润20%左右。

企业偿债能力分析:目前公司无负债运营。

企业运营能力分析:经过几年的摸索和经验积累,目前公司在产品供应链和质量把控方面已有了比较成熟的经验,仓储和物流配送保障也有了完善的流程和成本控制经验,对于线上京东店的投放、运营已培养了成熟的团队和运作模式,具备以较低成本完成投放运营的能力。

随着线上业务障碍因素的减少,线上销售额预计会有大幅提升。2023年,在原来基础上具备200%的增长潜力，预计可达到1500万元。线下业务计划以构树绿色养殖概念逐步推广楮木香品牌，和更多的商超对接，2023年线下销售额具备翻一番的潜力，可达到200万元。

### （四）企业优势分析

北京手牵手公司目前是在京东和天猫进行销售的唯一一家以杂交构树养殖为特色的企业，产品深受消费者欢迎。楮木香京东旗舰店在京东商城已深耕四年多，积累了近11万粉丝，老顾客复购率30%以上，为产品进一步推广打下了坚实的基础。公司产品“原产地直接供货—基地分割包装—线上统一发货”的销售模式，保障了产品供应链安全，成本可控，销售终端可以快速反应。仓储和物流完善，可同步对接线下渠道，线上线下共用同一个仓储和物流体系，节约了成本。

楮木香品牌以杂交构树养殖为特色，天然具备有机绿色概念，方便产品推广，产品溢价能力强，客户接受快。这些因素对公司未来进一步的发展都极为有利。

## 九、湖北小构叶生物科技有限公司

### （一）企业概况

湖北小构叶生物科技有限公司成立于2018年1月，主要经营范围有：生物科技研发及相关信息咨询服务，饲料添加剂、饲料原料研发、生产及销售，畜禽销售；初级农产品加工及销售；生物制品生产及销售；水产品、畜禽养殖；苗木繁殖及销售；食用菌种植及销售；生态农业及相关产业投资，植物营养液研发、生产及销售，农业基础设施建设。公司奉行“真诚合作、谋求共赢、创造价值、共享盛宴”的经营理念，致力于构树全产业链的开发与营运。公司依托生物技术，坚持绿色发展理念，以实现科技兴农、产业富民的目标，形成政府、企业、农户特别是贫困户、消费者的利益共同体。

2018年2月，公司引进武汉大学“一种构树的人工培育方法”“一种构树饲料及生产方法”“一种野生构树种植人工种植改良方法”3项专利技术，在构树种植、构树饲料发酵、构树畜禽养殖、市场营销多方面聚集了一批优秀的人才，拥有一批由科学家、企业家、工程师、营销专家组成的研发创新、企业管理、项目实施、市场拓展、销售运营管理的团队。

为响应国家乡村振兴战略，公司已与武汉大学、华中科技大学、三峡大学、湖北中医专科学校、三峡职业技术学院农学院、深圳摩天商学院，三旗集团、深圳华运国际旅行社达成战略合作关系。采取“公司+合作社+农户+合作单位”的联盟模式，打造集构树及构树产品的研发、种植、发酵、生物饲料加工、无公害畜禽养殖、生态肉食品销售全产业链，实现一、二、三产业深度融合发展。目前公司在秭归县两河口镇中心观村、香龙村、铺庄村、高桥河村、云盘村等地已建成种养殖示范场。该项目采取引导贫困户直接栽种构树获取收益、通过土地流转获取租金参与务工获取收益等方式，促进各村产业发展和贫困户增收，实现稳定脱贫，辐射带动全县大规模发展支柱产业，缓解人畜争粮的矛盾，为生态养殖提供全新的发展模式。

### （二）主营产品

#### 1. 杂交构树饲料

杂交构树是一种多年生阔叶林木，适应能力强，适合大面积栽培，海拔1600米以下都可种植，且生长周期短，当年种，当年收。构树叶蛋白质含量高，氨基酸、维生素、碳水化合物、微量元素等营养成分也很丰富，是一种良好的饲粮资源。公司运用高科技生物技术对构树叶进行发酵处理，使构树叶达到优良的饲料性状，该技术经过3年反复的试验，已论证可投入产业化生产。

#### 2. 构树营养液

植物正常生长发育所需的五大要素是：阳光、温度、水分、空气和养料，它们是植物的生命线。其中的养料，也就是植物需要的营养元素，有必需元素和有益元素之分。必需元素中又有大量元素、中量元素和微量元素之分，构树营养液通过生物降解技术制成，含有大量有机成分，使构树生长所必需的营养物质得到充分补充。

#### 3. 构树猪肉（鸡肉）

公司采用高蛋白杂交构树叶发酵后研制成构树宝，使用构树宝饲养生猪，该养殖技术是权威专利，国内首创。构树猪有五“无”特征：无瘦肉精、无激素、无抗生素、无农药残留、无有害化学添加剂。构树猪肉富含不饱和脂肪酸，胆固醇含量低于普通猪肉的一半，入口香甜，肥而不腻。

#### 4. 构树茶

构树茶是天然碱性茶，长期饮用可以调节身体酸碱度，更加有利于人体健康。可帮助排出血液里的毒素、肝毒酒毒、胃毒等深层毒素，除风湿，对关节炎有一定的疗效，长期饮用有利于人体健康。

### （三）运营情况

#### 1. 实验和生产基地建设

以秭归县茅坪镇仙人山为中心的实验基地，配备有构树苗木培育和构叶生物发酵以及构树全植株综合利用的实验设备、仪器和技术人才，为构树产业发展提供了有力的技术支持。

以两河口镇为中心的生产示范基地，在两河镇人民政府的支持下，大力发展构树产业，带动贫困户脱贫，助力产业振兴。其中，中心观村种植构树面积达100亩，带动贫困户21户60人；高桥河村种植构树面积达200亩，带动贫困户44户110人；铺庄村种植构树面积达200亩，带动贫困户50户150人；云盘村采用“种植+养殖相结合”的模式，种植构树100亩，带动贫困户30户70人。2019年，建立云盘构树养猪示范场一座，年产1000头构树猪，在两河口集镇建立两万吨构树饲料加工厂一座，已完成场地选址、征地、施工图纸设计工作。截至2021年，香龙村已建成构树产业园区，其中种植构树250亩，带动贫困户70户140人，年出栏500头构树猪示范养殖场、200头构树牛示范养殖场各1座，拟建400吨蘑菇生产基地。达到了农业大循环，综合利用农业废弃物，实现零污染、零排放的目标。

通过在秭归县两河口镇率先建立种植、养殖、加工示范园项目，构树产业链已经逐步形成，为辐射带动相关产业发展打下了牢固基础。在让广大群众实现稳定增收，推进生态绿色有机食品供给，满足人民群众对健康食品需求，促进农村种养殖业持续发展，畜牧业从规模发展到高质量、标准化、无害化发展方面起到龙头带头作用。

**2. 销售和体验现状**

公司确定了“定制服务”的方针，组织专业营销团队，一手抓产品质量，一手抓服务，有效解决了现金流和产销平衡的痛点。

公司以实验基地技术为核心，以两河口镇构叶加工厂区、香龙构树产业园区、仙人人山构树健康文化产业园区为基础，将种、养、加、研深度融合，以产品为基础将游、品、传、赏深度融合。打造了“一核三区”的体验中心，逐步形成小观光、大休闲、深体验的构树健康文化产业园，为品牌培植和营销提供有力支撑。目前园区功能完善，基础配套基本到位。

**3. 品牌和产品研发现状**

公司注册了“小构叶”“三峡小岣叶”商标权和版权，围绕构树的传统中药价值、现代医药价值、营养价值等方面的功能作用，塑造品牌形象，通过多种渠道加以传播，扩大品牌影响力。

已完成技术研发的产品有：构叶酒、构叶胶囊、构叶茶、食品级构叶粉、构树营养液。新产品储备有：构树功能性食用菌、保健性肉食品、构叶菜。

**4. 核心基地情况**

仙人山构树健康文化产业园规划占地面积320亩，周围森林覆盖，距秭归县城12公里，距宜昌市区45公里，道路已实施水泥混凝土硬化，可入性强。视野开阔，小环境优良，是一处不可多得的休闲目的地。通过实验基地建设可以将农业科研和休闲观光有机融合，形成科普、研学、培训、交流、休闲为一体的农业综合体。基地可年生产构树苗100万株，为各地发展构树产业提供了充足的苗木资源。

香龙村位于秭归县西南部，地处长江西陵峡畔，南与长阳接壤，西与巴东毗邻，距三峡大坝72公里，距长江南岸沙镇溪港口18公里。与县城有省道S481相连，核心景区有沪蓉、沪渝两条高速联通，至巴东野三关高铁站仅有1小时车程。镇内物产丰富，气候温湿，雨量充沛，立体气候特征明显。香龙构树产业园位于香龙村新农村3公里处，通过发展构树产业丰富乡村旅游要素，助力乡村振兴。

在未来，湖北小构叶生物科技有限公司将遵循绿色可持续发展的思想，加大科技投入，加大宣传力度精心培育品牌。在“保护环境，保障健康”的大时代中有所作为，为带动周边地区经济的发展而不懈努力。

## 十、重庆东水蓝农业开发有限公司

### （一）企业概况

重庆东水蓝农业发展有限公司成立于2017年6月，注册资金1500万元，注册地址为重庆市云阳县云阳镇三坪村一组。经营范围主要是蔬菜、水果、花卉、苗木、农作物、中药材种植销售，禽畜养殖销售，饲料及饲料添加剂的生产、销售等。2018年3月14日，成立云阳县上溪果蔬种植专业合作社，注册资金200万元。截至2019年，公司已累计投资650万元，全部是自筹资金。

公司自成立以来，一直致力于促进杂交构树循环经济与生态环境的可持续性发展，打造生态安全的食材示范基地。以“树”为基础，以“养”为重点，让青山绿水真正变成金山银山。

### （二）主营产品

以杂交构树生态循环养殖为核心，主营产品为杂交构树种苗及生态黑猪。

### （三）运营情况

公司先后流转三坪村土地650亩。2017年10月种植杂交构树100亩，2018年7、8、9三个月分3次共收割杂交构树125吨，2022年5月收割36吨，7月收割40吨。2022年3月新发展200亩。

2018年1月，建了两个猪圈共800平方米（年出栏生猪1000头），2018年7月开始饲养黑猪，截至2022年，存栏500头。自2022年6月开始在云阳县城设立销售点，推广销售公司的杂交构树黑猪肉，销售价格为排骨每斤（1斤=500克，全书特此说明）28元、1~2级肉每斤20元、3级肉每斤18元，每斤比市场价格平均高5~6元，是云阳县猪肉价格最高的生态黑猪肉。在未投入任何广告的情况下，仅靠客户口口相传，每天一头猪基本在上市2个小时内售完，供不应求。养殖饲料现行比例为玉米50%、麦麸10%、青贮杂交构树40%，平均每头猪每天食料成本为5元。如果按照每亩年产3吨杂交构树鲜枝叶计算，每亩每年可供10头猪的青储蛋白饲料。由于公司目前构树产量少，养殖量还未达到预计目标，单头猪的养殖成本较高，但目前每头猪的利润仍可达到900余元，随着构树产量的增加，固定成本分摊后，养殖成本也会随之降低，利润将会更加可观。

基础设施建设方面，公司根据环保要求配套建设有200立方米沼气池1个、500立方米沼液池1个、240平方米的饲料仓库1个。2018年4月，建成炼苗大棚9个，共3000平方米，其中炼苗操作间260平方米，5月开始炼苗。截至2022年共完成160万株杂交构树的幼苗培育，已销往万州、忠县、昆明、贵州、洛阳等地。2018年6月，整治修缮园区内闲置堰塘3个约3800立方米，现已投放鱼苗1万尾，2018年底，完成650平方米的牛圈建设（圈舍400平方米、饲料仓库150平方米、过道100平方米）。

### （四）企业优势分析

企业全面推行杂交构树品种、品质、品牌“三品”战略，在山区建立了“林—料—畜”一体化生态农牧业产业园，全面投产直接经济收入1800万元以上，利润达1137万元以上，初步形成了“3个1”产业发展模式，即：1条链，杂交构树“育—种—采—加—养—肥—销—旅”一体化、闭环全产业链发展，包括炼苗、饲料林种植、采收青贮、饲料加工、生猪养殖、有机肥、屠宰、专卖店销售、乡村旅游等，一、二、三产融合发展；1个主打产品，作为饲料，重点发展养殖黑猪，已建立种猪、仔猪、育肥猪完整的自繁自养体系；1个品牌，以杂交构树高蛋白、优质无抗饲料，养殖的生态有机高品质猪肉，打造“东水蓝构香猪”。“重庆东水蓝”模式可以作为山区乡村振兴的好样板。

第五章 CHAPTER 5

# 杂交构树产业发展预测（至2025年）及投资机会分析

## 第一节　杂交构树产业未来发展趋势与预测分析

### 一、杂交构树饲料加工业发展趋势分析

#### （一）杂交构树蛋白料产量和供需分析

据不完全数据统计，杂交构树亩产湿重约6吨，折算成净蛋白质，亩产约300千克，相当于大豆亩产净蛋白质的5倍，是我国实施豆粕减量替代工程的有效途径之一。

预计到2025年，杂交构树保有面积可达到100万亩，年产量可达600万吨（6吨/亩×100万亩）。若完全加工为全株干粉或干草饲料，预计可加工制作全株干粉或干草饲料240万吨（600万吨×40%DM），若完全加工为叶粉和茎粉饲料，可制作叶粉163万吨（600万吨×40%DM×68%），茎粉77万吨（600万吨×40%DM×32%）。

#### （二）杂交构树全日粮饲料产量和供需分析

以奶牛为例，产奶牛日粮中杂交构树青贮适宜添加比例为5%~15%，平均干物质采食量25千克，日采食杂交构树青贮按3.75千克计算，按2022年底620万头产奶牛计算，全国杂交构树青贮需求量估计为每天2325万吨，年需求量估计为每年848625万吨。预计2025年能达到680万头产奶牛，杂交构树青贮需求量为每天2550万吨，年需求量估计为每年930750万吨。

### 二、杂交构树养殖业发展趋势分析

#### （一）我国牛羊养殖趋势分析

近年来我国乳制品产业发展迅速，奶牛养殖规模化不断推进，全国奶牛数量持续增长，见表5-1。

表5-1　奶牛存栏量（比例犊牛10%、后备25%、泌乳60%、干奶5%）

| 存栏/万头 | 2014年 | 2015年 | 2016年 | 2017年 | 2018年 | 2019年 | 2020年 |
|---|---|---|---|---|---|---|---|
| 犊牛 | 112.8 | 109.9 | 103.7 | 108 | 103.8 | 104.5 | 104.3 |
| 后备 | 282 | 274.75 | 259.25 | 270 | 259.5 | 261.25 | 260.75 |
| 泌乳 | 676.8 | 659.4 | 622.2 | 648 | 622.8 | 627 | 625.8 |
| 干奶 | 56.4 | 55 | 51.9 | 54 | 51.9 | 52.3 | 52.2 |

据国家奶牛产业技术体系统计，2021年底有效产能存栏的泌乳奶牛为560万头，比2020年增长55万头，2022年底存栏约620万头。预计2025年能达到680万头，见图5-1。

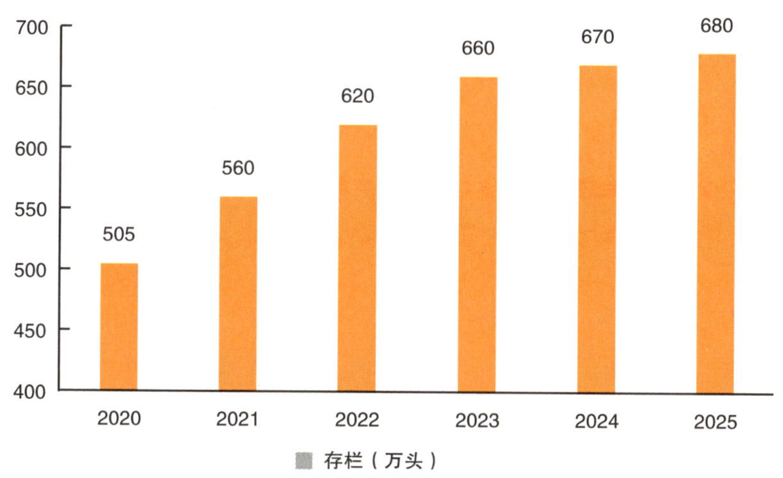


图5-1　“十四五”规模场存栏奶牛测算（万头）

注：1.2023年之前奶牛自然增长率按5%，此后放缓。
　　2.“十四五”期间进口奶牛80万~90万头

截至2020年，我国肉牛成牛存栏量384万头（表5-2），目前我国牛肉产量满足国民需求的85%，仍有大量牛肉靠进口。

表5-2　肉牛存栏量（比例犊牛15%、育成30%、成年母牛50%、其他5%）

| 存栏/万头 | 2014年 | 2015年 | 2016年 | 2017年 | 2018年 | 2019年 | 2020年 |
|---|---|---|---|---|---|---|---|
| 犊牛 | 1056.1 | 1105.9 | 1116.2 | 992.7 | 992.8 | 1049.7 | 1152.8 |
| 育成 | 2112.3 | 2211.9 | 2232.3 | 1985.4 | 1985.5 | 2099.4 | 2305.5 |
| 成年 | 3520.5 | 3686.5 | 3720.5 | 3309.0 | 3309.2 | 3499.0 | 3842.6 |
| 其他 | 352.045 | 368.645 | 372.05 | 330.895 | 330.92 | 349.9 | 384.255 |

在我国自古有“烹羊宰牛”红炉品酒过佳节的习俗。多年来，全国范围内肉羊养殖基础好，种羊产业持续发展。数据显示，截至2022年，我国有1213个种羊场，存栏种羊320.49万只。国家羊核心育种场38个，覆盖品种25个，核心群规模近15万。国内羊肉生产稳定发展，产量保持增长，但羊肉进口规模也在不断扩大。2016年后，随着羊肉消费需求的增长，进口规模不断扩大。国家层面已先后出台了一系列政策措施，支持肉羊产业加快发展。

2021年，全国肉羊规模养殖比重为44.7%，比2010年提高21.8个百分点。2021年出栏3.3亿只，比上年增长3.5%；羊肉产量514万吨，增长4.4%。2021年，全国人均羊肉消费量比2000年翻了接近一番。供方、产能、市场，三驾马车齐头并进，肉羊生产持续向好。

### （二）我国猪禽养殖趋势分析

近年来，我国养殖业快速发展，饲料原料需求量增加，我国生猪饲养量和猪肉消费量居世界第一位。据国家统计局数据，2021年末，全国生猪存栏44922万头，比2020年末增长10.5%，全国猪肉产量5296万吨，比上年增长28.8%。

家禽业在我国的养殖生产中占据重要地位，也是我国农村经济主要支柱产业。2014—2019年，全国家禽存栏量在60亿只左右波动，2020年，全国家禽产能规模大幅提升，家禽存栏量67.8亿只，同比增长4.0%。2021年，我国家禽存栏量达67.9亿只，与上年同期基本持平。禽肉、禽蛋产量均创新高。家禽养殖产品主要包括各类禽肉和禽蛋。其中禽肉是我国居民蛋白质消费的主要来源，禽肉已取代牛肉成为世界上第二大消费肉类。2021年，全国禽肉产量为2380万吨，同比增长0.8%。未来随着居民肉品消费结构的升级，禽肉消费量还将进一步增加。

### （三）养殖业对杂交构树需求分析

杂交构树能为肉牛提供很好的蛋白质，节约成本，提高肉品质。因此肉牛养殖仍有很大空间，并对发酵型青贮饲料包括构树青贮的需求量会逐步提升。在羊日粮中添加杂交构树能够改善肉品质，节约养殖成本，此外，杂交构树作为饲料原料的新来源在我国羊养殖业实现新突破，从人类养殖业发展史的角度看，也从根本上实现了从目前的草本饲料如“谷饲”和“草饲”拓展到木本饲料“树饲”的一种新的标志性突破。我国生猪产业发展前景良好，用杂交构树饲料青贮或加工成草粉与其他饲料原料搭配制成颗粒饲料喂猪，不仅能提高肉质、改善口感，还能降低成本，增加收益。

## 三、杂交构树产品市场销售发展趋势分析

中国是猪肉消费大国，每年生猪消费7亿多头。随着人民生活水平的提高，人们对畜禽产品的品质有了更高的要求。

据统计，在电商领域目前普通白猪肉的市场份额为79%，普通白猪肉仍占主导地位。但受激素、安全、环保等问题的影响，普通白猪肉价格一直处于相对低位，产品附加值较低，且终端销售价格随市场波动大。

而黑猪肉健康、生态、口感好，正在逐渐扩大在高端消费群体的市场占比，目前占总体市场份额的21%左右，终端价格是传统白猪的2~3倍。

杂交构树与黑猪养殖结合是非常有前途的一个发展方向，原因有以下几点。

一是杂交构树生长过程不使用农药化肥，属于天然有机。二是杂交构树含有天然抗生素成分，能减少畜禽生病用药，减少药物残留。三是杂交构树能显著提升猪肉风味，有利于提升产品附加值，占领高端市场。四是杂交构树绿色健康，产地广泛，是个很好的宣传卖点，客户容易理解，易于接受。

目前电商领域黑猪前几大品牌为熊氏牧场、双汇、精气神、得利斯、丹麦皇冠等，未来高端黑猪在猪肉市场的份额有望达到40%。如果能借助杂交构树的突出优势用于黑猪养殖，构树黑猪完全有可能在高端猪肉市场占据主导地位。

## 第二节　杂交构树产业投资及风险分析

2021年下半年，中国扶贫发展中心启动“构树扶贫工程专项评价”课题研究，中投咨询有限公司作为承接单位，组织专家力量先后走访了全国6个省市的杂交构树试点企业项目现场，并完成调研总报告和调研分报告。结合其一线调研成果及典型案例，现将杂交构树产业市场竞争风险情况进行汇总分析。在本节中，该类风险界定为企业外部的经营性风险。

### 一、蛋白饲料同业竞争风险

受气候和地理条件所限，我国草场资源相对于整体人口规模来说相对紧缺，发展畜牧业先天条件有所不足。为满足民众日益增长的对高质量畜牧产品（肉、蛋、奶）的需求，我国政府出台了一系列支持蛋白饲料开发的政策和规划。如，2016年农业部发布《全国草食畜牧业发展规划（2016—2020年）》，提出“坚持种养结合和草畜配套，全面建设现代草食畜牧业，并对奶牛、肉牛、肉羊、特色畜禽和饲草料产业进行布局”。2020年中央一号文件提出：“以北方农牧交错带为重点扩大粮改饲规模，推广种养结合模式。”2021年12月，农业农村部印发《“十四五”全国畜牧兽医行业发展规划》，提出：“重点打造生猪、家禽两个万亿级产业，奶畜、肉牛肉羊、特色畜禽、饲草四个千亿级产业。”2022年2月，农业农村部印发《“十四五”全国饲草产业发展规划》，提出要加快建立规模化种植、标准化生产、产业化经营的现代饲草产业体系。2022年，全球各国共同面临严峻的粮食安全危机，习近平总书记提出粮食安全是“国之大者”，树立大农业观、大食物观，向耕地草原森林海洋、向植物动物微生物要热量、要蛋白，全方位、多途径开发食物资源。在国家重视种养产业及蛋白饲料的当前背景下，对于杂交构树产业来说，既是机遇，也是挑战。

在我国蛋白饲料市场领域，通过多年发展，目前可分为以青贮玉米、紫花苜蓿为主体的草本饲料和以杂交构树、饲料桑为代表的木本饲料两大类物种资源，覆盖了各类畜禽和水产养殖产业，成为我国乡村产业振兴和农户脱贫致富的重要途径。对于作为新兴的蛋白饲料来源的杂交构树来说，了解具有竞争性的其他饲料物种，有助于知己知彼，找准自身特色和定位。下文将对禾本饲料、木本饲料两类做一个简要比较分析。

### （一）禾本饲料作物

作为传统和主流的蛋白饲养来源，禾本牧草仍然是国家政策支持重点，在《“十四五”全国饲草产业发展规划》中，2020年，全国利用耕地（含草田轮作、农闲田）种植优质饲草近8000万亩，产量约7160万吨。其中，一年生全株青贮玉米3800万亩产量4000万吨，饲用燕麦和多花黑麦草1000万亩产量820万吨，其他一年生饲草1500万亩产量约1200万吨。在多年牧草中，优质高产苜蓿650万亩产量340万吨，其他多年生饲草1000万亩产量约800万吨。

禾本饲草拥有最多样化的物种，在我国饲草产业市场占有绝对比重，其中最重要的三种饲草作物分别是苜蓿、全株青贮玉米、饲用燕麦。根据《“十四五”全国饲草产业发展规划》，东北地区将重点发展全株青贮玉米、苜蓿、饲用燕麦，兼顾羊草等品种。华北地区重点发展全株青贮玉米和优质苜蓿，适度发展饲用燕麦、小黑麦、饲用高粱、饲用谷子等品种。西北地区，饲草品种以苜蓿和全株青贮玉米为主，兼顾饲用燕麦、猫尾草、红豆草等生产。南方地区，饲草品种以多花黑麦草、狗牙根、狼尾草、柱花草等为主，兼顾区域性特色饲草品种。青藏高原地区，饲草品种重点发展饲用燕麦、饲用黑麦、披碱草等禾本科饲草和箭筈豌豆等豆科饲草，兼顾芜根等特色饲草品种。

### （二）木本饲料作物

目前，木本饲料物种也被国家正式纳入了饲草行业名录，2021年的《“十四五”全国畜牧兽医行业发展规划》提到“因地制宜开发利用杂交构树、饲料桑等区域特色饲草资源”和“开发利用新饲草资源，推动非粮饲料资源利用”。上述内容为木本饲料的产业发展提供了政策空间。在2022年的《“十四五”全国饲草产业发展规划》中，木本饲料被列入了“多年生饲草”。

根据我国目前的耕地保护政策，木本作物无法在基本农田种植，因而并未在国家的饲草规划中处于主推和显性的位置。不过，这一现状并不能否定木本饲料自身所具有的极大增量空间和产业开发潜力。

木本饲料是指具有饲用价值的木本植物的幼嫩枝叶、花、果实、种子及其副产品经过生物发酵处理的一种青绿饲料。合理利用非粮木本植物资源，调整饲料产业结构，可有效缓解我国饲料资源短缺的紧迫局面。国内大力开发利用的木本植物主要有杂交构树、饲料桑、银合欢、刺槐、辣木、胡枝子、黄梁木等。在产业发展实践层面，除杂交构树之外，饲料桑、辣木、柠条、银合欢、槐叶、葛叶、松针叶等品种都有着较为丰富的科研开发和种养探索，这些物种共同构建了木本饲料的生态圈层，值得我们多做横向比较研究。

目前来看，在我国木本饲料产业领域，杂交构树和饲料桑占据了相对重要的比重。俗话说“桑构不分家”，两者同为桑科作物，具有植物学上的近亲关系。2012年，我国将桑叶、桑枝与桑椹、桑白皮一起收录入《饲料原料目录》中。2018年，杂交构树茎叶被农业农村部纳入国家《饲料原料目录》，桑树和杂交构树由此作为蛋白饲料原料在国家政策法规上得到认可，杂交构树饲料的研发、生产、销售获得了合法身份，受到国家政策的鼓励。

饲料桑在木本饲料中拥有较高认知度。桑是桑科桑属木本乔木，喜温暖湿润气候，耐寒、耐干旱、耐水湿能力强，我国东北至西南各省区、西北包括新疆均有栽培。桑作为我国传统非常规饲料，主要用于养殖家蚕。桑枝叶的适口性好，粗蛋白、矿物质含量高，氨基酸品种齐全，且动物必需的氨基酸含量高，不饱和脂肪酸和必需脂肪酸含量高，具有丰富的常量元素、微量元素和维生素，富含黄酮、生物碱、多酚、多糖等活性物质。全面的营养成分和独特的功能因子，使得桑具有潜在开发潜力和利用价值。饲料桑一年可以割3～4茬，每亩产鲜叶可达3吨，干叶0.8吨左右。各地围绕其营养成分、加工处理技术、产业模式进行了大量试验。比如，在肉猪日粮中添加适量的桑枝叶粉或者发酵桑枝叶粉，可以提高肉猪的生理机能、免疫功能、抗氧化能力，提高猪肉品质并改善其风味，降低饲料成本，提高养殖效益。不过，饲料桑的主要不足是粗纤维含量、抗营养因子、生物碱等含量偏高，导致其利用率偏低。

辣木在木本饲料中也有比较高的社会接受度和市场辨识度。辣木是辣木科辣木属多年生乔木。辣木原产于印度北部喜马拉雅山南麓，性喜温暖、湿润，适生于年平均气温21℃以上，是热带和亚热带地区的速生树种。目前，辣木已被世界上30多个国家引种，在亚洲和非洲热带及亚热带地区广泛种植。我国于1998年前后从印度引种成功，并在广东、云南、福建等地广泛种植。2012年11月，我国卫生部批准辣木叶作为新资源食品，随后中国热带农业科学院成立辣木研究中心，加快新品种培育、栽培及病虫害防治新技术的研究推广 。2014年7月，习近平总书记访问古巴时将辣木种子作为国礼赠送给古巴革命领导人菲德尔·卡斯特罗，并宣布成立古巴—中国辣木科技合作中心。辣木生长迅速，耐干旱，耐贫瘠，适应性强。在保证水肥的种植条件下，辣木可以实现亩产1.5吨鲜叶和0.5吨嫩梢，若用大棚无土栽培，产量还能加倍。辣木根、茎、叶、花、种子和树皮含有蛋白质、维生素、钙、铁、硒等多种营养成分。总体来看，饲用辣木营养均衡、粗蛋白质含量高，具有抗菌消炎、抗氧化和抗病毒等药理活性作用，在畜牧业中具有一定的应用潜力。辣木饲料的不足主要在于抗营养因子含量偏高，导致牲畜适口和利用效率偏低，需要进一步通过科研加以改善。

## 二、产供销产业链衔接风险

### （一）种养端衔接风险

杂交构树作为中国科学院植物研究所利用我国乡土树种构树培育的木本、高蛋白、多用途新品种，自2004年以来，先后在20多个省区开展适应性种植。2015年2月，国务院扶贫办印发《关于开展构树扶贫工程试点工作的通知》，要求在已有构树产业发展基础的山西、安徽、河南、广西、重庆等10个省（区、市）开展探索性试点。如今已走过近20年的历程。在全国各地的实践探索过程中，由于杂交构树作为一个新产业，在发展过程中缺乏足够配套和协同支撑，由此体现出的一个明显的产业发展特点是，各地试点企业往往无法进行产业集群化发展和产业链式衔接，不得不进行种养一体化、产供销一体化，从而也暴露出了一些风险问题。

种植和养殖属于农业产业的两大类别，各个领域都需要经营主体具备极强的专业技术背景和长期行业经验积累。不过，早期踏入杂交构树产业开发的企业大多来自金融、地产、建筑、化工等领域，属于有过成功商业经验的群体，他们几乎都是在零起点上进入了农业领域。这些种植、养殖业的新进入者，很快就发现，他们必须要独自完成育苗、耕作、收割、饲料加工、畜禽饲喂、市场推广等全产业链式产业操作。尤其是从种植端进入的投资者，他们或许会期待养殖端能很容易接受并采购其杂交构树饲料产品，并进而实现快速的产业扩张。不过，调研中发现这些企业种养端的衔接并不如预期那样顺利，其中既有耕地政策调整、市场营销不力等外部原因，同时也有前期生产成本高、饲料品质不稳定、产品供给能力不强等内部原因。

在2021年下半年全国6省区的调研中发现，各试点企业都基本打通了“种植—饲料—养殖—销售”的杂交构树产业链闭环，有些区县还进行了更广泛的产业链构建。比如广西河池市宜州区然泉农业科技公司早期通过杂交构树饲料进行规模化黑猪养殖，河北邯郸魏县林盛公司开发了杂交构树系列功能性健康食品及饲料产品，河南周口太康县中科康构研发系列功能性饲料并不断升级饲料加工设备，安徽六安霍邱县宝楮公司注重饲料研发并发力肉猪养殖，安徽裕安区华好养牛场在杂交构树饲料配方研发及奶牛饲喂等方面进行了大量探索，山东菏泽牡丹区中植构树（菏泽）生态农牧公司大力开展育苗科研，在肉牛养殖饲喂方面进行了大量实践。尽管上述试点项目最终都实现了产业链的闭环，但其种养链条并不稳固，比较常见的问题是，种植端向养殖端产业链延伸时出现诸多卡点。一是种植经验不足，种苗往往因伪劣扦插苗、平茬越冬、遭遇水涝等造成规模化死亡，导致无法稳定足量供给原料；二是饲料加工工艺不稳定，导致青贮饲料变质或品质不佳，无法提供高品质蛋白饲料给养殖端；三是社会养殖企业有自身成熟的饲料喂养培养和习惯，对于杂交构树饲料供应链没信心，养殖端市场无法打开。

举例来说，河北某地的杂交构树试点企业，2015年曾流转2200亩耕地进行杂交构树种植，并通过收购合作模式带动企业周围农民广泛种植，2019年高峰时期拥有万亩杂交构树种植基地。不过，2020年底冬季，基地遭遇寒冷天气，据企业当事人介绍，绝大部分苗木被冻死，而种苗大面积绝收的背后，据专家分析可能是因采用非推荐扦插苗所造成，最终导致杂交构树种植基地全部退林还田。试点企业就此重新定位，将与周围区县农民合作采购杂交构树原料和高附加值颗粒饲料加工作为自身的发展重心。

再比如，山东某杂交构树试点企业所在地养殖业发达，但是养殖户普遍保守，不会轻易尝试新的饲料配方。大型养殖企业和个体小养殖户普遍认为杂交构树的饲料产品不成熟，供应不稳定，他们对杂交构树青贮饲料的排斥和不信任超出了公司预期。即便公司提供了优厚的条件，20吨以下免费试喂，也只有少数养殖户愿意尝试，形成长期合作关系的更少。饲料加工技术、市场营销领域缺少专业团队，包括营销策略上的偏差，导致了该公司种植向养殖端延伸的失败，最终大量青贮饲料无法售出，前期投资资本无法收回。

### （二）杂交构树产品与消费市场对接风险

杂交构树产业的另外一个突出风险，在于它作为药食同源的生物型功能食品，其产品领域目前并未充分开发比如构树茶、构树饮料、构树绿色素添加剂等，其产品研发力度小，并未形成真正的市场规模。而杂交构树作为高蛋白饲料，并非终端产品，无法直接面向市场消费端客户，而是必须通过养殖端的高品质肉品来体现其价值，这就增加了市场价值链的长度，也增加了其在产业转化中的不确定性风险。

在调研多个省市中，河南周口太康县的杂交构树产业是价值链最完整、企业集聚效应最明显、产业基础最扎实的一个县。通过该县的一个杂交构树饲料加工企的走访发现，该公司曾邀请专业制茶师傅进行杂交构树茶品研发，并采用了绿茶、红茶等多种工艺，生产的构树茶饮口感上佳。然而，由于该公司没有足够资金和人力进行后续茶品的工商申报，没有食品类生产批号，因而也无法公开销售，其茶饮产品由此中止在了试验阶段，并未形成市场效益。另外，该公司的主打产品是杂交构树的各种饲料，他们针对禽类、育肥猪、小猪、蛋禽等不同饲喂对象，开发出了5种半干青贮发酵饲料。由于早期工艺不稳和市场营销渠道问题，厂区多年下来仍有数百个大包青贮原料在厂区露天堆放。市场无法充分对接的另外一个原因是公司现有饲料加工设备陈旧，且缺乏颗粒饲料的行业资质，无法进入一些规模化养殖场的采购清单。该公司的颗粒饲料生产只能依靠厂区自然晾晒，产量也有所限制。该公司提到，他们正在筹建一个500万吨规模新饲料加工场，扩建之后饲料加工能力将进一步提升，以期获得更为稳定的下游养殖端订单市场。

### （三）肉类市场的价格竞争风险

当前，杂交构树饲料主要用于畜禽养殖，包括猪、羊、家禽、肉牛、奶牛等，其中肉猪饲喂占到了较大的比重。我国的猪肉市场具有很强的政策性和周期性，其价格波动不取决于个体种植户，甚至也不取决于市场龙头型企业，其价格波动大，从而给养殖端带来风险。一直以来，农村养猪户很难走出“猪周期”这个怪圈，他们在销售端也没有强势的议价权，长期处于被动地位。比如，他们在饲料成本低、生猪价格高的年份每头可赚550～2500元，而低谷的年份每头要亏650元。

杂交构树饲喂黑猪还是白猪，存在竞争性比较关系。在一般消费者心目中，对杂交构树饲料养育的肉猪品质都有着较高期待，他们希望能够用生态有机的特殊饲料喂养中国本土黑猪，从而实现品质的双重叠加。而这一产业逻辑，同样也是许多该产业投资人的初衷，他们为此曾进行过很多实践，其中既有失败教训，也有成功经验。从风险因素来说，集中反映在喂养黑猪的成本问题上。黑猪作为本土具有地理标志的猪种，其优点在于抗病能力强、营养丰富、口感细腻、肉香浓郁。黑猪作为商业化养殖最大的不足，在于其产仔率偏低，育肥慢，生长周期长，规模化养殖一年最多只能出栏一次。尽管杂交构树饲料能够进一步改善其肉品质量和抗病性，但是在育肥成效上并不突出。作为对照，以三元猪为例，该品种肉猪具有生长速度快、饲料报酬高、瘦肉率高等特点，尤其是每年可出栏两次，这意味着，前者的养殖成本要比后者低一半。这也意味着，如果黑猪肉没有形成特殊订单客户群和高端肉品售卖渠道，那么黑猪肉就很难以较高价格出售，无法覆盖过高的养殖成本。

在调研过程中，我们发现不少试点企业都将白猪作为主打猪种，或者两个猪种均有饲喂。比如，某一家杂交构树养殖企业介绍说，他们养殖部分白猪用于灌制香肠，由于黑猪肉太肥，出油过多，而白猪属于瘦肉型，两者搭配可以更好地灌制香肠。当然，如果能够锁定市场特定消费群体，杂交构树黑猪养殖的市场回报将会非常明显。重庆云阳县一家杂交构树企业，就黑猪养殖算过一笔经济账。根据2021年行情，传统饲料养殖黑猪成本为每头3050元，杂交构树黑猪养殖成本为每头2209元，从中可以节约841元养殖成本。在市场售卖方面，普通饲料喂养的黑猪肉每千克售价16元，一年150千克出栏的总售价约为2400元。杂交构树饲料喂养的黑猪肉每千克36元，一年150千克出栏的总售价为5400元，后者的市场售价比前者的1倍还多。当然，上述是一个成功的商业案例，对于其他杂交构树黑猪养殖企业来说，如果其肉品无法形成与普通黑猪、普通白猪的区别市场，那么必然会导致其最终放弃黑猪饲喂。

杂交构树猪肉与规模化现代企业猪肉，也存在竞争性比较关系。杂交构树饲料养殖企业，面临的猪肉市场竞争对手主要有两类，一类是具有中小规模的普通肉猪养殖户，另一类是大型龙头型肉猪企业。就普通的肉猪养殖企业而言，他们追求育肥成效最快的肉猪品种，比如三元猪。与此同时他们也追求催肥效果最佳的饲料配方及饲喂方式，他们会采购大型饲料厂生产的全价型颗粒饲料。对于更大规模的龙头型养殖企业来说，他们会采用更多的技术手段，将每头猪最小养殖成本、最快肉猪产量开发到极致，并通过自动化投喂、限制肉猪运动等方式，来减少其成本损耗。最终，体现在每千克猪肉的售价上。依托于杂交构树饲料的企业，除了一些经营有方的案例，通常很难居于市场竞争的优势地位。这也意味着，杂交构树养殖企业，如果其肉品不能和普通养殖企业产品进行有效识别和区分，如果无法获得特定客户群和市场售价区间，那么其产品最终将不得不混杂于普通肉品市场中。其杂交构树产业和产品价值体系，也将不得不随之湮没于众。这也是目前我们看到的一种常见现象。

## 三、产业品牌及标准化缺失风险

### （一）产业龙头型领军企业缺位风险

2015年，杂交构树被纳入国家精准扶贫十大工程并进行全国试点推广以来，不少地方的企业家以极大的投资热情，并以较大的投资额度和生产规模，投入种植领域，并随后延伸到了饲料加工、禽畜养殖、杂交构树生物产品开发等产业链环节，努力打造各自全链式的杂交构树产业基地。在这个过程中，有一些龙头型企业在前期试点过程中产业表现突出，引起了社会各界广泛关注，成为标杆和典型，国务院扶贫办等有关部门还曾选定其中一些优秀代表，召开过产业发展全国现场会。不过，他们作为新产业的龙头型试点企业，面临着产业链衔接中的一些问题，尤其面临国家耕地保护红线禁令，导致全国耕地种植面积快速萎缩，另外市场消费端也没有形成特定售卖份额，由此最初的龙头企业受到严重冲击，许多企业在这个过程中破产倒闭或者苟延残喘。

比如，广西的某试点企业，2016年投资建厂，先后投入资金1亿元，其中银行贷款4000万元。该企业从投资之初，便进行杂交构树全链式产业园模式打造，该园区集“育苗、种植、饲料加工、生猪养殖、猪肉销售”于一体，其优点在于，规模化种养殖有助于品牌打造，闭环式全产业链便于管理，猪肉品质保障使其获得更高的产品附加值。然而龙头企业的全产业链模式投入大，风险环节多，对种养技术和管理能力有很高要求。最后，该企业无法应对当地猪肉市场的低成本竞争，且对突如其来的非洲猪瘟防疫措施应对不足。2019年5月，该公司杂交构树养殖存栏量达到最高峰的1.8万头，6月份突然爆发非洲猪瘟，该公司被迫将所有肉猪紧急屠宰，放冷库冷藏。2020年下半年，受生猪价格周期下行和价格低迷影响，该公司持续处于亏损状态。非洲猪瘟疫情之后，该公司升级改造为机械化、标准化的流食饲料喂养方式。由于杂交构树饲料标准化程度不够，大规模饲喂对原料灭菌有技术要求，而现有设备难以达到，于是停止了杂交构树饲料的添加喂养，该企业就此主动停止了杂交构树的收割、收储和饲料加工。截至2021年下半年，据该基地介绍，拥有存栏白猪8000多头，黑猪存栏300多头，均使用外购的标准化普通饲料。

龙头企业是产业发展的风向标和制高点，在2021年对6省（区、市）市杂交构树产业龙头企业走访中，大多处于运营不佳的状态。当然，全国也有一些成功典型案例，如河南周口一家大型肉猪养殖企业，采购杂交构树精加工饲料作为黑猪饲料成分之一，增加了肉类品质，打造出了自身品牌，成功向超市专柜、肉制品加工厂等实现产销对接。另外，也有其他一些运营成功的龙头型企业，近年来一直进行杂交构树产业的研发和产业推动。由于这些企业并未纳入2021年项目评价调研范围，这里不作详述。此外，还有一些小的民营企业，在杂交构树产业领域以低投入成本、高市场回报方式，获得了成功。

## （二）产业知名品牌缺失

客观来讲，早期进入杂交构树产业的龙头企业通常在建筑建材、地产开发、制造加工等领域都有着丰富的管理经验和市场营销经验，对于产业和产品有着较强的品牌意识。不过，对于杂交构树产品的市场表现来说，目前尚未看到具有相当市场规模和知名度的品牌体系。

杂交构树龙头企业注重品牌打造。比如，安徽六安的宝楮生态农业科技公司，2018年成立安徽省院士工作站，与中国工程院印遇龙院士团队共同完成发明和使用新型专利31项，构建了以杂交构树为核心的“生物饲料—畜牧养殖—生态有机肥—循环种植”生态循环产业链。该公司还进一步注册了“大别山构香”商标，致力于开发大别山的生态有机农产品，并曾在六安、合肥、上海等城市设立运营“大别山构香”生态农产品直营店。

2017年，山东菏泽牡丹区高庄镇贾楼村将2640亩耕地流转租赁给中植构树（菏泽）生态农牧公司，该基地拥有全国顶尖的科研队伍，与中科院植物研究所匡廷云院士团队保持合作关系，挂牌成立“中国科学院植物研究所杂交构树产业基地”。该公司在杂交构树的常规遗传育种、分子改良等领域有着深入研究。通过市场化运作，在黄河冲积平原滩区全新探索杂交构树的“林—料—畜”产业化发展道路，该公司为此注册了“快活林”商标用于苗木销售。2021年10月，调研组前往基地现场走访，发现种植基地已经全部退耕还林，厂区尚有

500万棵杂交构树组培幼苗滞销待售。

河北邯郸魏县的林盛公司，作为种植、加工、养殖一体化企业，致力于品牌设计，注册了“贤和”商标品牌，致力于青贮发酵饲料、发酵细粉混合饲料、颗粒全价饲料。此外，公司还投入大量资金和精力开发杂交构树系列功能性产品，包括构树茶、构树鸡蛋、构树芽菜、构树面条、构树猪肉、构树月饼、构树酒等十几种农副产品，以及构树食用片、构树精油、皮肤病构树喷剂、纯天然纯绿色构树食品添加剂等药用深加工产品。这些产品中，大部分都处于实验阶段，尚未能规模化进入市场。

## （三）行业规范和标准有待完善

杂交构树产业发展过程中，行业标准从一开始就是一个众人关注话题，在饲料加工和喂养环节，科研界和实业界进行过很多研究，并推出过系列行业标准。2019年2月至2020年5月，国务院扶贫办委托中国农业大学研究并发布了《构树青贮技术规程》《构树干草调制技术规程》《构树青贮质量分级》《构树干草质量分级》《构树饲用技术规程肉牛》及奶牛、肉羊、草鱼、鸡、鸭、鹅、驴、兔等共计14个技术团体标准。2020年12月，北京生物饲料产业技术创新战略联盟研究发布了《饲料原料发酵构树》团体标准。截至2022年，先后发布了21个团体标准，这些标准的出台有助于行业规范和健康发展，有助于地方政府更好地指导企业和农户发展，打通产业发展中技术环节的“最后一公里”。

杂交构树饲料喂养畜禽品质的检测报告，是科研机构和各个试点企业都在着手开展的一项基础工作。比如，河北林盛公司将杂交构树鸡蛋分为孕妇蛋、儿童蛋、老年蛋、普通蛋等种类，区分了价格。孕妇蛋一枚售价10元，儿童蛋和老年蛋一枚售价5元，普通蛋一枚售价1.5元。华测公司出具了检测报告，尤其是DHA含量远高于普通鸡蛋营养成分。再比如，2019年11月，安徽宝楮生态农业科技公司委托第三方专业检测机构谱尼测试公司，对生产的主营畜禽产品进行了抽样检测，所有产品重金属、农药残留、抗生素等有害物均未检出，检测结果表明，该畜禽产品的营养保健价值远远优于一般同类产品。安徽六安裕华区的华好奶牛场，技术人员通过杂交构树青贮料进行奶牛饲喂，最高可以配到25%的杂交构树饲料，他们发现每天奶牛可以增加15～20斤产奶量，其奶品中含菌量下降，牛体免疫力增强。2020年，华好的牛奶认证为优质奶，普通200克每袋的牛奶市场售价4.9元，比普通牛奶多卖1.8元。

多个试点企业调研发现，几乎每个杂交构树试点企业都进行过科学检测和鉴定。不过尽管有书面鉴定证书，但是对于市场终端的蛋、奶、肉产品，其品质是否得到足够保障，包括杂交构树饲料喂养的畜禽，多少饲料比重以及何种饲喂条件和环境，能称之为构树产品，目前并无行业的统一的规范和标准，也缺乏行业协会对养殖企业产品质量第三方权威性的认定和背书。这也造成了杂交构树的产品难以辨别和区分，在一些养殖企业所在地区，杂交构树饲料喂养的猪肉和鸡肉在当地市场就近销售，只能销售给熟人群体和长期客户，虽然与普通蛋肉产品相比有一定溢价，但其市场地位并不稳固，也很难外向拓展。整个行业市场缺乏终端规范和标准，最终往往会陷入“王婆卖瓜，自卖自夸”的境地，掣肘整个行业的进一步健康发展。

## 第三节　经营管理风险

经营管理风险，在本节中主要体现为企业内部运营管理方面的风险。现代化的企业经营，既需要人、财、物、机械厂房、原料供应、物流运输等硬件条件，也需要技术、理念、政策、组织文化、商协会服务等软性条件支撑。基于全国6省（区、市）一线调研走访经验，现将杂交构树经营管理方面的风险总结概况如下。

### 一、机械装备等硬件设施缺位风险

杂交构树作为一个新兴产业，面临着产业链发展中从无到有的诸多问题和挑战，其中直接的挑战就是机械装备问题。对于早期的规模化企业来说，杂交构树的种植、养殖上升到一定规模，必须依托机械化完成。杂交构树的枝条长到1.2~1.5米时，需要在短时间内完成全部收割，每年根据地区和气候条件不同，通常在3~5茬。此时收割机器需要与杂家构树的生长特性相匹配。有些企业反映，一些收割机不过关，咬合精细度不够，加之杂交构树根系浅，收割过程中很容易将苗木连根拔起，每年苗木损失率在10%左右。相对而言，青贮玉米的种植通过无人机喷洒除草剂除草，以及其全株的整体收割、粉碎及青贮方式，更为成熟简单。

杂交构树的枝叶大规模收割后，在短时间内进行加工粉碎处理，这些枝条既不能太嫩否则汁水比例过高，也不能太老否则会有更多纤维影响畜禽消化，同时这些枝叶也不能堆放停留太久，以避免发热变质。这对粉碎加工的机械设备提出了较高要求。比如，河北某家试点公司曾在调研时反映，青贮饲料粉碎加工过程中的技术障碍主要有：一是构树的树皮纤维比较长，粉碎有困难，容易堵塞粉碎机填料口；二是养殖户反映青贮饲料饲喂拌料时容易堵塞拌料出口；三是枝条过长会有一定木质化现象，饲喂猪羊后有一定剩余，养殖户不易接受，觉得浪费了成本。

再比如，河南周口一家养殖公司对于自身种植的杂交构树，曾尝试通过中小型粉碎机进行饲料加工和打包发酵，但由于粉碎机加工能力有限，无法将其纤维完全打碎，猪吃了无法很好消化。而购买一台大型粉碎机需要100多万元，最后该公司从自身企业规模、成本和市场定位出发，决定与杂交构树饲料加工企业合作。最终，饲料加工企业定期前来该养殖场的种植基地进行原料收割，然后拉回饲料场进行干粉精料加工，而养殖企业每年定量采购对方加工好的多种型号杂交构树青贮饲料、干粉全价饲料。

在饲料生产环节，企业发展初期通常都经历过青贮饲料包装不严，或者水分比例掌握不当的情况，在一些规模较大的试点企业现场，时常能见到露天堆放的成批量青贮饲料包。其中相当一部分饲料是销售不出的长期库存，也有一些是发酵失败的试验品，其饲料价值已基本丧失。机械设备在干粉全价饲料中体现得更为充分，包括了烘干、粉碎、配比等环节，试点企业如果投入资金进行更大规模的标准化生产，又将面临养殖市场端能否承接和消化其过大产能的难题。

机械设备的支持同样也体现在大型养殖企业目前进行的固态或液态饲料喂养体系。正如上文所述的广西某养殖企业的大型养殖场饲喂系统，对饲料的灭菌、防疫等有着严格的硬性要求，对于杂交构树产业来说，需要经过试点企业充分的科研积累、技术试点和管理示范，以及研发出专业配套的装备机械，方能更好地在专业种植和养殖企业中进行推广应用。

## 二、产业人才及技术服务缺失风险

在试点企业中能够发现一个典型现象，杂交构树产业的投资人和创始人，经过多年发展，基本都把自己培养成了种苗专家、种植专家、养殖专家、饲料加工专家，完成了一个由投资人向全能型特色种养人才的转变。这个过程既是产业所需，更是情势所迫。因为这个产业链条较长，且属于新兴产业，没有现成行业人才队伍的积累，且技术和装备体系还不够稳定，需要这些试点企业进行大量相对独立的研发、创新和试错。

能够发展至今尚存的试点企业，大多与杂交构树产业技术源头中科院植物所以及杂交构树新品种的研发科技人员有着直接技术联系，从而能够得到较为充分的技术指导。这也侧面印证了该产业的发展和持续，需要经营者有直接的技术指导路径，并成为产业发展的行家里手。否则在种苗、种植、饲料加工、畜禽养殖等多个环节，任何一个环节迈不出去，就会倒在产业探索的中途。

比如，安徽六安的华好奶牛场对用于杂交构树饲料喂养奶牛进行了一系列研发，成为产业发展的一个优秀典型，在使用杂交构树饲料规模化喂养奶牛方面，他们是国内为数不多的试点企业之一。该企业对杂交构树种养一体化做了大量科研性、原创性试验工作。针对大田杂交构树种植的除草难题，他们研发出专用除草机械并获得专利。华好公司为了加强饲料研发，与安徽农业大学专家合作，成立了杂交构树研究院，设立课题，建立饲料营养数据库，选择精准配方，解决枝条木质化、粉碎水分过大等问题。他们刚开始研发青贮饲料时，由于水分过大密封问题没解决，造成100多吨饲料鼓包变质，最后公司尝试添加5%的秸秆解决了问题。华好奶牛场通过艰辛和不懈的探索，建立了自身的杂交构树产业种养技术体系，其饲养的奶牛所产的牛乳品质有着明显提升，市场售价也高于一般牛乳。然而，人算不如天算，2020年7月中旬，安徽连下暴雨，六安地区作为一个主要的泄洪区，内涝1个月，杂交构树种植地淹了20多天，最高水位时1米高苗木只剩下顶梢，该公司1600亩杂交构树地全部被淹。目前，华好公司只剩下奶牛场内部试验田1亩杂交构树地。2022年下半年，通过电话访谈了解到，该企业目前在自己的种植基地耕种了苜蓿、燕麦、青贮玉米等饲料作物，对于杂交构树的政策及市场前景，尚处于观望状态。

在技术服务领域，试点龙头型企业主要依托中科院植物所以及各地农林大学等专业科研机构，进行种苗培育、饲料加工、禽畜饲喂等方面的技术积累和经验提升，这些企业通常都能够找到业内植物学家、饲料专家以及院士级科学家进行技术指导或联合成立实验机构。但从行业整体情况来看，这些技术路径缺乏共享、协同机制，让个体企业付出了过多的行业科研性成本和精力，从而过早枯竭了一些企业的有限资源，限制了其进一步扩大产业和开辟市场终端的潜在可能。

如何对抗技术风险和市场风险？小成本投入和持续稳妥的资金投入，不失为一个现实的理智选择。比如，重庆云阳的东水蓝农业公司，企业创始人多年从事医药领域市场销售工作，2017年回到重庆云阳老家创业，先后投入自有资金1000余万元。经过4年多运营，从最初杂交构树产业小范围试种试养，发展到规模化开荒种植300亩、存栏500头猪，2022年扩产存栏1000头猪，产业规模由小到大，能够实现投入资金快速回流。目前，其产品主要供给云阳县周边县市以及北京的订单客户群体，其杂交构树产品宁缺毋滥，由少及多，呈现出了供不应求的市场局面。

## 三、 行业协会服务功能缺失风险

从一线调研案例可以看到，目前仍在正常运行的试点企业的技术支持，主要来自北京及各地方的农林科研院所。其中，不少企业与杂交构树的新品种发明人沈世华教授保持了密切联系，从而保持了核心技术及种养经验的交流互通。不过，从该产业发展的整体情况来看，国内并未形成更成体系的专业服务指导平台或行业性协会组织。杂交构树产业在近20年的发展历程中，曾出现过伪劣扦插苗大肆售卖、种苗价格大跌大涨、杂交构树终端产品品质不稳定等乱象。在这个过程中，也伴随了大大小小很多试点企业的倒闭，以及一些小型家庭农场对该产业的放弃。如果有杂交构树行业协会及其服务体系的存在，必然能够给这些企业在前期探索过程中提供更多的助益。

对杂交构树产业而言，其最大的风险和挑战在于如何构建行业的市场价值体系。这具体又可分为两个层面：一是个体企业所打造的产品品牌体系；二是广大消费者对于杂交构树产业如何形成行业形象及品牌认知。对于后者而言，必须要有地方政府，行业商、协会等机构共同发力，方能达到预期效果，这个作用绝非个体企业一己之力可为。

当前，杂交构树产业协会组织服务的缺失主要体现在以下三个方面。其一，地方政府作用发挥缺失，有待行业协会组织推动。对于目前市场尚存的杂交构树试点企业，地方政府应积极支持其申报地理标志，完成生态有机产品认证等，改变当前该产业地理标志及地方特色品牌空白状态。否则杂交构树产业发展就会如同逆水行舟，一些地方多年产业积累很快将荡然无存。其二，杂交构树产品缺乏权威的品质检测和鉴定。目前杂交构树行业领域，需要有相对独立、拥有良好声誉的第三方行业协会等机构，对杂交构树产品进行检测和鉴定，制定相关产品的质量标准，避免杂交构树产品出现鱼龙混杂和劣币驱逐良币的现象。其三，目前杂交构树产品市场，缺乏终端消费市场对接和引介。行业协会组织出面，才能够为行业争取更好的政策性资源和战略发展空间，如争取杂交构树种养一体产业规模化产业试点，将杂交构树纳入饲草规划重点产业清单，推动其产品由政府单位、企事业单位食堂等大客户群体优先采购等。

总体来说，杂交构树产业发展至今，最大的缺失和挑战在于行业协会平台的缺失。其平台拥有四大功能，一是行业健康有序发展的组织协调功能。只有行业平台才能够将杂交构树产业现有的优秀企业、科研机构、政府机构整合，制定并分享全产业链技术标准和操作规程，编制杂交构树产业化系列技术指南和操作手册，完成技术人员和产业工人的队伍建设和技术培训，充分调动地方科研教育机构和县级农林牧管理站的技术力量，做好“最后一公里”的指导和服务等。二是科技研发功能。行业平台机构能协同国内外相关科研力量，组织开展重大难题突破和产业化集成技术开发，重点研究构树基因资源挖掘与利用，培育适合不同地区和不同用途的专用新品种，实现该产业生物技术的升级换代储备，比如解决杂交构树在我国北部和西部中温带地区的抗寒问题。三是杂交构树产业信息平台功能。通过提供公共服务的商协会组织，做好产前、产中、产后数据信息收集和追踪、回馈，建立杂交构树科技、产业、政策信息发布和服务平台，为各级政府、企业、从业人员及大众提供权威、全面、系统的产业资讯，指导杂交构树产业扶贫健康快速发展，加强行业企业之间的信息互通和交流等。四是完成市场终端的产品对接功能。商、协会的平台组织，可以协同龙头企业打造集杂交构树培育、种植、加工、终端产品销售为一体的杂交构树全产业链特色产业集群，并帮助乡村广大中小农户参与到产业链整体发展之中，从而使其成为推进和实现乡村振兴、美丽中国、健康中国等国家战略的重要引擎。

第六章 CHAPTER 6

# 杂交构树产业面临的挑战与促进举措

杂交构树优良的生物特性和功能优势，决定了以杂交构树多功能开发利用为主旨的杂交构树产业具有广阔的发展前景。以杂交构树为饲料原料新来源的杂交构树生态养殖产业，在由国务院扶贫办（现国家乡村振兴局）组织实施的构树扶贫工程中取得的可喜进展，就充分证明了这一点。

然而，各地的实践也告诉我们，要进一步促进我国杂交构树产业的大发展，仍然面临着许多挑战，必须从多个方面积极采取应对举措。

## 第一节　杂交构树产业发展面临的挑战

### 一、土地利用问题：缺乏杂交构树种植稳定可靠的用地保障

#### （一）饲用耕地利用政策不够明确

种植业的前提是用地保障。鉴于我国耕地水肥条件相对较好，而且土地相对平整、适于机械化耕作，有利于提高产量、降低成本，国务院原扶贫办组织实施并得到相关地方政府支持配合的杂交构树扶贫工程试点的多数项目，尤其是投入大、种植面积大的项目都是利用耕地。从实际效果看也确实不错。但是，正当各地种植杂交构树的积极性逐步高涨的时候，自然资源部和农业农村部2019年1月3日印发《关于加强和改进永久基本农田保护工作的通知》（自然资规〔2019〕1号），文件规定“永久基本农田不得种植杨树、桉树、构树等林木”，地方政府误将“构树扶贫工程”中使用的“杂交构树”当成“构树”，一时间，除极少数县市外，凡是在农地上种植的杂交构树纷纷被砍伐殆尽，导致刚刚兴起的许多杂交构树养殖产业因失去饲料原料来源而被迫下马。后来，虽然国务院扶贫办、自然资源部和农业农村部于2019年11月8日印发《关于构树扶贫试点工作指导意见的补充通知》（国开办发〔2019〕18号），给杂交构树在一般耕地上的种植开了一个口子，但还是没有明确作为饲料原料种植的

杂交构树可以享受苜蓿等饲料用地的同等政策，加之受前述1号文件“明令禁止”的影响，导致许多杂交构树种植企业仍然担心用地政策不够明确稳定而裹足不前，杂交构树产业发展仍然因不能享受其他饲料用地的同等政策而严重受阻。

### （二）林地饲用政策还不够配套

多年来，我国林业主管部门为发展木本粮油和森林食品出台了许多扶持政策并取得显著成绩，在发展杂交构树等木本饲料方面也做出了不少努力，并取得一定进展。2019年2月14日，国家林业和草原局还印发了《关于促进林草产业高质量发展的指导意见》，将木本饲料列入推动经济林提质增效的示范基地建设范围。但是，迄今为止，还未见国家林业和草原局关于合理利用部分适宜林地发展杂交构树饲料原料林的配套政策出台，致使杂交构树饲料原料林的种植在林地利用上还处于政策不配套、发展较迟缓的状态。

### （三）边际土地利用处于政策模糊地带

我国有大量边际土地适宜种植杂交构树，把这些边际土地利用起来发展杂交构树产业，对于有效解决“人畜争地”问题的意义不言自明。同时，受边际土地地形地貌、土壤肥力、灌溉能力等方面的制约，在边际土地上种植杂交构树也带来产能下降、劳动力成本提高等一系列问题。因此，政府和相关部门应对在边际土地上种植杂交构树的企业和农户给予鼓励和扶持。但是，这些边际土地往往分属于不同部门管理，又常常出现有的支持、有的反对、有的不予理会的“模糊状态”，使得一些企业和农户无所适从。

### （四）沙化土地和盐碱地利用缺乏鼓励措施

实践证明，杂交构树在气候条件适宜的部分荒漠化、石漠化、沙化地区和轻度盐碱地也可以种植，只是其难度更大、成本更高、经济效益更差。但是其对于我国荒漠化、石漠化、沙化和盐碱化治理带来的生态效益却是其他工程措施所无法比拟的。令人遗憾的是，到目前为止，对荒漠化、石漠化、沙化和盐碱化治理均有明确的扶持政策，而对于利用荒漠化、石漠化、沙化土地和盐碱地种植杂交构树的鼓励和扶持措施却很少。

## 二、技术标准问题：全面适应产业发展的研究成果和技术标准不足

### （一）杂交构树饲料化应用的研究成果和技术标准亟待完善

发展杂交构树产业是挖掘利用杂交构树价值的过程。在实施构树扶贫工程期间，瞄准的只是杂交构树的饲料价值，单纯从杂交构树饲料适用性的角度进行研判。因此，虽然已有涵盖种苗繁育、种植、饲料加工、养殖的团体标准，但作为产业应用核心的饲料标准在实用性方面存在一定的缺陷。具体体现在：

第一，缺乏大样本检验和整体解决方案。符合养殖用户需求的杂交构树饲料，在产品开发、加工工艺、质量体系上，还不够成熟、完善、实用。目前，多以送检样本检测数据和相关理论值为依据，未经大样本检验，因而从总体上看，显得不够真实可靠，也缺乏整体解决方案。

第二，缺乏直接用于饲喂和做全价饲料原料的标准和规范。目前构树饲料多以青贮、湿粉为主，鲜有其他形式，无法满足下游养殖业的需求。仅就青贮而言，无论在直接用于饲喂上，还是在做全价饲料原料上都还缺乏标准和规范。如，在用于直接饲喂上，既缺乏对木本饲料的木质化程度提出要求，又缺乏对粉碎的颗粒度、添加剂、发酵环境、储存、运输、设备等作出规范；在作为原料用途上，既缺少有针对性的产品设计及质量标准，还缺乏二次粉碎、烘干专用设备、加工工艺的操作规范等。

### （二）缺乏杂交构树饲用以外相关产业标准和市场许可

杂交构树源自我国的乡土树种——构树。根据中医药传统典籍的记载和论述，构树的根、茎、叶、果均有药用价值，在民间也多见食用构树树叶、花蕊的传统，构树树皮造纸更是广为流传。构树扶贫工程实施这几年，不同地区利用树叶开发的食品和保健品，形式多样，种类繁多，但是均因缺乏相关标准而经不起推敲，得不到市场的认可。譬如：

食品。根据国家相关规定，要获得食品经营许可，须首先解决药食同源问

题，并获得“新资源食品”论证，在此基础上科学制定食品行业的应用标准，这样才能合法合规地进入市场。但是，到目前为止，以杂交构树为原料的各类食品既未取得国家相关部门颁发的“药食同源植物”证书，也未通过“新资源食品”论证。因此，无论作为食品，还是作为食品添加剂，均存在行规风险。

保健品。同食品一样，国家对保健食品、保健化妆品、保健药品等的生产经营均有明确规定，在没有获得行业主管部门颁发的“保健品生产经营许可证”之前，都不允许生产销售。目前为止，国家只将构树皮提取物（02574）、构树提取物（02575）、构树果提取物（02753）等列入《化妆品原料目录》，其他以杂交构树为原料的各类保健品如构树茶、构树菜、构树饮料、构树酒等，未取得国家相关部门颁发的“保健品生产经营许可证”，其经营也属违法违规行为。

医药品。国家对药品的管理有着比食品和保健品都更加严格的规定。但是，到目前为止以杂交构树为原料的各类医药产品均未取得国家相关部门颁发的“药品生产经营许可证”，因而均无法投入生产经营。

## 三、资金投入问题：缺乏构建完整杂交构树产业链和实施大规模生产经营的资金支持

### （一）缺乏持续性财政支持

早期参与杂交构树产业开发的企业，因扶贫政策的改变缺乏继续投资的热情。构树扶贫工程试点期间，因为有国家和地方政府的相关文件，既有政策指导，又有政府资金支持。但是，国家扶贫政策均有一定的期限，随着时间的推移，这类企业的投资热情明显降低，甚至终止投资。

### （二）缺乏进行大规模生产经营的资金后援

从实际情况看，目前仍在继续从事杂交构树产业生产经营的企业，都是经过自身连续几年的实践深切感受到“杂交构树确实是个好东西”“杂交构树产业确实是个好产业”，因而对发展杂交构树产业寄予厚望、充满信心、自立自强的实干型企业。但是，大都规模不大、收益不高，除了可以在现有基础上逐步

增加投入、扩大生产经营规模外，还不具备在短时间内构建完整、高效、可资大范围推广的杂交构树产业链和大规模扩大再生产的实力。

### （三）缺乏大额度金融市场资本

新的社会资本缺乏以大额度资金投入杂交构树产业发展的决策依据和充分理由。

杂交构树产业处于起步阶段，未能形成具有广泛社会影响力的先进企业样板，加上受新冠疫情影响，原有构树扶贫产业项目和模式多数受损。加之当下仍在坚持生产经营的一些企业又因规模小、收益低，没有打造完整、高效、可供推广的杂交构树产业链，难以体现杂交构树产业发展价值等现实情况，而仍在坚持发展杂交构树产业的一些实干企业的成功经验和做法又没有得到应有的宣传推广，使得原本具有广阔发展前景的杂交构树产业至今仍缺乏对新资本的说服力和吸引力。因此，对于新的社会资本而言，目前仍然缺乏以大额度资金投入杂交构树产业大规模发展的决策依据和充分理由。

## 四、区域选择问题：缺乏对杂交构树产业发展必备条件的科学认知

农业种植业和养殖业均需要因地制宜，相关产业发展需要考虑上下游的有效衔接，相关产品的生产经营需要研究成本和市场。因此农业产业的发展在区域选择上须综合考量各种必备条件，杂交构树产业的发展也不例外。

但是，迄今为止我们在杂交构树产业发展的区域选择上仍然缺乏对必备条件的科学认知，而存在很大的盲目性。其具体表现在：

### （一）种植区域没有充分考虑自然条件以外的其他因素

适宜杂交构树生长的自然条件虽然重要，但也只是杂交构树种植区域选择的一个必要条件，而不是充分条件。这是因为在我们对杂交构树种植进行区域选择时，除了自然条件外，还必须充分考虑当地的其他多重因素。包括地形地貌是否适宜机械化作业，劳动力供应能力能否满足杂交构树种植采收的需求，杂交构树种植下游产业的承接能力如何，与杂交构树种植相配套的其他资

源是否具备等。

### (二)饲料养殖区域没有充分考虑成本效益综合因素

在杂交构树饲料养殖的区域选择上，没有综合考虑同时满足提高产品质量与降低生产成本的需求。其主要表现是没有正确处理好提高产品质量与降低生产成本的关系。有些企业为了提高产品质量，常常把生产成本置于脑后，而优先选择能够提供生态环境好的优质土地区域，既能生产杂交构树饲料原料，又可以用于基础设施建设，哪怕其土地租金和原料价格再高、运输距离再远也在所不惜。有些企业则为了降低生产成本，常常把提高产品质量置于脑后，更不考虑其是否具有种养结合以及产品深加工的潜力和能力，而优先选择可以买到扦插苗等劣质低价种苗，又可以找到素质较低、报酬较少的管理及务工人员的区域。殊不知种苗的质量以及管理、务工人员的素质正是提高产品质量、降低生产成本的关键因素。

## 五、市场行为问题：缺乏行之有效的管理规范

构树扶贫工程实施期间，尽管在政策指导下，能够在一定程度上约束和影响杂交构树种植环节对品种、种苗的选择，但也不乏假冒伪劣行为，其中以扦插苗排斥组培苗的现象尤为严重。直到国务院扶贫办通过文件的形式召开多次会议反复强调“必须用组培苗”后，此类现象才有所好转。构树扶贫工程告一段落后，杂交构树产业相关交易变成纯市场行为，没有了政府文件规定的约束，规范管理的难度更大。存在这种现象的主要原因是缺乏针对杂交构树产业这一新兴产业特点的相关规范和市场监管。此外，迄今为止全国范围内还没有成立统一的行业组织，缺乏行业自身的行为规范也是一个重要因素。

## 六、典型引路问题：缺乏可以广泛推广的成功案例

从构树扶贫工程试点的实际情况看，从2015年国务院扶贫办出台相关指导意见开始，到2020年全国扶贫攻坚工作圆满结束，构树扶贫工程在全国200多个县累计种植杂交构树100余万亩，在促进杂交构树饲料加工和相关畜禽水

产养殖产业发展、带动当地贫困户就地就业创业和脱贫致富奔小康，发挥了积极的作用。特别值得称道的是，在构树扶贫工程实施过程中发展起来的杂交构树生态养殖产业取得的可喜进展，尤其是对于长期以来我国养殖行业面临的蛋白饲料供应紧张、食品安全堪忧、环境污染严重三大瓶颈制约的初步破解，让越来越多的人对这个新兴产业的发展前景充满了希望。但是，由于产业发展缺乏整体规划，产业布局分散，参与企业大都规模小、技术含量低，饲料品种多为青贮，应用范围相对狭窄，养殖种类单一，产量有限，养殖过程多为"摸着石头过河"。加之期间受到相关部门"用地政策"影响，一些投资规模较大的先锋企业未形成完整有效的产业链，商业和盈利模式便陷入中断、"停摆"状态，仅存少数企业持续经营，但也因种种因素未能形成可以广泛推广的成功案例。

## 七、社会认知问题：缺乏权威有效的舆论宣传

杂交构树产业是作为国家构树扶贫工程的主导产业逐步形成和发展起来的。自诞生以来，这个产业一直以扶贫为主题，各项工作主要靠国家扶贫政策推动，而且主要通过文件和会议的形式进行传播推广，很少通过大众传媒开展舆论宣传，即使在一些时间节点上进行舆论宣传，也只是突出扶贫主题（包括扶贫经验和扶贫成果等），很少涉及杂交构树产业本身的价值及发展前景。加之宣传手段单一，宣传范围又往往局限于扶贫工作系统内部和构树扶贫工程试点区域。到目前为止杂交构树产业的社会认知度和国家相关部门的重视程度仍然不高，不少社会公众不知道杂交构树为何物，更不知道杂交构树产业作为一个新兴产业对于促进我国经济社会发展具有怎样的作用。

# 第二节 杂交构树产业高质量发展的促进举措

## 一、在国家战略实施上，充分认识杂交构树产业的角色定位

### （一）在实施“五位一体”总体布局中，杂交构树产业是生态文明建设的重要参与者

把生态文明建设纳入“五位一体”总体布局，是党的十八大作出的重大战略决策。根据党的十八大关于生态文明建设的这一重大部署，大力加强生态环境治理，从源头上缓解“资源约束趋紧、环境污染严重、生态系统退化”的严峻形势，成为我国生态文明建设重大而紧迫的战略任务。以杂交构树种植为源头的杂交构树生态产业，恰因杂交构树固有的耐干旱、耐贫瘠、耐盐碱等生物特性成为我国生态文明建设的重要参与者，在生态环境治理中发挥着重要作用。

一是促进生态治理。我国是全球荒漠化、石漠化、盐渍化和水土流失最为严重的国家之一，尤其是西南、西北一些地区，大都土地贫瘠、干旱缺水，自然基础薄弱，有的还属于严重荒漠化、石漠化和盐渍化区域。在这些地区通过发展杂交构树饲料生态养殖，种植杂交构树，无疑可以助推这一问题的解决。前些年国家“构树扶贫工程”在西南等地的实施就表明，通过发展杂交构树生态养殖产业实施生态扶贫和生态治理，不仅可以为脱贫摘帽作出积极贡献，还可以为当地生态系统的保护修复提供有效解决方案。

二是促进污染防治。首先，用杂交构树饲料喂养畜禽的粪便可以通过厌氧发酵加工成有机肥，或用于沼气发电，这对于从根本上解决长期以来严重困扰我国畜禽养殖业发展三大难题之一的“环境污染”而言，无疑是一条有效途径。其次，杂交构树具有极强的释氧固氮、吸附二氧化硫、滞留烟尘、富集转移多种重金属、减少雾霾和酸雨生成等污染防治功能。在杂交构树产业发展中贯彻种植大面积杂交构树饲料原料林对于打赢污染防治攻坚战的作用也

不容小觑。

三是促进矿山废弃地植被恢复重建。鉴于长期以来我国因矿山开采形成的露天采矿场、排土场、尾矿场、塌陷区以及受重金属污染而失去经济利用价值的土地成为矿山废弃地，对生态环境造成严重破坏。矿山废弃地植被恢复重建越来越受到国家的重视，适宜树种的选择则成为关键一环。相关机构在河北省唐山市迁安市、福建省三明市大田县等废弃矿山迹地进行的人工造林试验表明，杂交构树不仅适宜在矿山迹地生长，而且具有很好的森林自肥效果，完全可以作为矿山废弃地植被恢复重建的首选树种。

### （二）在实施乡村振兴战略中，杂交构树产业是实现“产业兴旺”的重要推动者

党的十九大提出实施乡村振兴战略，是以习近平同志为核心的党中央着眼党和国家事业全局，对“三农”工作作出的重大决策部署。

2018年9月中共中央、国务院印发的《乡村振兴战略规划（2018—2022年）》明确提出乡村振兴的总要求是“产业兴旺、生态宜居、乡风文明、治理有效、生活富裕”，同时特别强调“乡村振兴，产业兴旺是重点”。而这里说的产业，指的就是根植于乡村大地、造福于城乡居民，既要绿水青山又要金山银山的生态产业，也就是生态农牧业。

为更好地贯彻落实中共中央、国务院印发的《乡村振兴战略规划（2018—2022年）》，特别是为推动乡村产业振兴，农业农村部又于2020年7月印发了《全国乡村产业发展规划（2020—2025年）》。提出要发掘乡村功能价值，强化创新引领，突出集群成链，培育发展新动能，聚集资源要素，加快发展乡村产业，为农业农村现代化和乡村全面振兴奠定坚实基础。

在全国上下全面实施乡村振兴战略的大背景下，在条件适宜的更大农村大力发展杂交构树产业，尤其是以杂交构树为饲料原料新来源的杂交构树养殖产业，不仅可以为发展农村经济、增加农民收入作出重要贡献，还可因其经济效益、社会效益和生态效益兼顾的良好表现。对于推动乡村产业的发展发挥积极的作用。

## （三）在实施粮食安全战略中，杂交构树产业是构建多元化食品供应体系的重要贡献者

实施粮食安全战略的关键，就在于树立大食物观，构建多元化食物供给体系，更好地满足人民群众食物多样化的需求。

多年来，为构建多元化食物供给体系，国家有关部门和科技工作者做出了不懈的努力，并取得可喜的成绩。但是，由于畜禽水产行业饲料（尤其是蛋白饲料）供应长期处于"卡脖子"状态，使得这一体系的构建一直没有得到很好解决。以杂交构树为饲料原料新来源的杂交构树生态养殖产业的发展及其在构树扶贫工程试点中的良好表现，则为我国从根本上改变这一"卡脖子"状态、有效构建多元化食品供应体系开辟了一条全新的路径，作出了重要的贡献。

对比试验的相关数据显示：杂交构树粗蛋白饲料在猪、牛、羊、鸡、鸭、鹅等畜禽养殖和鱼、虾、蟹、小龙虾等水产养殖中的应用，已经初步呈现出"一升两降三增"的良好态势。即：提升肉类品质，降低抗生素使用，降低饲养成本，增加蛋白含量，增加免疫力，增加养殖收益。

相关企业的实践表明，添加杂交构树粗蛋白饲料配置的全价饲料分别用于猪、牛、羊、鸡、鸭、鹅等畜禽养殖和鱼、虾、蟹、小龙虾等水产养殖。其产出的构树猪、构树牛、构树羊、构树奶、构树鸡、构树鱼、构树小龙虾等食物，无论产品的品质还是安全性能，均优于用其他饲料养殖的同类产品。

多地试点实验还表明：除饲用外，杂交构树的嫩叶可以作为蔬菜的新成员，热炒、凉拌、清蒸、干炸、做汤皆成美味；杂交构树枝条粉碎后做食用菌基料可以生产杏鲍菇等优质菌菇；杂交构树的树叶可以作为茶叶和功能饮料原料的新来源；杂交构树嫩枝嫩叶的汁液还可以作为制作米面、点心的辅料，增加面条、水饺以及各式糕点、小吃的新花样……

## （四）在实施创新驱动发展战略中，杂交构树产业是依靠科技创新驱动经济发展的重要践行者

实施创新驱动发展战略，是我们党放眼世界、立足全局、面向未来作出的重大决策。其核心意涵，一是强调中国的发展要靠科技创新驱动，二是强调创

新的目的是驱动发展。立足科技自主创新，促进科技成果转化为现实生产力，是其题中应有之义。

杂交构树产业就是充分运用我国科学家通过科技创新，自主培育、拥有完全知识产权的全球首个高蛋白、多用途杂交构树新品种“科构101”这项重要的科技成果发展起来的一个创新驱动型生态产业。

资料显示，杂交构树由我国典型的乡土先锋树种——野生构树演变而来。它不仅保持了野生构树生命力强、长得快等优良的遗传特性，还在生化成分、产量、品质、实用功能等方面获得显著提高。其具有的生物特性和多种功能，无论从检测结果还是从其在南北多地初步应用的实际效果看，均远远超出人们的预期，从而为我国杂交构树产业的发展提供了坚实的科学依据和实践基础。

杂交构树产业最大的特点和优点，就是依靠科技创新驱动。具体而言，就是立足当地实际，充分发挥杂交构树的生物特性和可开发利用的多种功能，促进科技成果转化为畜禽水产等行业的现实生产力，推动产业发展，为不断满足人民对美好生活的需求增添新的活力、拓展新的路径。

我们有理由相信，杂交构树产业作为依靠科技创新驱动经济发展重要践行者的成功实践，也将为我国其他产业的发展提供有益的借鉴。

## 二、在部门协同配合上，加大杂交构树产业发展的扶持力度

杂交构树产业发端于我国脱贫攻坚时期，集中于构树扶贫工程试点地区，同国家多个部门的职能都密切相关。只有从国家到地方各相关部门通力合作、协同加大杂交构树产业发展的扶持力度，才能取得成功。为此，提出如下建议。

### （一）做好规划布局

建议国家发展和改革委从国家战略层面做好杂交构树产业发展的顶层设计，制定《全国杂交构树产业发展规划》，明确区域布局。重点建设新疆南疆、滨海盐碱地杂交构树蛋白质饲草国家储备库，打造黄河中下游滩区杂交构树

种养结合基地，推进南方桉树林等杂交构树替代种植综合开发，并在相关重大项目立项等方面给予支持。

### （二）加大财政支持

建议财政部协同国家税务、金融管理等部门制定出台扶持和鼓励杂交构树产业发展的财政、税收和金融政策，并参照光伏产业基金扶持模式，研究设立杂交构树产业发展基金等扶持措施。

### （三）奖励成果转化

建议科技部从实施创新驱动发展战略的高度，将发展杂交构树产业作为国家创新驱动发展的重要方向。把相关科技“卡脖子”问题的研究列入“促进科技成果转化为现实生产力”的重大课题，并对相关重要成果给予奖励。

### （四）鼓励种养循环

建议生态环境部从实际出发，责成所属部门及时总结推广各地通过发展杂交构树产业，从根本上解决环境污染的企业和养殖户的成功经验。并将其列入种养循环、环境友好型养殖企业（养殖户）名单，以示鼓励。

### （五）稳定用地政策

建议农业农村部和自然资源部进一步明确可以用于杂交构树种植的土地范围，并出台相关扶持政策。包括：对在一般耕地中种植的杂交构树饲料原料林应视同饲料作物享受饲料用地政策，对在边际土地种植杂交构树饲料原料林制定允许用地范围和鼓励措施，对在低度盐碱地种植杂交构树的企业出台奖励政策等。

### （六）列入林草扶持政策

建议国家林业和草原局在不违反现有林草政策的前提下，对在条件适宜的森林、草原地区种植作为木本饲料原料来源的杂交构树林纳入经济林和退化草地改良范畴，享受与木本粮油和退化草地改良的同等政策。同时对在条件适宜地区种植的杂交构树列入生态治理和国土绿化行动优选树种，并对杂交构树在生态治理和国土绿化中的应用推广，从政策、资金等方面给予倾斜。

### （七）完善产业标准

建议国家标准委进一步加强同农业农村部、科技部、国家林草局等部门的密切配合，及时制定、发布我国当前和今后一个时期发展杂交构树产业的相关国家标准。

### （八）加大政府落地力度

建议条件适宜地区各级政府立足本地实际，制定本地杂交构树产业发展的中长期发展规划和近期目标计划，努力搭建产销对接平台，积极开拓产地和销售市场。鼓励支持有实力的龙头企业打造融杂交构树培育、种植、加工、终端产品销售为一体的杂交构树全产业链特色产业集群，成为推进和实现乡村振兴、美丽中国、健康中国等国家战略的重要引擎。

## 三、在科技研发推广上，强化杂交构树产业发展的协同攻关

### （一）加强杂交构树全产业链的协同攻关，进一步夯实科技基础

协调国内相关科研力量，加强联合攻关，系统开展重大难题突破和产业化高新技术开发：重点研究构树基因资源挖掘与利用，培育适合不同地区和不同用途的专用新品种，做好升级换代储备；研发杂交构树采收加工专用农机具，特别是适合于山区、丘陵地区的小型农机具；开发大规模生物菌酶发酵技术、干燥脱水加工等饲料加工和贮存工艺；解析杂交构树饲料养殖生产优质肉、蛋、奶的形成机理等。同时，布局杂交构树在食用、药用、造纸、工业原料、生态绿化等方面的综合应用开发，巩固杂交构树产业在精准扶贫中的成效和在乡村振兴中的牵引作用。

### （二）加强科技转化平台和技术服务网络建设

由政府主管部门主导，科研机构或产业联盟具体负责，建立杂交构树产业全链条大数据信息平台，做好产前、产中、产后数据信息收集和追踪、回馈；制定全产业链技术标准和操作规程，编制杂交构树产业化系列技术指南和操作手册，加强技术人员和产业工人的队伍建设和技术培训。充分调动地方科研教育机构和县级农林牧管理站的技术力量，做好“最后一公里”的指导和服务。

### （三）加强中科院对杂交构树产业发展的科技支撑

中科院作为国家战略科技力量，配合国家相关部门，协调国内相关科研力量，为推动杂交构树产业发展、服务全面脱贫和乡村振兴战略提供科技支撑。

## 四、在行业服务指导上：搭建杂交构树产业发展的交流平台

行业组织对于推动本行业产业发展的意义是不容置疑的。迄今为止我国杂交构树产业发展缓慢的现实情况就充分证明了这一点。

因此，为了推动杂交构树产业健康快速发展，要尽快把全国性的杂交构树产业协会或杂交构树产业联盟成立起来。行业组织成立后，就要切实担当起全行业服务指导的责任，建立起杂交构树科技、产业、政策信息发布和服务平台，及时公布相关信息，为各级政府、企业、从业人员及大众提供权威、全面、系统的产业资讯，指导杂交构树产业健康快速发展。要由政府主管部门主导，科研机构或产业联盟具体负责，建立杂交构树产业全链条大数据信息平台，做好产前、产中、产后数据信息收集和追踪、回馈。制定全产业链技术标准和操作规程，编制杂交构树产业化系列技术指南和操作手册，加强技术人员和产业工人的队伍建设和技术培训，充分调动地方科研教育机构和县级农林牧管理站的技术力量，做好"最后一公里"的指导和服务。要按照国家标准网平台上已发布的杂交构树饲料饲喂畜禽、水产等标准，为当地的畜牧养殖企业提供杂交构树饲料配比菜单，指导企业科学养殖。配合相关部门，加强市场建设，规范市场秩序，净化市场环境，促进杂交构树产业健康发展。

## 五、在行业品牌建设上，加强杂交构树相关产品的科学认定

品牌建设是行业发展的强劲动力和可靠保障，及时组织开展杂交构树系列产品的科学认定评定，是行业品牌建设不可或缺的重要环节。为此，提出如下建议。

### （一）成立行业协会，加大品牌建设

建议尽快成立由杂交构树产业领域内具有一定规模和影响力的相关企业

组成的全国性行业组织，根据全行业各个环节、各类产品的实际情况和发展需要，制定行业品牌建设规划和工作方案，并指定专人负责。在相关条件成熟时，要适时做好品牌建设的摸底调查和材料准备，并与国家品牌认定评定机构沟通协商，切实做好相关名、特、优、新产品的认定评定。

### （二）组织各方力量，获得更多产品认定

建议杂交构树产业领域全国性行业组织从适应全行业健康可持续发展的需要出发，切实抓好“生产经营许可”“质量管理论证”“国家高科技产业”各项资质授权的基础工作，为行业品牌建设创造有利条件。当前的重点是争取国家相关部门及时组织指导中立、公正、权威的认定机构，对杂交构树的生物特性和功能优势进行严格、客观、可检测的科学认定，同时对杂交构树的苗木、饲料、产品等进行及时客观公正的评定，并公布认定、评定结果，增强杂交构树产业及其产品的公信力。特别要对符合条件的杂交构树系列产品（包括新资源食品、药食同源食品等）及时组织技术认证和专家评审，公布产品目录，发放生产经营许可证。

### （三）强化企业实力打造，推进品牌建设

建议全行业所有企业（尤其是骨干企业）把品牌建设纳入企业管理的核心，把质量管理融入产业发展的各方面和全过程。切实把牢全产业链各个环节、各类产品的质量关，为本企业乃至全行业的品牌建设奠定坚实的基础。

## 六、在提高社会认知上，打造利于杂交构树产业发展的舆论

目前，社会认知程度不高，包括一些政府部门的重视程度不高，已经成为推动杂交构树产业进一步发展的严重制约因素。这种状况一定要尽快加以改变。

### （一）加大宣传力度

首先要做好杂交构树相关知识的普及，着力加大杂交构树产业、产品、科技、人物、知识、趣事等方面的宣传报道，让受众知道什么是杂交构树、杂交构树相较于野生构树的特点和优点是什么、杂交构树产业及其产品的优点和优

势何在。其次要宣传好杂交构树产业发展的意义，让受众懂得杂交构树饲料养殖产业的兴起是一场深刻的饲料革命，将为构建多元化的食物供应体系、满足人民美好生活的需求作出重要贡献。三是要总结宣传好杂交构树产业发展的重要进展和成功经验，通过先进典型和样板宣传，为各地相关企业提供参考借鉴。四是要宣传国家相关政策举措，增强从业者的信心，同时吸引更多社会资本参与。

### （二）拓宽传播媒体和渠道

要多媒体多渠道并举，中央媒体和地方媒体共同发力。要根据不同的宣传内容和宣传范围、传播对象，选择不同的报刊、电台、电视台等主流媒体以及网站、融媒体、自媒体等各种媒体和渠道。其中，涉及全国范围的国家重大政策、具有全国推广意义的先进典型和成功经验、值得全行业高度关注的方向性、战略性事项和问题报道等，要尽可能通过《人民日报》、新华社等主流媒体进行宣传。

### （三）活泼宣传方式

要灵活多样，以便于受众接受为前提。要注重宣传质量和效果，不能流于形式。要发挥全国性行业组织的引导和带动作用，必要时由行业组织出面，协调组织有实力的企业和知名专家在国家权威媒体开设杂交构树专网、专刊、专栏等或定期、不定期发布杂交构树相关信息。条件具备时，可以通过举办杂交构树职业院校、培训班、实训班、现场观摩、讲座、会议等进行经验交流、普及科学知识，传输技能技术。还可以通过对项目、团队、单位、集体、人物、成果等的选比评优、表彰奖励等活动，配以媒体宣传，增强社会影响力。

APPENDIX

# 附　件

## ●附件1

# 杂交构树适宜种植区帮扶县名单

| 适宜种植区 | | |
|---|---|---|
| **省（20）** | **市（152）** | **县（市、旗）（811）** |
| 安徽 | 安庆 | 潜山、太湖、宿松、望江、岳西 |
| | 蚌埠 | 怀远县 |
| | 亳州 | 谯城、涡阳、蒙城、利辛 |
| | 池州 | 石台县 |
| | 滁州 | 定远县 |
| | 阜阳 | 太和、颍泉、颍州、界首、临泉、阜南、颍上、颍东 |
| | 六安 | 金安、寿县、霍邱、金寨、裕安、舒城 |
| | 宿州 | 埇桥、砀山、萧县、灵璧、泗县 |
| 福建 | 福州 | 永泰县 |
| | 龙岩 | 武平、长汀、连城县 |
| | 南平 | 政和、松溪、光泽、浦城、顺昌 |
| | 宁德 | 周宁、寿宁、柘荣、屏南、古田、霞浦 |
| | 三明 | 宁化、建宁、明溪、清流、泰宁 |
| | 漳州 | 平和、诏安、云霄 |
| 甘肃 | 陇南 | 武都、成县、文县、宕昌、康县、西和、礼县、徽县、两当 |
| 广东 | 河源 | 紫金、东源、龙川、连平、和平 |
| | 揭阳 | 揭西 |
| | 梅州 | 丰顺、五华、大埔 |
| | 清远 | 清新、阳山、连山、连南 |
| | 汕尾 | 陆河县 |
| | 韶关 | 新丰、乳源 |
| 广西 | 百色 | 右江、田阳、德保、靖西、那坡、凌云、乐业、田林、西林、隆林、田东 |
| | 崇左 | 宁明、龙州、大新、天等 |

续表

| 适宜种植区 | | |
|---|---|---|
| 省(20) | 市(152) | 县(市、旗)(811) |
| | 防城港 | 上思县 |
| | 贵港 | 桂平 |
| | 桂林 | 灌阳、龙胜、资源 |
| | 河池 | 金城江、天峨、凤山、东兰、罗城、环江、巴马、都安、大化 |
| | 贺州 | 钟山、八步、昭平、富川 |
| | 来宾 | 武宣、忻城、金秀 |
| | 柳州 | 融安、融水、三江 |
| | 南宁 | 邕宁、隆安、马山、上林 |
| | 梧州 | 蒙山、苍梧、藤县 |
| | 玉林 | 博白、兴业、陆川 |
| 贵州 | 安顺 | 西秀、平坝、普定、镇宁、关岭、紫云 |
| | 毕节 | 七星关、金沙、大方、黔西、织金、纳雍、威宁、赫章 |
| | 贵阳 | 花溪、清镇、修文、开阳、息烽、南明、云岩、乌当、小河、白云 |
| | 六盘水 | 钟山、六枝特、水城、盘州 |
| | 黔东南 | 凯里、黄平、施秉、三穗、镇远、岑巩、天柱、锦屏、剑河、台江、黎平、榕江、从江、雷山、麻江、丹寨 |
| | 黔南 | 都匀、福泉、荔波、贵定、独山、平塘、罗甸、长顺、龙里、惠水、三都、瓮安 |
| | 黔西南 | 兴义、兴仁、普安、晴隆、贞丰、望谟、册亨、安龙 |
| | 铜仁 | 江口、玉屏、石阡、思南、印江、德江、沿河、松桃、万山、碧江 |
| | 遵义 | 红花岗、仁怀、遵义、绥阳、湄潭、汇川、余庆、桐梓、习水、赤水、凤冈、道真、正安、务川 |
| 海南 | 屯昌、定安、陵水、乐东、东方、昌江、五指山、临高、白沙、保亭、琼中 | |
| 河北 | 保定 | 博野、涞水、阜平、唐县、涞源、望都、易县、曲阳、顺平 |
| | 沧州 | 东光、孟村、献县、吴桥、海兴、盐山、南皮 |
| | 邯郸 | 广平、馆陶、鸡泽、肥乡、大名、魏县 |
| | 衡水 | 故城、枣强、武邑、武强、饶阳、阜城 |
| | 秦皇岛 | 青龙 |
| | 石家庄 | 行唐、灵寿、赞皇、平山 |
| | 邢台 | 南和、任县、内丘、临西、临城、巨鹿、新河、广宗、平乡、威县 |

续表

| 适宜种植区 | | |
|---|---|---|
| 省（20） | 市（152） | 县（市、旗）（811） |
| 河南 | 安阳 | 内黄、滑县 |
| | 开封 | 兰考 |
| | 洛阳 | 伊川、嵩县、汝阳、洛宁、栾川、宜阳 |
| | 漯河 | 舞阳 |
| | 南阳 | 方城、南召、内乡、镇平、淅川、社旗、桐柏 |
| | 平顶山 | 叶县、鲁山 |
| | 濮阳 | 濮阳县、范县、台前 |
| | 三门峡 | 卢氏 |
| | 商丘 | 夏邑、民权、宁陵、柘城、睢县、虞城 |
| | 新乡 | 原阳、封丘 |
| | 信阳 | 罗山、息县、光山、新县、固始、淮滨、商城、潢川 |
| | 周口 | 西华、扶沟、商水、沈丘、郸城、淮阳、太康 |
| | 驻马店 | 正阳、泌阳、汝南、新蔡、上蔡、平舆、确山 |
| 湖北 | 恩施 | 恩施市、利川市、建始、巴东、宣恩、咸丰、来凤、鹤峰 |
| | 黄冈 | 团风、红安、罗田、英山、蕲春、麻城市 |
| | 黄石 | 阳新 |
| | 十堰 | 郧阳区、郧西、竹山、竹溪、房县、丹江口市 |
| | 咸宁 | 通山 |
| | 襄樊 | 保康 |
| | 孝感 | 孝昌、大悟 |
| | 宜昌 | 秭归、长阳、五峰 |
| 湖南 | 常德 | 石门 |
| | 郴州 | 宜章、汝城、桂东、安仁 |
| | 衡阳 | 祁东 |
| | 怀化 | 中方、沅陵、辰溪、溆浦、会同、麻阳、新晃、芷江、靖州、通道 |
| | 娄底 | 双峰、新化、涟源市 |
| | 邵阳 | 新邵、邵阳、隆回、洞口、绥宁、新宁、城步、武冈市 |
| | 湘西 | 吉首市、泸溪、凤凰、保靖、古丈、永顺、龙山、花垣 |

续表

| 适宜种植区 | | |
|---|---|---|
| 省(20) | 市(152) | 县(市、旗)(811) |
| 湖南 | 益阳 | 安化 |
| | 永州 | 宁远、双牌、江永、新田、江华 |
| | 岳阳 | 平江 |
| | 张家界 | 永定区、武陵源区、慈利、桑植 |
| | 株洲 | 茶陵、炎陵 |
| 江苏 | 淮安 | 淮阴、涟水、楚州区 |
| | 连云港 | 灌南、灌云 |
| | 宿迁 | 沭阳、泗洪、泗阳 |
| | 徐州 | 丰县、睢宁 |
| | 盐城 | 滨海、响水 |
| 江西 | 抚州 | 临川区、南城、黎川、南丰、崇仁、宜黄、金溪、资溪、乐安、广昌 |
| | 赣州 | 信丰、大余、崇义、龙南、定南、全南、赣州区、章贡区、赣县、上犹、安远、宁都、于都、兴国、会昌、寻乌、石城、瑞金市、南康区 |
| | 吉安 | 吉州区、青原区、吉水、新干、永丰、泰和、安福、峡江、遂川、万安、永新、井冈山市、吉安 |
| | 景德镇 | 浮梁、乐平市、昌江区 |
| | 九江 | 武宁、永修、德安、星子、都昌、湖口、彭泽、瑞昌市、修水 |
| | 南昌 | 湾里区、南昌、新建、安义、进贤 |
| | 萍乡 | 湘东区、上栗、芦溪、莲花 |
| | 上饶 | 广丰、玉山、铅山、弋阳、万年、婺源、德兴市、信州区、上饶、横峰、余干、鄱阳 |
| | 新余 | 分宜、渝水区 |
| | 宜春 | 袁州区、丰城市、樟树市、奉新、万载、上高、宜丰、靖安、铜鼓、高安市 |
| | 鹰潭 | 贵溪市、余江 |
| 山东 | 滨州 | 惠民、博兴、阳信、沾化、无棣 |
| | 德州 | 齐河、夏津、平原、武城、庆云、宁津 |
| | 菏泽 | 单县、曹县、成武、定陶、东明、巨野、鄄城、郓城 |
| | 济南 | 平阴、商河 |
| | 济宁 | 微山、鱼台、泗水、汶上、梁山 |

续表

| 适宜种植区 | | |
|---|---|---|
| 省（20） | 市（152） | 县（市、旗）（811） |
| 山东 | 莱芜 | 莱城区 |
| | 聊城 | 冠县、阳谷、莘县、东阿 |
| | 临沂 | 郯城、苍山、临沭、莒南、费县、平邑、沂南、蒙阴、沂水 |
| | 日照 | 莒县、五莲 |
| | 泰安 | 岱岳区、东平、新泰市 |
| | 潍坊 | 安丘、临朐 |
| | 枣庄 | 台儿庄区、峄城区、薛城区、山亭区 |
| | 淄博 | 沂源、博山区、淄川区、高青 |
| 山西 | 晋城 | 沁水、陵川 |
| | 运城 | 万荣、闻喜、垣曲、夏县、平陆 |
| 陕西 | 安康 | 汉阴、石泉、宁陕、紫阳、岚皋、平利、镇坪、旬阳、白河、汉滨区 |
| | 宝鸡 | 陈仓区、凤翔、扶风、陇县、千阳、麟游、太白 |
| | 汉中 | 南郑、城固、洋县、西乡、勉县、宁强、略阳、镇巴、留坝、佛坪 |
| | 商洛 | 洛南、丹凤、商南、山阳、镇安、柞水、商州区 |
| | 铜川 | 印台区、耀州区、宜君 |
| | 渭南 | 大荔、华县、临渭区、华阴市、合阳、澄城、蒲城、白水、富平 |
| | 西安 | 蓝田、周至 |
| | 咸阳 | 武功、永寿、长武、淳化、旬邑 |
| 四川 | 巴中 | 通江、南江、巴州区、平昌、恩阳区 |
| | 达州 | 通川区、达州、开江、大竹、渠县、宣汉、万源市 |
| | 广安 | 岳池、武胜、邻水、华蓥、广安区 |
| | 广元 | 利州区、旺苍、青川、剑阁、苍溪、元坝区、朝天区 |
| | 乐山 | 金口河区、峨边、沐川、马边 |
| | 凉山 | 木里、普格、布拖、金阳、昭觉、越西、甘洛、美姑、盐源、喜德、雷波 |
| | 泸州 | 合江、叙永、古蔺 |
| | 绵阳 | 北川、平武 |
| | 南充 | 高坪区、营山、蓬安、仪陇、南部、阆中市、嘉陵区 |
| | 宜宾 | 兴文、筠连、高县、珙县、屏山 |

续表

| 适宜种植区 | | |
|---|---|---|
| 省(20) | 市(152) | 县(市、旗)(811) |
| 云南 | 保山 | 腾冲、隆阳区、施甸、龙陵、昌宁 |
| | 楚雄 | 武定、双柏、牟定、南华、姚安、大姚、永仁 |
| | 大理 | 漾濞、祥云、宾川、弥渡、南涧、巍山、永平、云龙、洱源、剑川、鹤庆 |
| | 德宏 | 芒市、梁河、盈江、陇川 |
| | 迪庆 | 香格里拉、德钦、维西 |
| | 红河 | 屏边、泸西、石屏、元阳、红河、金平、绿春 |
| | 昆明 | 东川区、禄劝、寻甸 |
| | 丽江 | 玉龙、永胜、宁蒗 |
| | 临沧 | 临翔区、凤庆、云县、永德、镇康、双江、耿马、沧源 |
| | 怒江 | 泸水、福贡、贡山、兰坪 |
| | 普洱 | 宁洱、墨江、景东、景谷、镇沅、江城、孟连、澜沧、西盟 |
| | 曲靖 | 会泽、宣威市、富源、师宗、罗平 |
| | 文山 | 砚山、西畴、麻栗坡、马关、丘北、广南、富宁、文山市 |
| | 西双版纳 | 勐海、勐腊 |
| | 昭通 | 昭阳区、鲁甸、巧家、盐津、大关、永善、绥江、镇雄、彝良、威信 |
| 浙江 | 杭州 | 淳安 |
| | 金华 | 婺城区、磐安、武义、兰溪市 |
| | 丽水 | 莲都区、龙泉市、缙云、遂昌、松阳、景宁、青田、云和、庆元 |
| | 衢州 | 柯城区、常山、开化、江山市、衢江区、龙游 |
| | 台州 | 黄岩区、仙居、三门、天台 |
| | 温州 | 文成、泰顺、永嘉、苍南、平阳 |
| 重庆 | 万州区、黔江区、城口、丰都、武隆、开州区、云阳、奉节、巫山、巫溪、石柱、秀山、酉阳、彭水、南川、涪陵区、潼南、忠县 | |

| 特需种植区 | | |
|---|---|---|
| 省(3) | 市(8) | 县(市、旗)(48) |
| 新疆 | 阿克苏 | 阿克苏、温宿、库车、沙雅、新和、拜城、乌什、阿瓦提、柯坪、 |
| | 和田 | 和田、墨玉、皮山、洛浦、策勒、于田、民丰 |

续表

| 特需种植区 | | |
|---|---|---|
| **省(3)** | **市(8)** | **县(市、旗)(48)** |
| 新疆 | 喀什 | 喀什、疏附、疏勒、英吉沙、泽普、莎车、叶城、麦盖提、岳普湖、伽师、巴楚、塔县 |
| | 克孜勒苏柯尔克孜 | 阿图什、阿克陶、阿合奇、乌恰 |
| 甘肃 | 白银 | 平川、白银、靖远、会宁、景泰 |
| | 武威 | 古浪、天祝 |
| 宁夏 | 固原 | 西吉、隆德、泾源、彭阳、原州 |
| | 中卫 | 沙坡头、中宁、海原 |

# 附件2

# 相关部委出台的有关对杂交构树扶贫、产业、科技方面的政策支持文件共9份

**杂交构树文件目录**

**相关部委出台的有关对杂交构树扶贫、产业、科技方面的政策支持文件共 9 份：**

1. **国务院扶贫办**（国开办司发〔2015〕20 号）：**《关于开展构树扶贫工程试点工作的通知》**，2015 年 2 月 25 日。

   自 2015 年 5 月开始到 2018 年 6 月，在全国 10 个省（自治区、直辖市）35 个县开始探索性试点。

2. **国务院扶贫办**（国开办发〔2018〕35 号）：**《关于扩大构树扶贫试点工作的指导意见》**，2018 年 7 月 11 日。

   自 2018 年 7 月开始到 2020 年 12 月，在全国 28 个省（自治区、直辖市）200 多个县实施扩大性试点。

3. **国务院扶贫办、自然资源部、农业农村部**（国开办发〔2019〕18号）：**《关于构树扶贫试点工作指导意见的补充通知》**，2019 年 11 月 8 日。

   国家允许在一般耕地上种植杂交构树用于饲料生产。

4. **农业农村部** 第 22 号公告：**《饲料原料目录》**修订列表（第 4 页），2018 年 4 月 27 日。

   把构树茎叶纳入饲料原料目录，在政策法规上得到保障。

5. **农业农村部畜牧业司** 印发：**《2018 年全株青贮玉米推广示范应用项目实施方案》**，2018 年 6 月 26 日。

   将构树列入新型饲草营养价值评定和青贮饲料饲喂试验研究。

6. **国家发展和改革委员会** 第 29 号令：**《产业结构调整指导目录》**（第 32 页），2019 年 10 月 30 日

   将“杂交构树联合收获机械”纳入鼓励类产品，给予相应政策。

7. **国务院办公厅**（国办发〔2020〕31 号）：**《关于促进畜牧业高质量发展的意见》**（第 3 页），2020 年 9 月 27 日。

   将开发利用杂交构树新饲草资源纳入健全国家饲草料供应体系，上升到国家战略。

8. **农业农村部**（农牧发〔2021〕37 号）：**《“十四五”全国畜牧兽医行业发展规划》**（第 16 页），2021 年 12 月 14 日。

   明文纳入千亿级饲草产业特色品种，加快我国现代畜牧业产业体系建设（见规划通知：三、重点产业，（二）四个千亿级产业，3. 饲草）

9. **农业农村部科技发展中心**（农科办〔2021〕158 号）：**《关于国家重点研发计划“主要经济作物优质高产与产业提质增效科技创新”重点专项 2021 年度项目立项的通知》。**

   中国科学院植物研究所沈世华研究员主持科技部项目《杂交构树产业关键技术集成研究与应用示范》获得资助。

## 国务院扶贫办行政人事司文件

国开办司发（2015）20 号

### 关于开展构树扶贫工程试点工作的通知

山西、吉林、安徽、河南、广西、重庆、四川、贵州、甘肃、宁夏省（区、市）扶贫办：

根据国务院扶贫开发领导小组第四次全体会议精神，构树扶贫工程列入精准扶贫十大工程之一。经研究决定，拟在已有构树产业发展基础的十个省(区、市)先行试点，现将有关要求通知如下：

**一、试点目的。**探索杂交构树综合利用和产业扶贫新途径，促进建档立卡贫困户增收。

**二、试点原则。**一是遵循相关行业主管部门的政策要求；二是发挥相关科研单位的技术支撑作用；三是发挥相关企业及专业合作组织的带动作用；四是探索试点与贫困农户增收的利益联结机制；五是创新精准扶贫要求下产业扶贫具体政策支持方式和推进途径。

**三、试点方式。**一是开展摸底调查。由省扶贫办对可发展杂交构树产业的县进行摸底调查，确定试点县。二是试点以省为主组织开展，由相关省区市扶贫办提出试点方案，我办予以指导、评估、支持，具体工作由中国扶贫发展中心承担。

**四、试点范围。** 2015 年在已有构树产业发展基础的山西、吉林、安徽、河南、广西、重庆、四川、贵州、甘肃、宁夏十省（区、市）先行试点。

请各相关省（区、市）高度重视构树扶贫工程试点工作，尽快做好相关准备，并于 2015 年 3 月底前将本省（区、市）构树扶贫工程试点方案上报中国扶贫发展中心。

联 系 人：刘 一　　李 慧

联系电话：010-64953975　64953786

传　　真：010-64953977

电子邮箱：840353141@qq.com

附件：构树扶贫工程试点方案编制参考大纲

国务院扶贫办行政人事司

2015 年 2 月 25 日

国务院扶贫办行政人事司　　2015 年 2 月 25 日印发

# 国务院扶贫办文件

国开办发〔2018〕35 号

## 国务院扶贫办关于扩大构树扶贫试点工作的指导意见

有关省、自治区、直辖市扶贫办（局）：

为贯彻落实《中共中央、国务院关于打赢脱贫攻坚战的决定》(中发〔2015〕34 号)和《中共中央国务院关于打赢脱贫攻坚战三年行动的指导意见》精神，促进贫困地区农业供给侧改革，培育适宜贫困地区发展特色产业，推动构树扶贫工程落地见效。近年来，部分省份在杂交构树全产业链发展及带贫减贫机制等方面进行了积极探索，取得了显著成效。在总结地方试点经验的基础上，现就进一步指导和规范各地构树扶贫产业发展，提出如下意见。

### 一、总体要求

**（一）目标任务。**在适宜种植杂交构树的地区，让贫困群众

— 1 —

参与构树种植基地建设和发展养殖业，提高收入水平和自我发展能力，促进乡村产业兴旺，实现稳定脱贫。

**（二）工作原则。坚持因地制宜。**可在温度、年积温、降水量、耐盐碱量、海拔适宜的地区，特别是深度贫困县，可统筹规划，合理布局构树种植。**坚持种养结合。**根据当地畜牧产业发展实际，合理布局杂交构树种植，促进杂交构树种植与畜牧养殖配套衔接，就地就近转化利用。推动种养加一体化产业经营，强化带贫益贫机制，增加贫困人口收入。**坚持市场导向。**从市场需求出发，从产业结构调整要求出发，引导各类市场主体和贫困户发展构树产业。研究探索构树运用新领域，拓展构树产业链。**坚持政府引导。**以脱贫攻坚规划为引领，统筹整合使用涉农资金，出台具体支持政策，有序推进构树扶贫工作。

**（三）基本要求。**发展构树扶贫产业可重点在黄河流域滩区、长江流域低丘缓坡地、石漠化地区，特别是深度贫困地区等适宜地区种植杂交构树；有企业或合作社等经营主体参与；带动建档立卡贫困户增收脱贫；地方有积极性并将构树扶贫产业纳入脱贫攻坚规划。

### 二、工作内容

**（一）推动构树全产业链建设。**加大杂交构树优质品种、组培苗繁育、栽种、采收、加工等方面的研发力度和技术管理，推动杂交构树全产业链技术和产品标准制定，形成标准化技术体系。重点发展杂交构树青贮料、发酵料以及粉末和颗粒饲料饲喂畜禽，

— 2 —

探索黄河流域滩区、长江流域低丘缓坡地、石漠化地区等不同区域全产业链适宜的发展模式。

**（二）实行绿色发展。**树立绿水青山就是金山银山的理念。在保护生态的前提下，将杂交构树种植与荒漠化、石漠化、水土流失综合治理等生态修复有机结合，实现生态效益、扶贫效益、经济效益“三效合一”。

**（三）建立健全带贫益贫机制。**发挥企业、合作社等经营主体的带动作用，广泛吸纳建档立卡贫困户参与，激发内生动力。建立健全利益联结机制，提升建档立卡贫困户可持续发展能力，实现增收脱贫。

### 三、支持政策

（一）参与杂交构树饲料化收贮利用的县，符合条件的地方可申请享受中央财政粮改饲补贴。不在范围内的地方政府可参照粮改饲扶持政策给予支持。统筹整合使用涉农资金或扶贫资金支持构树全产业链发展。

（二）各地在符合条件的地类实施退耕还林，可自主选择杂交构树，并按规定享受政策扶持。对其他构树造林的，可按照要求纳入防护林建设、石漠化治理等林业重点工程支持范围。

（三）对经过良种认定的杂交构树品种，按照规定享受林木良种培育补助。

### 四、工作要求

**（一）加强工作指导。**国务院扶贫办会同相关部门和单位加

— 3 —

强对构树扶贫工作的指导。省级扶贫部门要协同有关部门和单位，建立分工明确、定期协商、协同推进的工作机制。

**（二）周密制定方案。**各地在充分调研、多方论证的基础上，按照自愿的原则，结合本地区实际情况，明确适宜种植区域，提出切实可行的实施方案，报省级扶贫部门，由省级扶贫部门组织有关单位审批后实施。开展构树工作所需资金，由各县在统筹资金中根据实际情况给予支持。

**（三）开展跟踪评估。**省级扶贫部门要对构树扶贫工作的情况及时跟踪评估。要健全机制，规范方法流程，提高跟踪评估质量。重点评估取得的经济效益、扶贫效益、生态效益分析，以及是否达到预期目标。针对存在的主要问题要分析其原因，并提出意见建议。

**（四）及时总结经验。**各地要及时总结构树扶贫工作先进典型和经验做法，加强宣传推广成熟技术模式，确保此项工作健康稳步推进。运用通俗易懂的宣传方式，提高政策知晓度，鼓励和引导贫困群众参与。

国务院扶贫办

2018 年 7 月 11 日

— 4 —

# 国务院扶贫办
# 自然资源部 文件
# 农业农村部

国开办发〔2019〕18号

## 国务院扶贫办 自然资源部 农业农村部
## 关于构树扶贫试点工作指导意见的补充通知

河北、山西、内蒙古、辽宁、江苏、浙江、安徽、福建、江西、山东、河南、湖北、湖南、广东、广西、海南、重庆、四川、贵州、云南、西藏、陕西、宁夏、新疆、甘肃省(自治区、直辖市)和新疆生产建设兵团扶贫办(局)、自然资源主管部门、农业农村主管部门:

为贯彻落实《国务院扶贫办关于扩大构树扶贫试点工作的指导意见》(国开办发〔2018〕35号),指导地方稳妥、规范、有序做好

— 1 —

构树扶贫试点工作,现就有关事项补充通知如下:

**一、严格规范种植品种和范围**

构树扶贫试点工程推广的为杂交构树,不同于植物学上的一般构树,应充分发挥杂交构树环境适应性强优势,在温度、年积温、降水量、耐盐碱量、海拔适宜的贫困地区,特别是深度贫困县统筹规划、合理布局种植杂交构树。

**(一)关于在贫困地区种植杂交构树。**允许在一般耕地种植杂交构树,原则上不得占用永久基本农田。为支持脱贫攻坚,对已经占用永久基本农田种植的,强化日常监管,对所占用永久基本农田的数量、质量变化情况全程跟踪管理,最大程度减少对耕地质量的影响,因植株退化等原因已无法产业化利用或种植中对耕地质量造成严重影响的,须及时采取措施恢复粮食作物生产,确实不能恢复的,按要求补划永久基本农田;对贫困地区继续推进构树扶贫试点,确因构树扶贫产业规模发展需要扩大种植面积涉及占用永久基本农田的,应避让平坝地、水田、已建成的高标准农田等优质耕地,按照"数量不减、质量不降、布局稳定"的要求,在县域范围内进行补划。

**(二)关于贫困地区以外种植杂交构树。**可以在一般耕地上科学、规范种植,严格避让永久基本农田。已经占用永久基本农田种植的,县级自然资源主管部门会同农业农村主管部门根据种植现状和对耕作层的影响程度组织认定,能恢复粮食作物生产的,5

— 2 —

年内恢复;确实不能恢复的,调出永久基本农田,并在县域范围内按要求补划。

**二、加强技术研发**

依托科研单位和高校的技术力量,加强对杂交构树新品种选育关键技术、绿色丰产栽培关键技术、低成本规模化采收加工关键装备技术、青贮及饲用技术方面的研发,完善种植、养殖和加工等技术标准,加快杂交构树饲料化利用技术和模式的推广,开展杂交构树高效综合利用示范,建立产业化基地,提升构树产业扶贫效果。

**三、做好跟踪监管**

各试点地区要在充分调研和多方论证基础上,结合本地实际,按照自愿原则,合理确定种植规模,稳妥推进杂交构树扶贫工作。

**(一)加强工作指导。**省级扶贫部门要会同自然资源主管部门和农业农村主管部门,建立定期协商、定期评估、督促整改、协同推进的工作机制。省级自然资源主管部门规范指导本地区杂交构树用地政策的落实,并做好日常监督管理。省级农业农村主管部门要组织开展试点地区杂交构树种植耕地质量监测工作,及时提供技术指导。

**(二)做好产销对接。**省级扶贫部门组织引导相关地方政府、企业及农户,积极开拓本地和北方牧区市场,以销定产,搭建产销对接平台,带动贫困户多环节参与构树扶贫产业发展,确保贫困户

— 3 —

稳定增收。

**(三)开展专项评估。**各省(自治区、直辖市)扶贫部门会同自然资源主管部门和农业农村主管部门每年组织对本地区杂交构树扶贫试点工作进行评估,重点评估杂交构树试点扶贫效益、占用耕地和永久基本农田情况、耕地质量监测和保护等方面情况,总结好的经验做法,分析存在的主要问题和原因,提出加强和改进试点工作的意见建议,并于每年11月底之前将评估报告报送国务院扶贫办并抄送自然资源部和农业农村部。

2019年11月8日

抄送:国家发展改革委、科技部、财政部、交通运输部、商务部、国家卫生健康委、税务总局、市场监管总局、中国科学院、中国工程院、国家林草局、开发银行、农业发展银行。

国务院扶贫办综合司 2019年11月8日印发

— 4 —

# 中华人民共和国农业农村部公告

第 22 号

为丰富饲料原料来源，促进饲料行业发展，根据《饲料和饲料添加剂管理条例》，我部决定增补大麦苗粉等 32 种(类)饲料原料进入《饲料原料目录》，修订"1.2.4 大米"的原料名称和特征描述，修订"5. 其它籽实、果实类产品及其加工产品"的类别名称，修订"9.6.5 明胶"的原料名称和强制性标识要求并将其转至"13. 其他饲料原料"类别(见附件)。自本公告发布之日起，饲料生产企业可以根据生产需要，按照相关法律法规的要求采购、使用本公告中的饲料原料。

附件：《饲料原料目录》修订列表

农业农村部

2018 年 4 月 27 日

— 1 —

附件

## 《饲料原料目录》修订列表

1.谷物及其加工产品

| 原料编号 | 原料名称 | 特征描述 | 强制性标识要求 |
|---|---|---|---|
| 1.1 | 大麦及其加工产品 | | |
| 1.1.19 | 大麦苗粉 | 大麦的幼苗经干燥、粉碎后获得的产品。 | 粗蛋白质<br>粗纤维<br>水分 |
| 1.2 | 稻谷及其加工产品 | | |
| 1.2.4 | ___米 | 稻谷经脱壳并碾去皮层所获得的产品。产品名称可标称大米，可根据类别标明籼米、粳米、糯米，可根据特殊品种标明黑米、红米等。 | 淀粉<br>粗蛋白质 |
| 1.2.23 | 大米胚芽 | 大米加工过程中提取的主要含胚芽的产品。 | 粗蛋白质<br>粗脂肪 |
| 1.2.24 | 大米胚芽粕 | 大米胚芽经压榨取油后的副产品。 | 粗蛋白质<br>粗脂肪<br>粗纤维 |
| 1.5 | 酒糟类 | | |
| 1.5.9 | 谷物酒糟糖浆 | 酿酒生产中谷物发酵蒸馏后的酒糟釋液经蒸发浓缩获得的产品。 | 粗蛋白质<br>水分 |
| 1.11 | 小麦及其加工产品 | | |
| 1.11.21 | 小麦苗粉 | 小麦的幼苗经干燥、粉碎后获得的产品。 | 粗蛋白质<br>粗纤维<br>水分 |
| 1.12 | 燕麦及其加工产品 | | |

— 2 —

| 原料编号 | 原料名称 | 特征描述 | 强制性标识要求 |
|---|---|---|---|
| 1.12.10 | 燕麦苗粉 | 燕麦的幼苗经干燥、粉碎后获得的产品。 | 粗蛋白质<br>粗纤维<br>水分 |
| 1.13 | 玉米及其加工产品 | | |
| 1.13.20 | 玉米糠 | 加工玉米时脱下的皮层、少量胚和胚乳的混合物。 | 粗脂肪<br>粗纤维 |
| 1.14 | 其它 | | |
| 1.14.1 | 藜麦 | 藜麦（*Chenopodium quinoa* Willd.）的籽实。种子外皮含有的皂素已去除。 | |
| 1.14.2 | 薏米［薏苡仁、苡仁］ | 禾本科植物薏苡（*Coix chinensis* Tod.）的种仁。 | 淀粉<br>粗蛋白质 |

2.油料籽实及其加工产品

| 原料编号 | 原料名称 | 特征描述 | 强制性标识要求 |
|---|---|---|---|
| 2.18 | 亚麻籽及其加工产品 | | |
| 2.18.5 | 亚麻籽粉 | 亚麻籽经制粉工艺获得的粉状产品。 | 粗蛋白质<br>粗脂肪<br>粗纤维 |
| 2.24 | 其它 | | |
| 2.24.2 | 琉璃苣籽油 | 琉璃苣（*Borago officinalis* L.）籽经压榨或浸提制取的油。 | 酸价<br>过氧化值 |

3.豆科作物籽实及其加工产品

| 原料编号 | 原料名称 | 特征描述 | 强制性标识要求 |
|---|---|---|---|
| 3.12 | 兵豆及其加工产品 | | |
| 3.12.1 | 兵豆［小扁豆］ | 豆科兵豆属兵豆（*Lens culinaris*）的籽实。 | |

— 3 —

5.其它籽实、果实、蔬菜类产品及其加工产品

| 原料编号 | 原料名称 | 特征描述 | 强制性标识要求 |
|---|---|---|---|
| 5.2 | 水果或坚果及其加工产品 | | |
| 5.2.5 | ___果（汁、泥、片、干、粉） | 可食用水果鲜果，或对其进行加工后获得的果汁、果泥、果片、果干、果粉等。不得使用变质原料。产品名称应标明原料来源，如苹果。 | 总糖<br>水分 |
| 5.4 | 蔬菜及其加工产品 | | |
| 5.4.1 | ___菜（汁、泥、片、干、粉） | 可食用蔬菜鲜菜，或对其进行加工后获得的蔬菜汁、蔬菜泥、蔬菜片、蔬菜干、蔬菜粉等。不得使用变质原料。产品名称应标明原料来源，如菠菜。 | 粗纤维<br>水分 |

6.饲草、粗饲料及其加工产品

| 原料编号 | 原料名称 | 特征描述 | 强制性标识要求 |
|---|---|---|---|
| 6.5 | 其它粗饲料 | | |
| 6.5.4 | 构树茎叶 | 构树（*Broussonetia papyrifera* (Linn.) L'Hér. ex Vent.）新鲜或干燥茎叶。 | 粗蛋白质<br>中性洗涤纤维<br>水分 |
| 6.5.5 | 辣木茎叶 | 辣木（Moringa）可饲用品种的新鲜或干燥茎叶。 | 粗蛋白质<br>中性洗涤纤维<br>水分 |

7.其它植物、藻类及其加工产品

| 原料编号 | 原料名称 | 特征描述 | 强制性标识要求 |
|---|---|---|---|
| 7.2 | 丝兰及其加工产品 | | |
| 7.2.2 | 丝兰 | 百合科丝兰属丝兰（*Yucca schidigera* Roezl.）。 | 粗纤维 |

— 4 —

| 原料编号 | 原料名称 | 特征描述 | 强制性标识要求 |
|---|---|---|---|
| 7.2.3 | 丝兰汁 | 丝兰压榨后的汁液，或汁液经浓缩后获得的产品。 | |
| 7.4 | 万寿菊及其加工产品 | | |
| 7.4.2 | 万寿菊粉 | 万寿菊干燥、粉碎后得到的粉状产品。 | 粗纤维<br>粗灰分<br>叶黄素 |
| 7.5 | 藻类及其加工产品 | | |
| 7.5.8 | 裸藻［绿虫藻］ | 裸藻（*Euglena*）及其干燥产品。 | |
| 7.5.9 | 雨生红球藻粉 | 以雨生红球藻（*Haematococcus Pluvialis*）种为原料，通过培养、浓缩、干燥等工艺生产的含虾青素的藻粉。 | 粗脂肪<br>虾青素 |
| 7.5.10 | ___藻油 | 本目录所列的藻类经压榨或浸提制取的油。产品名称应标明原料来源，如裂壶藻油。 | 粗脂肪<br>酸价<br>过氧化值 |
| 7.6 | 其它可饲用天然植物（仅指所称植物或植物的特定部位经干燥或粗提或干燥、粉碎获得的产品） | | |
| 7.6.116 | 绿茶 | 以茶树的新叶或芽为原料，未经发酵，经杀青、整形、烘干等工序制成的产品。 | |
| 7.6.117 | 迷迭香 | 唇形科迷迭香属植物迷迭香（*Rosmarinus officinalis*）的干燥茎叶或花。 | |

10.鱼、其它水生生物及其副产品

| 原料编号 | 原料名称 | 特征描述 | 强制性标识要求 |
|---|---|---|---|
| 10.4 | 鱼及其副产品 | | |
| 10.4.14 | 鱼皮 | 加工鱼类产品过程中获得的鱼皮经干燥后的产品。 | 粗蛋白质<br>水分 |

— 5 —

12.微生物发酵产品及副产品

| 原料编号 | 原料名称 | 特征描述 | 强制性标识要求 |
|---|---|---|---|
| 12.5 | 其它 | | |
| 12.5.1 | 食用乙醇［食用酒精］ | 以谷物、薯类、糖蜜或其它可食用农作物为原料，经发酵、蒸馏精制而成的，供食用的含水酒精。产品须由有资质的食品生产企业提供。 | 乙醇<br>甲醇<br>醛 |

13. 其它饲料原料

| 原料编号 | 原料名称 | 特征描述 | 强制性标识要求 |
|---|---|---|---|
| 13.3 | 食用菌及其加工产品 | | |
| 13.3.3 | 平菇 | 侧耳科侧耳属食用菌平菇（*Pleurotus ostreatus*）及其干燥产品。 | |
| 13.3.4 | 香菇 | 光茸菌科香菇属食用菌香菇（*Lentinus edodes*（Berk.）Sing）及其干燥产品 | |
| 13.3.5 | 毛柄金钱菌［金针菇］ | 小皮伞科小火焰菌属食用菌毛柄金钱菌（*F. velutipes*）及其干燥产品。 | |
| 13.3.6 | 木耳［黑木耳］ | 木耳科木耳属食用菌木耳（*Auricularia auricula*（L.ex Hook.）Underwood）及其干燥产品。 | |
| 13.3.7 | 银耳 | 银耳科银耳属食用菌银耳（*Tremella*）及其干燥产品。 | |
| 13.3.8 | 双孢蘑菇［白蘑菇］ | 蘑菇属食用菌双孢蘑菇（*Agaricus bisporus*）及其干燥产品。 | |
| 13.6 | 食用动物加工产品 | | |
| 13.6.1 | 明胶［胶原蛋白］ | 以来源于食用动物的皮、骨、韧带、肌腱中的胶原为原料，经水解获得的可溶性蛋白类产品。原料不得使用发生疫病和变质的动物组织，不得使用皮革及鞣革副产品。产品须由有资质的食品或药品生产企业提供。 | 粗蛋白质<br>粗灰分 |

— 6 —

# 农业农村部畜牧业司

农牧行便函〔2018〕第 93 号

## 畜牧业司关于印发《2018 年全株青贮玉米推广示范应用项目实施方案》的通知

河北、山西、黑龙江、山东、河南省畜牧（兽医）局，全国畜牧总站，中国农业科学院北京畜牧兽医研究所，中国农业出版社，中国农业大学，华中农业大学，北京农学院，中国科学院微生物研究所，云南省草地动物科学研究院，新疆畜牧科学院：

为推动青贮玉米种植与收贮加工、加快建立全株青贮玉米等优质饲草料应用技术体系、做好粮改饲工作，推进构建种养结合、粮草兼顾的新型农牧业结构，2018 年我司继续组织实施全株青贮玉米推广示范应用项目。在总结 2017 年项目实施工作的基础上，制定了《2018 年全株青贮玉米推广示范应用项目实施方案》，现印发你们，请遵照执行，切实做好项目实施工作。

附件：2018 年全株青贮玉米推广示范应用项目实施方案

畜牧业司

2018 年 6 月 26 日

附件

## 2018 年全株青贮玉米推广示范应用项目实施方案

### 一、项目目标

通过项目实施，组装集成全株青贮玉米生产、质量控制和应用成套技术，提升示范养殖场（合作社）全株青贮玉米生产和饲喂技术水平，提高种植户玉米种植效益，提升养殖效益，辐射带动示范点周边区域全株青贮玉米种植和收贮加工，推动种养结合，加快粮改饲调整，促进种养业转方式调结构。同时，根据当前草食畜牧业和饲草产业发展新形势，安排开展饲料油菜、构树、饲料桑营养价值评定和驴的青贮饲料饲喂试验研究，为增加青贮饲料来源、扩大青贮饲料使用范围提供支撑。

**主要考核指标为：**设立 10 个全株青贮玉米应用技术示范点，开展全株青贮玉米种植收贮与奶牛、肉牛和肉羊饲喂技术试验示范，带动青贮玉米种植户增收 10%以上，降低饲喂成本 10%。开展奶牛、肉牛、肉羊以及驴的全株玉米青贮饲喂效果评估试验，青贮玉米品种适应性筛选，全株玉米青贮专用添加剂产品研究开发与应用示范，加工质量安全控制技术集成与应用示范和加工贮藏效果评价，全株青贮玉米收获加工设备应用，全株青贮玉米生产加工技术知识集成与应

1

用体系构建，制定青贮饲料标准体系，开展饲料油菜、构树、饲料桑营养价值评定等工作。

二、项目内容和资金使用方向

（一）资金规模

2018年项目资金规模935.86万元。

（二）重点内容

**1. 开展青贮玉米种植、全株玉米青贮加工与科学饲喂技术示范推广。**由省级畜牧主管部门组织开展全株青贮玉米等优质饲草料在牛羊养殖中应用推广。按照用户主导原则，以奶牛、肉牛和肉羊标准化规模养殖场（农民合作社）为实施主体，通过协议合作等方式引导带动周边农户种植青贮玉米，筛选适宜当地种植的青贮玉米品种，养殖场实施统一收贮加工，开展青贮专用添加剂产品使用、青贮饲料加工质量安全控制、草食家畜科学饲喂等技术应用试验示范。

**2. 开展青贮玉米品种比较试验。**开展青贮玉米品种筛选试验，确定适合山东、山西、河南、河北和黑龙江种植的青贮玉米品种，制定高产优质栽培技术，进行播种、田间管理和收获等技术培训和指导。

**3. 开展全株玉米青贮专用添加剂开发与应用。**系统评价不同添加剂（微生物添加剂、化学添加剂）对全株玉米青贮饲料微生物菌群和发酵品质的影响；分析不同地区全株玉米青贮饲料二次发酵过程中微生物菌群结构（细菌和真菌）



和发酵产物的动态演变规律；开展全株玉米与其他相关作物混合青贮的拓展试验。

**4. 开展全株玉米青贮饲料中霉菌毒素的控制技术研究与应用。**筛选研究全株玉米青贮霉变的靶标物控制关键点，提出相关控制技术，进行霉菌毒素和重金属的质量安全指标评定，编写出版青贮饲料质量安全控制技术与安全性评价方面的技术资料。

**5. 开展全株青贮玉米种植、加工、饲喂等技术集成与应用。**对全株青贮玉米种植收获、青贮制作、科学饲喂过程的重点关键技术进行集成；提出不同地区奶牛、肉牛、肉羊基于全株玉米青贮饲料的典型饲料配方，并开展生产验证试验；采集各个示范场的青贮原料和青贮饲料进行发酵品质和营养成分的测定；制定青贮饲料标准体系；开展驴的青贮饲料饲喂试验，形成简便可行的饲喂技术方案。

**6. 开展饲料油菜、构树、饲料桑营养价值评定。**对饲料油菜、构树、饲料桑进行完整的营养价值评定，形成完整的营养价值参数。

**7. 技术指导和宣传推广。**编印全株玉米青贮饲料种植、加工、质量安全控制和应用技术问答的成套技术指导手册与挂图；针对示范点及辐射区域的种养殖户开展技术培训和现场指导，并利用广播和电视等媒体宣传推广全株玉米青贮饲料利用技术，扩大全株玉米青贮饲料的应用覆盖面。



（三）资金安排情况

项目资金以委托任务形式下达690万元，主要用于专用材料费、差旅费、印刷费、维修（护）费、水电费、劳务费、咨询费、邮电费、租赁费、小型试验研究专用设备购置、委托业务费、其他商品和服务支出、其他资本性支出等，不得列支会议费、培训费以及“三公”经费开支。

以购买服务方式下达资金245.86万元，资金使用方向和支出方式按照各单位财务制度规定执行。

三、实施地域和实施方式

（一）实施区域

项目在全国实施粮改饲试点省份选择具有代表性的省份开展全株青贮玉米应用技术示范推广，按照区域代表性和基础工作情况，研究确定了河北、山西、黑龙江、山东、河南5个省，开展青贮玉米种植、全株玉米青贮加工与科学饲喂技术示范推广工作。具体工作由省级畜牧管理部门牵头，在本省奶牛或肉牛（肉羊）集中养殖区域选择确定单个标准化规模养殖场（农民合作社）为示范点创建单位，本年度共创建10个示范点，每个示范省各创建2个示范点，示范点要求存栏奶牛或肉牛规模达到500头以上、协议收购或自种青贮玉米面积达到1000亩以上（通过签订长期合作协议形式带动种植户，或者通过土地流转自种），筛选推广种植青贮玉米品种，并为农户提供种植技术培训指导和服务，进行



青贮设施标准化改造并生产全株玉米青贮饲料4000吨以上，配套应用高效全株青贮玉米收获、加工、饲喂等先进设施设备，实现草食家畜全株青贮玉米青贮饲料科学饲喂与家畜高效饲养管理。肉羊示范点参照上述标准执行，按羊单位折算成牛存栏数。组织省级科研推广机构开展全株玉米青贮在奶牛、肉牛、肉羊中的饲喂试验示范和效果评估，组织开展全株青贮玉米品种适应性筛选试验，遴选适宜本区域种植的玉米品种。

根据国内相关研究机构的前期工作基础和技术优势，研究确定了各技术支撑单位工作任务如下：

**全国畜牧总站**承担项目组织实施和过程管理，制定项目技术方案，协调技术应用示范相关工作。

**中国农业科学院北京畜牧兽医研究所**承担筛选研究全株青贮玉米霉变的靶标物控制关键点，并提出相关控制技术；编写青贮饲料质量安全控制技术与安全性评价技术指导手册1本，出版青贮玉米霉变防控技术挂图1个；采集10个示范点青贮样本进行霉菌毒素和重金属质量安全指标评定；开展奶牛场现场培训和技术指导。

**中国农业出版社**承担全株青贮玉米生产加工技术知识集成与应用体系构建，建设全株青贮玉米生产加工技术推广应用互动平台并运营。

**中国农业大学**承担全株玉米青贮加工成套技术组装集

成与应用；全株青贮玉米设施设备应用技术组装集成；项目示范点全株玉米青贮饲料营养成分分析与质量评定；奶牛、肉牛、肉羊的全株玉米青贮饲喂效果试验评估与技术集成；赴项目示范省进行全株玉米青贮加工应用技术指导；制定青贮饲料标准体系；开展构树营养价值评定，形成构树营养价值参数。

**华中农业大学**承担饲用油菜营养价值评定，形成饲用油菜营养价值参数。

**北京农学院**承担全株青贮玉米品种适应性筛选试验技术组装集成，赴项目示范省进行全株青贮玉米品种适应性筛选技术指导。

**中国科学院微生物研究所**承担评估对比市售青贮专用添加剂产品对全株玉米青贮发酵微生物菌群的影响；解析全株玉米青贮饲料二次发酵过程中微生物菌群变化规律；开展全株玉米与全株大豆混合青贮发酵；采集5个示范省10个示范点青贮样本进行微生物评定。

**云南省草地动物科学研究院**承担饲料桑营养价值评定，形成饲料桑营养价值参数。

**新疆畜牧科学院**承担驴的青贮饲料饲喂试验，形成简便可行的饲喂技术方案。

**（二）组织实施管理**

项目采取绩效管理制度，由畜牧业司负责统一指导和跟



踪督查，对各项目单位进行绩效评价。委托全国畜牧总站负责项目组织实施和过程管理，督促各任务承担单位按要求及时报送相关信息，汇总项目实施进展情况。成立由中国农业大学、中国农业科学院北京畜牧兽医研究所、华中农业大学、北京农学院、中国科学院微生物研究所、云南省草地动物科学研究院、新疆畜牧科学院等技术支撑单位人员组成的项目专家组，负责项目有关技术和产品研发与集成，制定全株玉米青贮操作规程和质量安全评价规范，共同采集示范点全株青贮玉米收贮过程样品，分析评价全株玉米青贮效果，会同省级科研推广机构开展全株玉米青贮在奶牛、肉牛、肉羊以及驴中的饲喂应用效果评估，对示范点进行技术指导，开展饲料油菜、构树、饲料桑营养价值评定等。

示范省畜牧主管部门负责项目具体实施工作，组织省级科研推广机构开展示范点创建，进行全株玉米青贮技术应用示范、全株青贮玉米品种筛选和牛羊饲喂效果评价。

示范点创建单位负责技术应用和试验示范工作，切实配合项目专家组和省级科研推广机构专家队伍开展相关试验示范现场工作。要协助技术人员开展所种玉米植株样品和粉碎后青贮原料样品的采集工作，提供所需的现场器具和工作条件；要协助安排好一定数量的试验动物开展动物饲喂试验，以便科学评估全株玉米青贮饲料的应用效果。



附表：1. 项目任务情况简表

2. 项目专家组组成情况表



附表 1

**项目任务情况简表**

| 序号 | 承担单位 | 重点任务 |
| --- | --- | --- |
| 1 | 河北省畜牧兽医局 | 创建2个示范点并开展技术示范，承担奶牛和肉牛饲喂效果试验；开展全株青贮玉米品种适应性筛选试验 |
| 2 | 山西省牧草工作站 | 创建2个示范点并开展技术示范，承担肉牛和肉羊饲喂效果试验；开展全株青贮玉米品种适应性筛选试验 |
| 3 | 黑龙江省畜牧兽医局 | 创建2个示范点并开展技术示范，承担奶牛饲喂效果试验；开展全株青贮玉米品种适应性筛选试验 |
| 4 | 山东省畜牧兽医局 | 创建2个示范点并开展技术示范，承担肉牛和肉羊饲喂效果试验；开展全株青贮玉米品种适应性筛选试验 |
| 5 | 河南省饲草饲料站 | 创建2个示范点并开展技术示范，承担奶牛和肉牛饲喂效果试验；开展全株青贮玉米品种适应性筛选试验 |
| 6 | 全国畜牧总站 | 开展全株青贮玉米技术推广和制定项目技术方案，负责项目实施管理 |
| 7 | 中国农业科学院北京畜牧兽医研究所 | 承担青贮加工质量安全控制技术研发与应用任务 |
| 8 | 中国农业出版社 | 承担全株青贮玉米生产加工技术知识集成与应用体系构建任务 |
| 9 | 中国科学院微生物研究所 | 承担青贮专用添加剂研究开发与技术集成应用任务 |
| 10 | 中国农业大学 | 承担全株青贮玉米种植收获、加工、科学饲喂等技术组装集成任务，肉牛全株玉米青贮饲喂效果评估 |
| 11 | | 承担肉羊全株玉米青贮饲喂效果评估任务 |
| 12 | | 承担奶牛全株玉米青贮饲喂效果评估任务 |
| 13 | | 承担全株玉米青贮制作效果评估、质量安全评价标准制定、青贮饲料标准体系制定任务 |
| 14 | | 承担全株青贮玉米设施设备应用技术组装集成任务 |
| 15 | | 承担构树营养价值评定任务 |
| 16 | 华中农业大学 | 承担饲用油菜营养价值评定任务 |
| 17 | 北京农学院 | 承担青贮玉米品种适应性筛选试验技术指导任务 |
| 18 | 云南省草地动物科学研究院 | 承担饲料桑营养价值评定任务 |
| 19 | 新疆畜牧科学院 | 承担驴的青贮饲料饲喂试验任务 |

附表 2

**项目专家组组成情况表**

| 分类 | 姓名 | 职务/职称 | 工作单位 |
|---|---|---|---|
| 组　长 | 孟庆翔 | 教　授 | 中国农业大学 |
| 副组长 | 王志刚 | 处　长 | 全国畜牧总站 |
| 成　员 | 李胜利 | 教　授 | 中国农业大学 |
| 成　员 | 玉　柱 | 教　授 | 中国农业大学 |
| 成　员 | 杨红建 | 教　授 | 中国农业大学 |
| 成　员 | 王德成 | 教　授 | 中国农业大学 |
| 成　员 | 杨富裕 | 教　授 | 中国农业大学 |
| 成　员 | 曹志军 | 副教授 | 中国农业大学 |
| 成　员 | 吴　浩 | 讲　师 | 中国农业大学 |
| 成　员 | 周广生 | 教　授 | 华中农业大学 |
| 成　员 | 潘金豹 | 教　授 | 北京农学院 |
| 成　员 | 陶　勇 | 研究员 | 中国科学院微生物研究所 |
| 成　员 | 钟　瑾 | 研究员 | 中国科学院微生物研究所 |
| 成　员 | 张养东 | 副研究员 | 中国农业科学院北京畜牧兽医研究所 |
| 成　员 | 赵连生 | 助理研究员 | 中国农业科学院北京畜牧兽医研究所 |
| 成　员 | 黄必志 | 研究员 | 云南省草地动物科学研究院 |
| 成　员 | 肖海霞 | 推广研究员 | 新疆畜牧科学院畜牧研究所 |
| 成　员 | 李运起 | 教　授 | 河北省农业大学 |
| 成　员 | 李建国 | 教　授 | 河北农业大学 |
| 成　员 | 张元庆 | 研究员 | 山西省农业科学院畜牧兽医研究所 |
| 成　员 | 许庆方 | 教　授 | 山西农业大学 |
| 成　员 | 曲永利 | 教　授 | 黑龙江八一农垦大学 |
| 成　员 | 辛杭书 | 副教授 | 东北农业大学 |
| 成　员 | 翟桂玉 | 研究员 | 山东省畜牧总站 |
| 成　员 | 齐世军 | 研究员 | 山东省农业科学院玉米研究所 |
| 成　员 | 林英庭 | 教　授 | 青岛农业大学 |
| 成　员 | 王成章 | 教　授 | 河南农业大学 |
| 成　员 | 史莹华 | 教　授 | 河南农业大学 |
| 联络员 | 黄萌萌 | 高级畜牧师 | 全国畜牧总站 |

**主要职责：**

1. 研究分析全株青贮玉米等相关技术发展情况，提出加快推进我国全株青贮玉米生产和应用的技术意见和政策建议；
2. 为全株青贮玉米等相关领域重大项目立项和项目实施工作提供决策咨询和技术支持；
3. 负责全株青贮玉米推广示范应用项目实施过程的技术和产品研发与集成；
4. 制定全株玉米青贮操作规程和质量安全评价规范；
5. 采集示范点全株青贮玉米收贮样品，分析评价青贮饲料效果；
6. 开展牛羊驴饲喂应用效果评估、青贮玉米品种筛选、青贮设施装备选型等相关技术咨询、指导和培训等工作；
7. 开展饲料油菜、构树、饲料桑营养价值评定等工作；
8. 承担农业农村部畜牧业司委托的其他工作。

10

**产业结构调整指导目录**

（2019 年本）

**第一类 鼓励类**

**一、农林业**

1、农田建设与保护工程（含高标准农田建设、农田水利建设、高效节水灌溉、农田整治等），土地综合整治

2、农产品及农作物种子基地建设

3、蔬菜、瓜果、花卉设施栽培（含无土栽培）先进技术开发与应用，优质、高产、高效标准化栽培技术开发与应用

4、畜禽标准化规模养殖技术开发与应用

5、重大病虫害及动物疫病防治

6、动植物（含野生）优良品种选育、繁育、保种和开发；生物育种；种子（种苗）生产、加工、包装、检验、鉴定技术和仓储、运输设备的开发与应用

7、旱作节水农业、保护性耕作、生态农业建设、耕地质量建设、新开耕地快速培肥、水肥一体化技术开发与应用

8、生态种（养）技术开发与应用

9、全生物降解地膜农田示范与应用及受污染耕地风险管控与修复

10、获得绿色食品生产资料标志的饲料、饲料添加剂、肥料、

米）等

43、农业收获机械：自走式谷物联合收割机（喂入量 6 千克/ 秒以上）；自走式半喂入水稻联合收割机（4 行以上，配套发动机 44 千瓦以上）；自走式玉米联合收割机（3～6 行，摘穗型，带有剥皮装置，以及茎秆粉碎还田装置或茎秆切碎收集装置）；穗茎兼收玉米收获机（摘穗剥皮、茎秆切碎回收），自走式玉米籽粒联合收获机（4 行以上，籽粒直收型）；自走式大麦、草苜蓿、玉米、高粱等青贮饲料收获机（配套动力 147 千瓦以上，茎干切碎长度 10～60 毫米，“具有金属探测、石块探测安全装置及籽粒破碎功能”）；棉花采摘机（3 行以上，自走式或拖拉机背负式，摘花装置为机械式或气力式，适应棉珠高度 35～160 厘米，装有籽棉集装箱和自动卸棉 装置）；马铃薯收获机（自走式或拖拉机牵引式，2 行以上，行距可调，带有去土装置和收集装置，最大挖掘深度 35 厘米），甘蔗收获机（自走式或拖拉机背负式，配套功率 58 千瓦以上，宿根破碎率 ≤18%，损失率≤7%）；残膜回收与茎秆粉碎联合作业机；牧草收获机械（自走式牧草收割机、悬挂式割草压扁机、指盘式牧草搂草机、牧草捡拾压捆机等）；自走式薯类收获机械；杂交构树联合收获机械

44、节水灌溉设备：各种大中型喷灌机、各种类型微滴灌设备 等；抗洪排涝设备（排水量 1500 立方米/小时以上，扬程 5～20 米，功率 1500 千瓦以上，效率 60%以上，可移动） 45、沼气发生设备：沼气发酵及储气一体化（储气容积 300

**国务院办公厅关于促进畜牧业高质量发展的意见**

国办发〔2020〕31 号

各省、自治区、直辖市人民政府，国务院各部委、各直属机构：

畜牧业是关系国计民生的重要产业，肉蛋奶是百姓“菜篮子”的重要品种。近年来，我国畜牧业综合生产能力不断增强，在保障国家食物安全、繁荣农村经济、促进农牧民增收等方面发挥了重要作用，但也存在产业发展质量效益不高、支持保障体系不健全、抵御各种风险能力偏弱等突出问题。为促进畜牧业高质量发展、全面提升畜禽产品供应安全保障能力，经国务院同意，现提出如下意见。

**一、总体要求**

（一）指导思想。以习近平新时代中国特色社会主义思想为指导，全面贯彻党的十九大和十九届二中、三中、四中全会精神，认真落实党中央、国务院决策部署，牢固树立新发展理念，以实施乡村振兴战略为引领，以农业供给侧结构性改革为主线，转变发展方式，强化科技创新、政策支持和法治保障，加快构建现代畜禽养殖、动物防疫和加工流通体系，不断增强畜牧业质量效益和竞争力，形成产出高效、产品安全、资源节约、环境友好、调控有效的高质量发展新格局，更好地满足人民群众多元化的畜禽产品消费需求。

（二）基本原则。

坚持市场主导。以市场需求为导向，充分发挥市场在资源配置中的决定性作用，消除限制畜牧业发展的不合理壁垒，增强畜牧业发展活力。

坚持防疫优先。将动物疫病防控作为防范畜牧业产业风险和防治人畜共患病的第一道防线，着力加强防疫队伍和能力建设，落实政府和市场主体的防疫责任，形成防控合力。

坚持绿色发展。统筹资源环境承载能力、畜禽产品供给保障能力和养殖废弃物资源化利用能力，协同推进畜禽养殖和环境保护，促进可持续发展。

坚持政策引导。更好发挥政府作用，优化区域布局，强化政策支持，加快补齐畜牧业发展的短板和弱项，加强市场调控，保障畜禽产品有效供给。

（三）发展目标。畜牧业整体竞争力稳步提高，动物疫病防控能力明显增强，绿色发展水平显著提高，畜禽产品供应安全保障能力大幅提升。猪肉自给率保持在95%左右，牛羊肉自给率保持在85%左右，奶源自给率保持在70%以上，禽肉和禽蛋实现基本自给。到2025年畜禽养殖规模化率和畜禽粪污综合利用率分别达到70%以上和80%以上，到2030年分别达到75%以上和85%以上。

二、加快构建现代养殖体系

（四）加强良种培育与推广。继续实施畜禽遗传改良计划和现代种业提升工程，健全产学研联合育种机制，重点开展白羽肉鸡育种攻关，推进瘦肉型猪本土化选育，加快牛羊专门化品种选育，逐步提高核心种源自给率。实施生猪良种补贴和牧区畜牧良种补贴，加快优良品种推广和应用。强化畜禽遗传资源保护，加强国家级和省级保种场、保护区、基因库建设，推动地方品种资源应保尽保、有序开发。（农业农村部、国家发展改革委、科技部、财政部等按职责分工负责，地方人民政府负责落实。以下均需地方人民政府落实，不再列出）

（五）健全饲草料供应体系。因地制宜推行粮改饲，增加青贮玉米种植，提高苜蓿、燕麦草等紧缺饲草自给率，开发利用杂交构树、饲料桑等新饲草资源。推进饲草料专业化生产，加强饲草料加工、流通、配送体系建设。促进秸秆等非粮饲料资源高效利用。建立健全饲料原料营养价值数据库，全面推广饲料精准配方和精细加工技术。加快生物饲料开发应用，研发推广新型安全高效饲料添加剂。调整优化饲料配方结构，促进玉米、豆粕减量替代。（农业农村部、国家发展改革委、科技部、财政部、国务院扶贫办等按职责分工负责）

（六）提升畜牧业机械化水平。制定主要畜禽品种规模化养殖设施装备配套技术规范，推进养殖工艺与设施装备的集成配套。落实农机购置补贴政策，将养殖场（户）购置自动饲喂、环境控制、疫病防控、废弃物处理等农机装备按规定纳入补贴范围。遴选推介一批全程机械化养殖场和示范基地。提高饲草料和畜禽生产加工等关键环节设施装备自主研发能力。（农业农村部、国家发展改革委、工业和信息化部、财政部等按职责分工负责）

（七）发展适度规模经营。因地制宜发展规模化养殖，引导养殖场（户）改造提升基础设施条件，扩大养殖规模，提升标准化养殖水平。加快养殖专业合作社和现代家庭牧场发展，鼓励其以产权、资金、劳动、技术、产品为纽带，开展合作和联合经营。鼓励畜禽养殖龙头企业发挥引领带动作用，与养殖专业合作社、家庭牧场紧密合作，通过统一生产、统一服务、统一营销、技术共享、品牌共创等方式，形成稳定的产业联合体。完善畜禽标准化饲养管理规程，开展畜禽养殖标准化示范创建。（农业农村部负责）

（八）扶持中小养殖户发展。加强对中小养殖户的指导帮扶，不得以行政手段强行清退。鼓励新型农业经营主体与中小养殖户建立利益联结机制，带动中小养殖户专业化生产，提升市场竞争力。加强基层畜牧兽医技术推广体系建设，健全社会化服务体系，培育壮大畜牧科技服务企业，为中小养殖户提供良种繁育、饲料营养、疫病检测诊断治疗、机械化生产、产品储运、废弃物资源化利用等实用科技服务。（农业农村部、科技部等按职责分工负责）

三、建立健全动物防疫体系

（九）落实动物防疫主体责任。依法督促落实畜禽养殖、贩运、屠宰加工等各环节从业者动物防疫主体责任。引导养殖场（户）改善动物防疫条件，严格按规定做好强制免疫、清洗消毒、疫情报告等工作。建立健全畜禽贩运和运输车辆监管制度，对运输车辆实施备案管理，落实清洗消毒措施。督促指导规模养殖场（户）和屠宰厂（场）配备相应的畜牧兽医技术人员，依法落实疫病自检、报告等制度。加强动物疫病防控分类指导和技术培训，总结推广一批行之有效的防控模式。（农业农村部、交通运输部等按职责分工负责）

（十）提升动物疫病防控能力。落实地方各级人民政府防疫属地管理责任，完善部门联防联控机制。强化重大动物疫情监测排查，建立重点区域和场点入场抽检制度。健全动物疫情信息报告制度，加强养殖、屠宰加工、无害化处理等环节动物疫病信息管理。完善疫情报告奖惩机制，对疫情报告工作表现突出的给予表彰，对瞒报、漏报、迟报或阻碍他人报告疫情的依法依规严肃处理。实施重大动物疫病强制免疫计划，建立基于防疫水平的养殖场（户）分级管理制度。加强口岸动物疫情防控工作，进一步提升口岸监测、检测、预警和应急处置能力。严厉打击收购、贩运、销售、随意丢弃病死畜禽等违法违规行为，构成犯罪的，依法追究刑事责任。（农业农村部、公安部、交通运输部、海关总署等按职责分工负责）

（十一）建立健全分区防控制度。加快实施非洲猪瘟等重大动物疫病分区防控，落实省际联席会议制度，统筹做好动物疫病防控、畜禽及畜禽产品调运监管和市场供应等工作。统一规划实施畜禽指定通道运输。支持有条件的地区和规模养殖场（户）建设无疫区和无疫小区。推进动物疫病净化，以种畜禽场为重点，优先净化垂直传播性动物疫病，建设一批净化示范场。（农业农村部、国家发展改革委、交通运输部等按职责分工负责）

（十二）提高动物防疫监管服务能力。加强动物防疫队伍建设，采取有效措施稳定基层机构队伍。依托现有机构编制资源，建立健全动物卫生监督机构和动物疫病预防控制机构，加强动物疫病防控实验室、边境监测站、省际公路检查站和区域洗消中心等建设。在生猪大县实施乡镇动物防疫特聘计划。保障村级动物防疫员合理劳务报酬。充分发挥执业兽医、乡村兽医作用，支持其开展动物防疫和疫病诊疗活动。鼓励大型养殖企业、兽药及饲料生产企业组建动物防疫服务团队，提供“一条龙”、“菜单式”防疫服务。（农业农村部、中央编办、国家发展改革委、财政部、人力资源社会保障部等按职责分工负责）

**四、加快构建现代加工流通体系**

（十三）提升畜禽屠宰加工行业整体水平。持续推进生猪屠宰行业转型升级，鼓励地方新建改建大型屠宰自营企业，加快小型屠宰场点撤停并转。开展生猪屠宰标准化示范创建，实施生猪屠宰企业分级管理。鼓励大型畜禽养殖企业、屠宰加工企业开展养殖、屠宰、加工、配送、销售一体化经营，提高肉品精深加工和副产品综合利用水平。推动出台地方性法规，规范牛羊禽屠宰管理。（农业农村部、国家发展改革委等按职责分工负责）

（十四）加快健全畜禽产品冷链加工配送体系。引导畜禽屠宰加工企业向养殖主产区转移，推动畜禽就地屠宰，减少活畜禽长距离运输。鼓励屠宰加工企业建设冷却库、低温分割车间等冷藏加工设施，配置冷链运输设备。推动物流配送企业完善冷链配送体系，拓展销售网络，促进运活畜禽向运肉转变。规范活畜禽跨区域调运管理，完善“点对点”调运制度。倡导畜禽产品安全健康消费，逐步提高冷鲜肉品消费比重。（农业农村部、国家发展改革委、交通运输部、商务部等按职责分工负责）

（十五）提升畜牧业信息化水平。加强大数据、人工智能、云计算、物联网、移动互联网等技术在畜牧业的应用，提高圈舍环境调控、精准饲喂、动物疫病监测、畜禽产品追溯等智能化水平。加快畜牧业信息资源整合，推进畜禽养殖档案电子化，全面实行生产经营信息直联直报。实现全产业链信息化闭环管理。支持第三方机构以信息数据为基础，为养殖场（户）提供技术、营销和金融等服务。（农业农村部、国家发展改革委、国家统计局等按职责分工负责）

（十六）统筹利用好国际国内两个市场、两种资源。扩大肉品进口来源国和进口品种，适度进口优质安全畜禽产品，补充和调剂国内市场供应。稳步推进畜牧业对外投资合作，开拓多元海外市场，扩大优势畜禽产品出口。深化对外交流，加强先进设施装备、优良种质资源引进，开展动物疫苗科研联合攻关。（农业农村部、国家发展改革委、科技部、商务部、海关总署等按职责分工负责）

**五、持续推动畜牧业绿色循环发展**

（十七）大力推进畜禽养殖废弃物资源化利用。支持符合条件的县（市、区、旗）整县推进畜禽粪污资源化利用，鼓励液体粪肥机械化施用。对畜禽粪污全部还田利用的养殖场（户）实行登记管理，不需申领排污许可证。完善畜禽粪污肥料化利用标准，支持农民合作社、家庭农场等在种植业生产中施用粪肥。统筹推进病死猪牛羊禽等无害化处理，完善市场化运作模式，合理制定补助标准，完善保险联动机制。（农业农村部、国家发展改革委、生态环境部、银保监会等按职责分工负责）

（十八）促进农牧循环发展。加强农牧统筹，将畜牧业作为农业结构调整的重点。农区要推进种养结合，鼓励在规模种植基地周边建设农牧循环型畜禽养殖场（户），促进粪肥还田，加强农副产品饲料化利用。农牧交错带要综合利用饲草、秸秆等资源发展草食畜牧业，加强退化草原生态修复，恢复提升草原生产能力。草原牧区要坚持以草定畜，科学合理利用草原，鼓励发展家庭生态牧场和生态牧业合作社。南方草山草坡地区要加强草地改良和人工草地建植，因地制宜发展牛羊养殖。（农业农村部、国家发展改革委、生态环境部、国家林草局等按职责分工负责）

（十九）全面提升绿色养殖水平。科学布局畜禽养殖，促进养殖规模与资源环境相匹配。缺水地区要发展羊、禽、兔等低耗水畜种养殖，土地资源紧缺地区要采取综合措施提高养殖业土地利用率。严格执行饲料添加剂安全使用规范，依法加强饲料中超剂量使用铜、锌等问题监管。加强兽用抗菌药综合治理，实施动物源细菌耐药性监测、药物饲料添加剂退出和兽用抗菌药使用减量化行动。建立畜牧业绿色发展评价体系，推广绿色发展配套技术。（农业农村部、自然资源部、生态环境部等按职责分工负责）

**六、保障措施**

（二十）严格落实省负总责和“菜篮子”市长负责制。各省（自治区、直辖市）人民政府对本地区发展畜牧业生产、保障肉蛋奶市场供应负总责，制定发展规划，强化政策措施，不得超越法律法规规定禁养限养。加强“菜篮子”市长负责制考核。鼓励主销省份探索通过资源环境补偿、跨区合作建立养殖基地等方式支持主产省份发展畜禽生产，推动形成销区补偿产区的长效机制。（国家发展改革委、农业农村部等按职责分工负责）

（二十一）保障畜牧业发展用地。按照畜牧业发展规划目标，结合地方国土空间规划编制，统筹支持解决畜禽养殖用地需求。养殖生产及其直接关联的畜禽粪污处理、检验检疫、清洗消毒、病死畜禽无害化处理等农业设施用地，可以使用一般耕地，不需占补平衡。畜禽养殖设施原则上不得使用永久基本农田，涉及少量永久基本农田确实难以避让的，允许使用但须补划。加大林地对畜牧业发展的支持，依法依规办理使用林地手续。鼓励节约使用畜禽养殖用地，提高土地利用效率。（自然资源部、农业农村部、国家林草局等按职责分工负责）

（二十二）加强财政保障和金融服务。继续实施生猪、牛羊调出大县奖励政策。通过政府购买服务方式支持动物防疫社会化服务。落实畜禽规模养殖、畜禽产品初加工等环节用水、用电优惠政策。通过中央财政转移支付等现有渠道，加强对生猪屠宰标准化示范创建和畜禽产品冷链运输配送体系建设的支持。银行业金融机构要积极探索推进土地经营权、养殖圈舍、大型养殖机械抵押贷款，支持具备活体抵押登记、流转等条件的地区按照市场化和风险可控原则，积极稳妥开展活畜禽抵押贷款试点。大力推进畜禽养殖保险，鼓励有条件的地方自主开展畜禽养殖收益险、畜产品价格险试点，逐步实现全覆盖。鼓励社会资本设立畜牧业产业投资基金和畜牧业科技创业投资基金。

（财政部、银保监会、国家发展改革委、农业农村部等按职责分工负责）

（二十三）强化市场调控。依托现代信息技术，加强畜牧业生产和畜禽产品市场动态跟踪监测，及时、准确发布信息，科学引导生产和消费。完善政府猪肉储备调节机制，缓解生猪生产和市场价格周期性波动。各地根据需要研究制定牛羊肉等重要畜产品保供和市场调控预案。（国家发展改革委、财政部、农业农村部、商务部等按职责分工负责）

（二十四）落实"放管服"改革措施。推动修订畜牧兽医相关法律法规，提高畜牧业法制化水平。简化畜禽养殖用地取得程序以及环境影响评价、动物防疫条件审查、种畜禽进出口等审批程序，缩短审批时间，推进"一窗受理"，强化事中事后监管。（司法部、自然资源部、生态环境部、农业农村部、海关总署等按职责分工负责）

国务院办公厅

2020 年 9 月 14 日

# 农业农村部文件

农牧发〔2021〕37 号

## 农业农村部关于印发《"十四五"全国畜牧兽医行业发展规划》的通知

各省、自治区、直辖市及计划单列市农业农村（农牧）、畜牧兽医厅（局、委），新疆生产建设兵团农业农村局：

为推进畜牧兽医行业高质量发展，我部制定了《"十四五"全国畜牧兽医行业发展规划》。现印发你们，请结合本地实际，认真组织实施。

农业农村部

2021 年 12 月 14 日

— 1 —

# "十四五"全国畜牧兽医行业发展规划

2021 年 12 月

— 2 —

## 目 录



— 3 —

畜牧业是关系国计民生的重要产业，是农业农村经济的支柱产业，是保障食物安全和居民生活的战略产业，是农业现代化的标志性产业。“十四五”时期是开启全面建设社会主义现代化国家新征程、向第二个百年奋斗目标进军的首个五年，是全面推进乡村振兴、加快农业农村现代化的关键五年，也是畜牧业转型升级、提升质量效益和竞争力的重要五年。为贯彻落实《国务院办公厅关于促进畜牧业高质量发展的意见》（国办发〔2020〕31 号）精神，加快构建畜牧业高质量发展新格局，推进畜牧业在农业中率先实现现代化，依据《中华人民共和国国民经济和社会发展第十四个五年规划和 2035 年远景目标纲要》《“十四五”推进农业农村现代化规划》，制定本规划。

**一、发展形势**

**（一）主要成就**

“十三五”期间，在党中央、国务院的坚强领导下，畜牧业克服资源要素趋紧、非洲猪瘟疫情传入、生产异常波动和新冠肺炎疫情冲击等不利因素影响，生产方式加快转变，绿色发展全面推进，现代化建设取得明显进展，综合生产能力、市场竞争力和可持续发展能力不断增强。**一是畜产品供应能力稳步提升。**2020 年全国肉类、禽蛋、奶类总产量分别为 7748 万吨、3468 万吨和 3530 万吨，肉类、禽蛋产量继续保持世界首位，奶类产量位居世界前列。饲料产量 2.53 亿吨，连续十年居全球第一。生猪生产较快恢复，牛肉、羊



肉和禽蛋产量分别比 2015 年增长 8.2%、10.6%、12.2%，乳品市场供应充足、种类丰富，保障了重要农产品供给和国家食物安全。**二是产业素质显著提高。**2020 年全国畜禽养殖规模化率达到 67.5%，比 2015 年提高 13.6 个百分点；畜牧养殖机械化率达到 35.8%，比 2015 年提高 7.2 个百分点。养殖主体格局发生深刻变化，小散养殖场（户）加速退出，规模养殖快速发展，呈现龙头企业引领、集团化发展、专业化分工的发展趋势，组织化程度和产业集中度显著提升。畜禽种业自主创新水平稳步提高，畜禽核心种源自给率超过 75%，比 2015 年提高 15 个百分点。生猪屠宰行业整治深入推进，乳制品加工装备设施和生产管理基本达到世界先进水平，畜禽运输和畜产品冷链物流配送网络逐步建立，加工流通体系不断优化，畜牧业劳动生产率、科技进步贡献率和资源利用率明显提高。**三是畜产品质量安全保持较高水平。**质量兴牧持续推进，源头治理、过程管控、产管结合等措施全面推行，畜产品质量安全保持稳定向好的态势。2020 年，饲料、兽药等投入品抽检合格率达到 98.1%，畜禽产品抽检合格率达到 98.8%，连续多年保持在较高水平；全国生鲜乳违禁添加物连续 12 年保持“零检出”，婴幼儿配方奶粉抽检合格率达到 99.8% 以上，在国内食品行业中位居前列，规模奶牛场乳蛋白、乳脂肪等指标达到或超过发达国家水平。**四是绿色发展取得重大进展。**畜牧业生产布局加速优化调整，畜禽养殖持续向环境容量大的地区转移，南方水网地区养殖密度过



大问题得到有效纾解，畜禽养殖与资源环境相协调的绿色发展格局加快形成。畜禽养殖废弃物资源化利用取得重要进展，2020 年全国畜禽粪污综合利用率达到 76%，圆满完成“十三五”任务目标。药物饲料添加剂退出和兽用抗菌药使用减量化行动成效明显，2020 年畜禽养殖抗菌药使用量比 2017 年下降 21.4%。**五是重大动物疫病得到有效防控。**疫病防控由以免疫为主向综合防控转型，强制免疫、监测预警、应急处置和控制净化等制度不断健全，重大动物疫情应急实施方案逐步完善，动植物保护能力提升工程深入实施，动物疫病综合防控能力明显提升，非洲猪瘟、高致病性禽流感等重大动物疫情得到有效防控，全国动物疫情形势总体平稳。加强畜禽跨省调运监管，新建 266 个动物跨省运输指定通道，对 12.5 万辆生猪运输车辆实施网上备案，动物检疫监督能力不断提高。国际兽医事务话语权显著增强，成功申请猪繁殖与呼吸综合征、猪瘟等 6 家世界动物卫生组织（OIE）参考实验室，我国代表获选 OIE 亚太区域主席，2 名专家当选 OIE 专业委员会委员。这些成就的取得，为“十四五”畜牧兽医行业高质量发展奠定了坚实基础。

**（二）重大挑战**

当今世界正经历百年未有之大变局，“十四五”时期畜牧业发展的内外部环境更加复杂，依靠国内资源增产扩能的难度日益增加，依靠进口调节国内余缺的不确定性加大，构建国内国际双循环

的新发展格局面临诸多挑战。**一是稳产保供任务更加艰巨。**未来一段时期,畜产品消费仍将持续增长,但玉米等饲料粮供需矛盾突出,大豆、苜蓿等严重依赖国外进口。受新冠肺炎、非洲猪瘟等重大疫情冲击,猪牛羊肉等重要畜产品在高水平上保持稳定供应难度加大。**二是发展不平衡问题更加突出。**一些地方缺乏发展养殖业的积极性,"菜篮子"市长负责制落实不到位;加工流通体系培育不充分,产加销利益联结机制不健全;基层动物防疫机构队伍严重弱化,一些畜牧大县动物疫病防控能力与畜禽饲养量不平衡,生产安全保障能力不足;草食家畜发展滞后,牛羊肉价格连年上涨,畜产品多样化供给不充分。**三是资源环境约束更加趋紧。**养殖设施建设及饲草料种植用地难问题突出,制约了畜牧业规模化、集约化发展;部分地区生态环境容量饱和,保护与发展的矛盾进一步凸显;种养主体分离,种养循环不畅,稳定成熟的种养结合机制尚未形成,粪污还田利用水平较低。**四是产业发展面临风险更加凸显。**生产经营主体生物安全水平参差不齐,周边国家和地区动物疫病多发常发,内疫扩散和外疫传入的风险长期存在。"猪周期"有待破解,猪肉价格起伏频繁,市场风险加剧。贸易保护主义抬头,部分畜禽品种核心种源自给水平不高,"卡脖子"风险加大。**五是提升行业竞争力要求更加迫切。**我国畜牧业劳动生产率、科技进步贡献率、资源利用率与发达国家相比仍有较大差距。国内生产成本整体偏高,行业竞争力较弱,畜产品进口连年增加,不断挤压国



内生产空间。

**(三)发展机遇**

"十四五"时期我国重农强农氛围进一步增强,推进畜牧业现代化面临难得的历史机遇。**一是市场需求扩面升级。**"十四五"时期我国将加快形成以国内大循环为主体、国内国际双循环相互促进的新发展格局,城乡居民消费结构进入加速升级阶段,肉蛋奶等动物蛋白摄入量增加,对乳品、牛羊肉的需求快速增长,绿色优质畜产品市场空间不断拓展。**二是内生动力持续释放。**畜牧业生产主体结构持续优化,畜禽养殖规模化、集约化、智能化发展趋势加速,新旧动能加快转换。随着生产加快向规模主体集中,资本、技术、人才等要素资源集聚效应将进一步凸显,产业发展、质量提升、效率提速潜力将进一步释放。**三是保障体系更加完善。**党中央、国务院高度重视畜牧业发展,《国务院办公厅关于促进畜牧业高质量发展的意见》明确了一系列政策措施,为"十四五"畜牧兽医行业发展提供了遵循。农业农村部会同有关部门先后制定实施多项政策措施,在投资、金融、用地及环保等方面实现了重大突破,畜牧业发展激励机制和政策保障体系不断完善。

**二、总体思路**

**(一)指导思想**

以习近平新时代中国特色社会主义思想为指导,深入贯彻党的十九大和十九届二中、三中、四中、五中、六中全会精神,认真落



实党中央、国务院决策部署,完整、准确、全面贯彻新发展理念,持续深化供给侧结构性改革,调整优化产业结构和空间布局,加快构建现代养殖体系、动物防疫体系和加工流通体系,不断提高畜产品供给水平、质量安全与动物疫病风险防控水平、畜牧业绿色循环发展水平,提高质量效益和竞争力,实现产出高效、产品安全、资源节约、环境友好、调控有效的高质量发展,为全面推进乡村振兴、加快农业农村现代化提供产业支撑。

**(二)基本原则**

**坚持创新驱动。**依靠科技创新和技术进步,突破发展瓶颈,不断提高畜禽良种化、养殖机械化水平和资源利用效率,加快畜牧业发展方式转变,推进全行业全要素现代化。

**坚持市场主导。**充分发挥市场在资源配置中的决定性作用,更好发挥政府政策引导和市场调控等作用,消除限制畜牧业发展的不合理壁垒,增强畜牧业发展活力,保障畜产品有效供给。

**坚持防疫优先。**将动物疫病防控作为防范畜牧业产业风险的第一道防线,加强动物防疫体系能力建设,落实生产经营主体责任,形成防控合力,保障生产安全。坚持人病兽防、关口前移,从源头前端阻断人畜共患病传播路径,保障公共卫生安全。

**坚持绿色引领。**遵循绿色发展理念,促进资源环境承载能力、畜产品供给保障能力和养殖废弃物资源化利用能力相匹配,畅通种养结合循环链,协同推进畜禽养殖和环境保护,促进可持续发展。



**(三)发展目标**

到2025年,全国畜牧业现代化建设取得重大进展,奶牛、生猪、家禽养殖率先基本实现现代化。产业质量效益和竞争力不断增强,畜牧业产值稳步增长,动物疫病防控体系更加健全,畜禽产品供应能力稳步提升,现代加工流通体系加快形成,绿色发展成效逐步显现。

——**产品保障目标。**产业结构和区域布局进一步优化,畜牧业综合生产能力和供应保障能力大幅提升,猪肉自给率保持在95%左右,牛羊肉自给率保持在85%左右,奶源自给率达到70%以上,禽肉和禽蛋保持基本自给。产品结构不断优化,优质、特色差异化产品供给持续增加。

——**产业安全目标。**动物疫病综合防控能力大幅提高,兽医社会化服务发展取得突破,饲料、兽药监管能力持续增强,为维护产业安全提供可靠支撑。

——**绿色发展目标。**生产发展与资源环境承载力匹配度提高,畜禽养殖废弃物资源化利用持续推进,畜禽粪污综合利用率达到80%以上,形成种养结合、农牧循环的绿色循环发展新方式。

——**现代化建设目标。**现代养殖体系基本建立,畜禽种业发展水平全面提升,畜禽核心种源自给率达到78%。标准化规模养殖持续发展,畜禽养殖规模化率达到78%以上。现代加工流通体系加快构建,养殖、屠宰、加工、冷链物流全产业链生产经营集约

化、标准化、自动化、智能化水平迈上新台阶。

| 专栏1 “十四五”畜牧兽医行业发展主要指标 | | | | |
|---|---|---|---|---|
| 序号 | 指标 | 2020年 | 2025年 | 指标属性 |
| 1 | 肉类产量(万吨) | 7748 | 8900 | 预期性 |
| 2 | 蛋类产量(万吨) | 3468 | 3500 | 预期性 |
| 3 | 奶类产量(万吨) | 3530 | 3600 | 预期性 |
| 4 | 畜禽养殖规模化率(%) | 67.5 | 78 | 预期性 |
| 5 | 畜禽核心种源自给率(%) | 75 | 78 | 预期性 |
| 6 | 畜牧业机械化率(%) | 35.8 | 50 | 预期性 |
| 7 | 畜牧业科技贡献率(%) | 66 | 70 | 预期性 |
| 8 | 畜牧业总产值(万亿元) | 4.13 | 4.5 | 预期性 |
| 9 | 饲料工业产值(万亿元) | 0.95 | 1 | 预期性 |
| 10 | 执业兽医数量(万人) | 12 | 16 | 预期性 |
| 11 | 投入品质量监督抽检合格率(%) | 98.1 | 98.5 | 预期性 |
| 12 | 畜禽粪污综合利用率(%) | 76 | 80 | 约束性 |
| 13 | 畜禽产品抽检合格率(%) | 98.8 | ≥98 | 预期性 |
| 14 | 畜禽发病率(%) | 4.38 | ≤4.5 | 预期性 |

**三、重点产业**

优化区域布局与产品结构，重点打造生猪、家禽两个万亿级产业，奶畜、肉牛肉羊、特色畜禽、饲草四个千亿级产业，着力构建“2+4”现代畜牧业产业体系。

**（一）两个万亿级产业**

**1. 生猪**

**发展目标。**落实生猪稳产保供省负总责和“菜篮子”市长负



责制，确保猪肉自给率保持在95%左右，猪肉产能稳定在5500万吨左右，生猪养殖业产值达到1.5万亿元以上，着力提升发展质量，加强产能调控，缓解“猪周期”波动，增强稳产保供能力。

**区域布局与发展重点。**根据经济社会发展水平、资源环境承载能力、市场消费需求等因素，将全国生猪养殖业划分为调出区、主销区和产销平衡区。**调出区**，包括湖北、湖南、河南、广西、辽宁、吉林、黑龙江、河北、安徽、山东、江西等省份，稳步扩大现有产能，加快产业转型升级，提升规模化、标准化、产业化水平，实现稳产增产。**主销区**，包括广东、浙江、江苏、北京、天津、上海等省份，重点引导大中型企业建设养殖基地，确保一定的自给率。**产销平衡区**，包括内蒙古、山西、海南、四川、重庆、云南、贵州、福建、西藏、陕西、甘肃、青海、宁夏、新疆（含新疆生产建设兵团）等省份，重点挖掘增产潜力，推进适度规模经营，因地制宜发展地区特色养殖，确保基本自给。

**2. 家禽**

**发展目标。**禽肉、禽蛋产量分别稳定在2200万吨、3500万吨，保持基本自给，家禽养殖业产值达到1万亿元以上。

**区域布局与发展重点。**巩固提升传统优势区生产，加快推动有潜力的区域发展。**肉鸡蛋鸡养殖优势区**，包括山东、广东、广西、安徽、辽宁、河南、江苏、福建、四川、河北、吉林、湖北、黑龙江等省份，重点加快产业转型升级，提升规模化、标准化、产业化水平，实



现稳产增产。**肉鸡蛋鸡养殖潜力区**，包括山西、内蒙古、江西、湖南、云南、重庆、贵州、海南、浙江、陕西等省份，重点夯实大型肉鸡蛋鸡养殖基地条件，加大产业技术力量配备，稳步推进产业发展。**肉鸡蛋鸡特色养殖区**，包括西藏、青海、宁夏、甘肃、新疆（含新疆生产建设兵团）等省份，因地制宜发展地方品种肉鸡蛋鸡养殖，提高消费自给率。**水禽养殖优势区**，包括山东、河北、河南、安徽、江苏、浙江、福建、江西、湖南、湖北、广东、广西、四川、重庆、辽宁、吉林、黑龙江等省份，重点发展肉鸭、蛋鸭、鹅等生产，提升规模化、标准化、智能化养殖水平，推广全产业链生产模式，提高水禽养殖经济效益。

**（二）四个千亿级产业**

**1. 奶畜**

**发展目标。**奶源自给率达到70%以上，奶类产量稳定在3600万吨左右，存栏100头以上奶牛规模养殖比重超过70%，乳品质量安全水平不断提高，奶业养殖业产值达到1500亿元，实现奶业全面振兴。

**区域布局与发展重点。东北和内蒙古区**，包括内蒙古、辽宁、吉林、黑龙江等省份。重点巩固传统种养结合优势，以荷斯坦奶牛为主，兼顾乳肉兼用牛，发展全株青贮玉米及高产优质苜蓿生产，扩大养殖规模。**华北和中原区**，包括河北、山西、山东、河南等省份。重点以荷斯坦奶牛为主，发展专业化养殖场，提高集约化程



度；充分利用农业资源，探索饲料资源高效利用新模式，巩固加工业基础优势，形成种养加一体化产业体系。**西部区**，包括西藏、陕西、甘肃、青海、宁夏、新疆等省份。重点巩固牧区生产优势，扩大优质饲草饲料种植面积，大力推广舍饲、半舍饲养殖，提高饲养管理水平；以荷斯坦奶牛为主，发展乳肉兼用牛、奶山羊、牦牛等品种；着力发展规模养殖场、家庭牧场，提高奶类商品化率。**南方区**，包括江苏、浙江、安徽、福建、江西、湖北、湖南、广东、广西、海南、四川、贵州、云南等省份。重点是加快养殖设施设备改造提升，提高区域特色饲草饲料资源高效利用水平，积极发展奶水牛等特色奶畜，发展适度规模养殖。

**2. 肉牛肉羊**

**发展目标。**实施肉牛肉羊生产发展五年行动，坚持稳定牧区、发展农区、开发南方草山草坡的发展思路，推进农牧结合、草畜配套，牛羊肉自给率保持在85%左右，牛肉、羊肉产量分别稳定在680万吨和500万吨左右，肉牛肉羊养殖业产值达到9000亿元。

**区域布局与发展重点。东北区**，包括吉林、黑龙江、辽宁及内蒙古东部地区，发挥粮食资源和可利用饲草资源丰富的优势，推进种养结合，加强主导品种选育和改良，发展适度规模舍饲养殖。**中原区**，包括河北、山东、河南、安徽、湖北、湖南等省份，积极推广标准化规模养殖，稳步扩大养殖规模，提升标准化、集约化、机械化水平。**西北区**，包括新疆、青海、宁夏、甘肃、陕西及内蒙古西部地区，

重点保护地方特色肉牛肉羊品种，科学利用草原资源，建设人工饲草料基地，发展现代家庭牧场，提高出栏率，稳定牛羊肉生产。**西南区**，包括四川、重庆、云南、贵州、广西、西藏等省份，挖掘草山草坡资源利用潜力，扩大牛羊肉生产，因地制宜发展特色养殖。

**3. 饲草**

**发展目标。**围绕草食畜牧业需求，以粮改饲、优质高产苜蓿基地建设等支持政策为抓手，大力发展全株青贮玉米、苜蓿、燕麦草、黑麦草等优质饲草生产，因地制宜开发利用杂交构树、饲料桑等区域特色饲草资源，加快建设现代饲草生产、加工、流通体系。优质饲草自给率达到80%以上，全株青贮玉米收储量5000万吨以上（折干草重），优质苜蓿产量500万吨以上；饲草总产值达到2000亿元。

**区域布局与发展重点。东北区**，重点发展种养结合、就近利用模式，利用耕地种植全株青贮玉米和苜蓿，同步利用人工草地种植羊草，优先满足区域内饲草需求，兼顾商品草种植生产。**黄淮海区**，坚持种养结合一体化发展模式，重点调整玉米利用方式，发展全株青贮玉米，适度发展苜蓿生产，着力提升区域内优质饲草自给能力。**西北区**，坚持种养结合与商品草生产并重，积极推进粮改饲发展全株青贮玉米，加强草畜配套，有条件的区域适度发展优质苜蓿，打造优质商品草种植、收储、加工、流通基地。**南方区**，坚持草畜结合、特色发展模式，重点利用冬闲田种植黑麦草等一年生牧



草，积极开展草山草坡改良放牧养殖。**青藏高原区**，坚持以草定畜、草畜结合模式，加快发展特色品种种植和豆禾混播栽培生产，推广饲料入户和饲草科学搭配，着力保障区域内优质饲草均衡供应。

**4. 特色畜禽**

**发展目标。**着重完善品种遗传资源保护体系，扩大优质种群规模，加大特色畜禽品种商业化培育和地方品种产业化开发力度，延伸产业链条，强化品牌创建，打造特色优势产区。发挥好特色畜禽养殖在巩固拓展脱贫攻坚成果同乡村振兴有效衔接过程中的重要作用。特色畜禽养殖业总产值达到1500亿元。

**区域布局与发展重点。**根据蜜源植物分布，加强中华蜜蜂保护与开发利用，因地制宜发展西方蜜蜂养殖，扩大浆蜂养殖量，大力推广蜜蜂授粉技术，发展蜂产品精深加工，延长蜂产业链，提高蜂产品质量安全水平。在内蒙古、新疆、青海、西藏、甘肃、四川等传统特色优势区和京津冀、长三角、粤港澳大湾区、海南自贸区等地城市周边城郊新兴发展区推进马业发展，传统特色优势区重点推进以我国草原马品种为主的育马、养马及相关特色赛事活动，城郊新兴发展区重点加强引进品种本土化选育，培育专门用途马匹的品系或类群，开展性能测定，培育赛马、马术、马球等运动及观赏、休闲骑乘等消费潜能，促进现代马产业与国际接轨。以四川、重庆、山东、江苏、河南、浙江、安徽、福建、吉林、新疆等省份为重点



地区，提高肉兔、獭兔、毛兔饲养专门化生产水平，增强制种供种能力，提高产业链附加值。以广东、安徽、山东、江苏等省份为重点地区，加强肉鸽、鹌鹑品种选育，提高生产性能，推进标准化规模化生产。立足我国北方和西部地区，加大绒山羊和细毛羊核心群保护力度，持续提高绒毛用羊规模化、标准化生产水平，改善羊绒和羊毛的品质。在吉林、辽宁、黑龙江等省份重点推进梅花鹿养殖业发展，围绕“扩群、提质、增效”，拓展产业链，提升梅花鹿养殖水平。发挥新疆、甘肃、青海、宁夏、内蒙古、西藏等省份马鹿资源优势，优化马鹿产业布局，提升整体效益。在河北、山西、内蒙古、吉林、辽宁、黑龙江、山东等省份加强貂、狐、貉等毛皮动物养殖，保障高质量毛皮原料。鼓励内蒙古、新疆、青海、甘肃等省份开展双峰驼、羊驼养殖，逐步提高规模化、标准化养殖和生产水平，加快形成肉、绒毛同步发展的骆驼全产业链。

**四、重点任务**

围绕加快构建现代养殖体系和现代加工流通体系，健全完善动物防疫体系，持续推动畜牧业绿色循环发展，聚焦九大重点任务，突破关键环节，加快推进畜牧业现代化。

**（一）提升畜禽养殖集约化水平**

将提升畜禽养殖集约化水平作为推动畜牧业转型升级的根本途径，坚持增量与提质相结合，加快转变生产方式，切实提高畜禽养殖劳动生产率、科技进步贡献率和资源利用率。



| 专栏2　生猪稳产保供行动 |
| --- |
| 实施《生猪产能调控实施方案》，建立以调控能繁母猪存栏量为核心的生猪产能调控机制。落实“三抓两保”（抓大省、大县、大场，保能繁母猪存栏量底线、保规模猪场数量底线）制度，采取逐级压实责任、强化监测预警、加强政策调控等综合措施，实现全国能繁母猪保有量稳定在4100万头、猪肉年产能5500万吨左右的目标，稳固养猪业基础生产能力。 |

**发展适度规模经营。**因地制宜发展规模化养殖，引导养殖场（户）改造提升基础设施条件，扩大养殖规模，提升标准化养殖水平。大力培育龙头企业、养殖专业合作社、家庭牧场、社会化服务组织等新型经营主体，鼓励龙头企业发挥引领带动作用，通过统一生产、统一服务、统一营销、技术共享、品牌共创等方式，形成稳定的产业联合体。支持中小养殖户融入现代生产体系，加强对中小养殖户的指导帮扶，支持龙头企业与中小养殖户建立利益联结机制，带动中小养殖户专业化生产，提升市场竞争力。

**推行全面标准化生产方式。**坚持良种良法配套、设施工艺结合、生产生态协调，制定实施不同畜禽品种、不同地区、不同规模、不同模式的标准化饲养管理规程，建立健全标准化生产体系。深入开展标准化示范场创建，创建一批生产高效、环境友好、产品安全、管理先进的畜禽养殖标准化示范场，推动部省联创，增强示范带动效应。

**专栏3　畜禽养殖标准化示范创建**

以《国家畜禽遗传资源目录》中的生猪、奶牛、肉牛、肉羊、蛋鸡、肉鸡等传统畜禽为主，兼顾特种畜禽，继续在全国范围内开展畜禽养殖标准化示范创建活动。计划共创建500个左右国家级标准化示范场。支持各地结合实际，开展部省市县联创，全面提升畜禽养殖标准化水平，加快构建现代养殖体系。

**提升设施装备水平。**制定主要畜禽品种规模化养殖设施装备配套技术规范，推进养殖工艺与设施装备的集成配套。落实农机购置补贴政策，加快制定有关涉牧机械、智能设备鉴定大纲和成套设施设备的建设规范，将养殖场（户）购置自动饲喂、环境控制、疫病防控、废弃物处理等农机装备按规定纳入补贴范围，对暂无鉴定大纲的有关涉牧机械、智能设备列入农机新产品购置补贴试点范围予以支持。积极探索生猪生产成套设施装备补贴新途径，提高饲草料和畜禽生产加工等关键环节设施装备自主研发能力。稳步发展全程机械化养殖场和示范基地。

**促进牧区生产方式转型升级。**加快牧区畜牧业生产方式转变，以提高牧区生产组织化程度为核心，鼓励统筹整合草畜资源，发展现代草牧业。加强农牧结合和区域协作，鼓励发展牧繁农育、户繁企育等新型专业分工模式。提升草食畜牧业基础设施建设水平，支持边远高寒牧区防灾减灾设施建设，改良天然草场，建设牧区特色饲草基地。培育新型经营主体，发展标准化养殖，建设区域性屠宰加工中心。加快牧区畜产品市场化进程，培育优质特色畜产品。



**专栏4　推进肉牛肉羊生产发展五年行动**

深入实施肉牛肉羊遗传改良计划，培育专门化肉用新品种。建设一批国家级和省级保种场、保护区。实施牧区畜牧良种补贴项目，对农牧民购买优良肉牛冻精、良种公羊和公牦牛给予适当补贴。推动北方农牧交错带基础母牛扩群提质，支持地方扩大基础母牛饲养量。支持南方重点省份草食畜牧业提质增量，合理利用草山草坡和农闲田资源，种植优质饲草。支持以肉牛肉羊为主导产业创建国家、省、市、县现代农业产业园，建设一批肉牛肉羊产业集群、产业强镇。在西部地区脱贫县集中选择一批有牛羊产业发展基础的重点帮扶县，支持种养加销全链条发展。落实草原生态保护补助奖励政策，引导农牧民发展肉牛肉羊舍饲半舍饲养殖。推进粮改饲项目实施，增加优质饲草料供给。支持开展口蹄疫、小反刍兽疫、布鲁氏菌病、结核病、结节性皮肤病等动物疫病和人畜共患病防控，建设一批动物疫病净化场、无规定动物疫病区和生物安全隔离区。

**专栏5　推进奶业振兴行动**

编制实施《“十四五”奶业振兴工程建设规划》，以奶业主产省份为主，兼顾奶业发展潜力区，支持部分奶牛养殖大县实施奶业振兴整县推进行动，建设优质饲草料基地，改造升级适度规模奶牛养殖场，提升智能化、数字化水平；支持有条件的奶农发展乳制品加工，支持奶牛休闲观光牧场发展，促进种养加奶业一二三产业协调发展，提高奶业质量、效益和竞争力。开展乳品消费公益宣传行动和奶业品牌提升行动，提振消费信心。

**（二）加强动物疫病防控**

把全面提高动物疫病风险控制能力作为主攻方向，建立健全动物疫病防控长效机制，科学防范、有效控制动物疫病风险，保障畜牧业生产安全和兽医公共卫生安全。

**提升防疫主体责任意识。**指导从业者改善动物防疫条件，健全防疫制度，落实强制免疫、清洗消毒、疫情报告等措施。鼓励规模养殖场（户）和屠宰场开展重大动物疫病自检。加快推进强制



免疫疫苗“先打后补”改革，支持养殖场（户）或第三方服务主体自主选购疫苗、自行开展免疫。

**落实重大动物疫病防控措施。**落实全国强制免疫计划，做到应免尽免。积极开展重大动物疫病分区防控，健全省际间协调机制，加强部门间联防联控，强化生猪调运监管，降低非洲猪瘟等重大动物疫病跨区域传播风险。加快无疫区建设，推进非洲猪瘟无疫小区评估建设，发挥示范带头作用，逐步推进动物疫病净化。强化防疫应急制度、技术、物资储备，完善应急预案体系，提升应急处置能力。

**专栏6　实施全国重大动物疫病分区防控**

综合考虑行政区划、养殖屠宰产业布局、风险评估情况等因素，将全国分为北部区、东部区、中南区、西南区、西北区等5个大区，按照“防疫优先、分区推动，联防联控、降低风险，科学防控、保障供给”的原则，对非洲猪瘟等重大动物疫病实施分区防控。以加强生猪调运和屠宰环节监管为主要抓手，统筹做好动物疫病防控、生猪调运和产销衔接等工作，强化区域联防联控，引导优化产业布局，推动养殖、运输和屠宰行业提档升级。通过分区防控，推动各项政策措施落实落细，打通政策措施落地“最后一公里”，提升动物疫病防控能力，保障生猪产品及生产资料物流畅通，有效降低非洲猪瘟等重大动物疫病跨区域传播风险。

**防治人畜共患病。**坚持“人病兽防、关口前移”，完善免疫、检测、扑杀、风险评估、宣传干预、区域化防控、流通调运监管等综合防控策略，因地制宜采取针对性措施。严格落实高致病性禽流感强制免疫和突发疫情应急处置措施；强化布鲁氏菌病防控分类指导，启动布鲁氏菌病无疫小区评估建设；落实包虫病免疫、驱虫、扑杀措施；坚持家畜血吸虫病“防、查、治”相结合措施；指导做好狂



犬病免疫。加强防控宣传，加强部门沟通和联防联控。降低重点人畜共患病的畜间发生、流行和传播风险。

**强化疫情监测预警。**继续开展非洲猪瘟包村包场排查和入场采样监测。强化重大动物疫病和重点人畜共患病定点流行病学调查、监测和专项调查。建立健全动物疫情监测和报告制度，完善监测信息和疫情报告要求，强化预警分析。完善动物疫情发布机制。巩固中央、省、市、县四级动物疫情监测预警网络，合理设置边境动物疫病监测点，加强重要外来病疫情监视。

**专栏7　实施动物疫病监测与流行病调查五年计划**

深入实施国家动物疫病监测与流行病调查计划（2021—2025年），开展非洲猪瘟、口蹄疫、高致病性禽流感、布鲁氏菌病、马鼻疽和马传染性贫血等优先防治病种，以及非洲马瘟等重点外来动物疫病监测和流行病学调查工作。落实中央财政动物防疫补助经费，支持开展动物疫病监测和净化。各地制定和实施辖区内监测与流行病学调查方案，掌握动物疫病在群间、空间和时间上的分布状况。完善监测结果报告制度，定期汇总分析全国动物疫病监测结果，研判疫情发生风险和流行趋势。根据疫病发生情况，开展紧急流行病学调查，选择部分省份和区域开展畜禽疫病专项调查。引导种畜禽场和规模养殖场开展疫病净化，建设一批净化场和生物安全隔离区；注重监测和流行病学调查数据在非洲猪瘟等重大动物疫病分区防控中的应用。结合加强重大动物疫病防控延伸绩效管理，开展监测与流行病学调查工作评价。

**加强动物检疫监督。**加强检疫监督制度建设，完善动物检疫、动物卫生监督证章标志管理制度，制修订检疫规程，制定检疫设施设备和保障条件标准。推动建立以疫病监测、实验室检测为基础的动物检疫制度，支持发展第三方检测服务机构，进一步提升动物

检疫科学化水平。实施动物检疫规范化建设，严格执行动物检疫制度，强化动物检疫出证管理，严厉打击违规出证、非法倒卖动物卫生监督证章标志等违法违规行为。推动动物饲养场、屠宰企业配齐配强执业兽医和动物防疫技术人员，提高协助实施检疫能力。

**加强兽医实验室建设与管理。**推进高级别动物病原微生物实验室科学合理布局，加强省市县三级动物疫病预防控制机构实验室基本建设及人员队伍能力建设，提升基层动物防疫体系能力。加快生物安全法配套法规规章制度制修订，严格高致病性病原微生物行政许可审批。强化病原微生物菌毒种保藏管理。强化兽医实验室生物安全属地监管责任，完善兽医实验室日常监管与常态化生物安全检查相结合的监督机制，提升实验室质量管理与生物安全管理能力。

| 专栏8　动植物保护能力提升工程 |
| --- |
| 实施《全国动植物保护能力提升工程建设规划(2017—2025年)》，重点在具备实验室人员、技术和经费保障条件的地市级动物疫病预防控制机构建设陆生动物疫病病原学监测区域中心，在外来病传入高风险区建设边境动物疫情监测站，在牧区半牧区县建设牧区动物防疫专用设施。依托中国动物卫生与流行病学中心建设国家外来动物疫病中心，在中国动物疫病预防控制中心建设生物安全动物实验室，改善动物疫病国家参考实验室硬件条件。在动物跨省调运量大的区域，对符合国家法律法规规定和省级政府已批准设立的动物防疫指定通道进行升级改造；在畜禽养殖密集区选择地方政府积极支持、有市场化主体愿意承担、运行机制完善的地区，建设病死畜禽无害化收集处理场。在中国兽医药品监察所建设国家兽药标准物质中心和国家兽用生物制品评价生物安全动物实验室，在省级兽药检验机构建设兽用生物制品检验区域实验室、动物源细菌耐药性监测实验室、兽药非法添加物检测实验室、兽药质量和兽药残留检测分析实验室。 |



**(三)保障养殖投入品供应高效安全**

聚焦破解饲草料资源约束，做强饲料工业，做优饲草产业，夯实畜牧业发展基础。严把兽药生产和使用关口，保障畜产品质量安全。

**做强现代饲料工业。**系统开展饲料资源调查，科学评价常用饲料原料的有效营养成分，完善饲料原料营养价值数据库。推广饲料精准配制技术、高效低蛋白日粮配置技术、绿色新型饲料添加剂应用技术和非粮饲料资源高效利用技术，引导饲料配方多元化，推动精准配料、精准用料，促进玉米、豆粕减量替代。加快生物饲料、安全高效饲料添加剂等研发应用，提升饲料产品品质和利用效率。构建饲料行业监测监管一体化平台，加强饲料质量安全风险监测预警和饲料企业日常监管，规范饲料、饲料添加剂生产经营使用行为。鼓励饲料企业强化技术创新和经营模式创新，实施全产业链、全球化发展战略，打造具有国际影响力的知名品牌和企业。切实保障饲料用粮供应安全，推动实施库存稻谷等玉米替代粮源饲用政策，促进饲料用粮供给多元化。

**构建现代饲草产业体系。**因地制宜推行粮改饲，增加全株青贮玉米种植，提高苜蓿、燕麦草等紧缺饲草自给率，开发利用新饲草资源，推动非粮饲料资源高效利用。加大优良饲草品种选育推广力度，支持饲草良种繁育基地建设，提升饲草种子制种繁种能力。强化饲草生产加工利用的产前、产中、产后技术推广和服务指



导，普及先进适用技术。加快种养一体化发展，支持种养结合的龙头企业、规模养殖场(户)和合作社发展，积极培育专业饲草收储、生产、加工社会化服务组织，加强饲草料加工、流通、配送体系建设。加快推进饲草产业集聚发展，实施“区域品牌+企业商标+生产基地”发展战略，建设优质饲草标准化、商品化生产基地。

| 专栏9　推进粮改饲项目 |
| --- |
| 每年完成粮改饲面积1500万亩以上，补助收储优质饲草4500万吨，大力发展优质饲草产业，构建现代饲草产业体系，持续增加优质饲草料有效供给。以农牧交错带区域为重点，以收贮利用优质饲草料的草食家畜养殖场(户)、饲草料专业收贮企业(合作社)或社会化服务组织为补贴对象。补贴品种以青贮玉米、苜蓿、燕麦、黑麦草等优质饲草料为主，兼顾各地有使用习惯、养殖场(户)接受程度高的特色饲草品种。 |

**推动兽药产业转型升级。**严格执行新版兽药生产质量管理规范(GMP)，提升兽药产业技术水平。优化生产技术结构，重点发展悬浮培养、浓缩纯化、基因工程等疫苗生产研制技术，提高疫苗生产技术水平。加快中兽药产业发展，加强中兽药饲料添加剂研发。支持发展动物专用原料药及制剂、安全高效的多价多联疫苗、新型标记疫苗及兽医诊断制品。加快发展牛羊、宠物、蜂蚕以及水产养殖专用药，推进研制微生态制剂及低毒环保消毒剂。完善兽药质量标准体系，探索建立以兽药典为基础、注册标准为主体、企业标准为补充的质量标准体系。完善兽药质量检验体系，加强兽药检验机构检测能力建设，推进区域兽用生物制品检测实验室建



设。完善兽药质量“检打联动”机制，加强兽药质量监督抽检和跟踪检验，严厉打击违法违规行为。

**推进兽用抗菌药减量使用。**建立科学合理用药管理制度，规范做好养殖用药档案记录管理，严格执行兽用处方药制度和休药期制度。继续推进养殖环节兽用抗菌药使用减量化行动，严格落实药物饲料添加剂退出计划，加快研发推广抗生素替代品。构建覆盖多种畜禽、常见菌株的动物源细菌耐药检测标准体系。合理布局全国动物源细菌耐药性监测点，组织开展兽药残留监控和动物源细菌耐药性监测计划，完善国家动物源细菌耐药性监测数据库，为临床科学用药提供技术支撑。

**(四)加快畜禽种业自主创新**

**加强畜禽种质资源保护和利用。**实施第三次全国畜禽遗传资源普查，加快抢救性收集保护，确保重要资源不丢失、种质特性不改变、经济性能不降低。统筹布局国家和省级保种场保护区和基因库，加快建设国家畜禽种质资源库，开展国家级和省级畜禽遗传资源保护单位确定，明确责任主体。开展畜禽遗传资源登记，大力扶持以地方畜禽遗传资源为基础的新品种和配套系培育，健全资源交流共享机制，加快地方品种产业化开发，构建“以用促保”良性机制。

**强化畜禽育种创新。**坚持“以我为主、自主创新、引育结合”，构建以市场为导向、企业为主体、产学研深度融合的现代畜禽种业

创新体系。深入实施全国畜禽遗传改良计划，开展畜禽良种联合攻关，健全种畜禽资源交流共享、产学研联合育种机制，加强国家畜禽核心育种场的遴选和管理，规范生产性能测定。推进遗传评估结果应用，加快发展表型组智能化精准测定、基因组选择等育种新技术，逐步建立基于全产业链的新型育种体系。重点支持发展区域性种猪联合育种，稳步提升瘦肉型品种生产性能，开展白羽肉鸡育种攻关，加强肉牛肉羊专门化品种选育，支持地方品种持续选育提质增效，加快培育一批生产性能水平高、综合性状优良、重点性状突出的新品种和配套系，不断提高优质种源供给能力。

**加快良种繁育与推广。**结合各地资源条件和养殖基础，明确优势区域主推品种，健全畜禽良种推广体系。打造一批国家级育繁推一体化种业企业，引导种业企业与规模养殖场（户）建立紧密的利益联结机制，加大新品种扩繁应用推广补贴力度。支持种公畜站改善基础设施条件，扩大优质种群规模，确保采精种公畜全部具备性能测定成绩。完善冷链运输体系，提高人工授精服务站点社会化服务水平，打通良种推广的“最后一公里”。严格种畜禽监管，开展种畜禽质量监督抽查，严查假冒冷冻精液、无证生产经营等违法生产经营行为。

**加强种畜禽重点疫病净化。**以国家畜禽核心育种场和种公畜站为重点，探索建立区域净化新机制，加强种用动物健康管理，建立种用动物卫生标准，从源头强化畜禽生产安全。坚持政府政策



引导、企业自主参与、多方技术支撑，采取从场入手、分步实施、示范带动、合力推动等方式，实行净化评估管理制度，开展种畜禽疫病净化。积极开展种畜禽场主要垂直传播动物疫病净化试点和示范，推动种畜禽场提升生物安全防护水平，保障种畜禽质量。

**（五）提升畜产品加工行业整体水平**

统筹推进屠宰加工、乳肉产品精深加工协调发展，延长产业链，提升价值链，提高畜牧业质量效益和竞争力。

**优化屠宰加工产能布局。**坚持屠宰与养殖布局相匹配，支持优势屠宰产能向养殖集中区转移，实现畜禽就近屠宰加工。促进畜产品加工集群发展，推进畜产品加工向产地下沉、与销区对接、向园区集中，形成生产与加工、产品与市场、企业与农户协调发展的格局。优化畜禽养殖屠宰加工产业链，支持大型养殖企业、屠宰加工企业延伸产业链条，开展养殖、屠宰、加工、配送、销售一体化经营。

**推进屠宰行业转型升级。**继续强化屠宰行业清理整顿，持续推进小型生猪屠宰场点撤停并转。加强屠宰加工装备研究推广，加快老旧设施设备淘汰更新。提升牛、羊、禽屠宰现代化水平，推行畜禽标准化屠宰。持续开展生猪屠宰标准化示范创建，强化屠宰环节全过程监管，压实屠宰企业主体责任，规范委托屠宰行为。

**加强畜禽产品质量安全保障。**强化畜禽产品质量提升科技攻关，开展畜禽产品致病微生物、生物毒素等风险监测和评估，建立



健全畜禽产品质量监测标准体系，优化肉品质量安全评价标准，推进“同一健康”肉品质量综合保障，提升重大质量安全事件应急处置能力。提升屠宰环节非洲猪瘟等重大动物疫病和畜禽产品质量监测能力，落实肉品品质检验等制度，确保产品质量安全。

**提升畜产品精深加工能力。**支持发展肉品精深加工和血、骨、脏器、毛等副产品综合利用，大力发展特色畜产品加工，优化产品结构，满足城乡居民不同消费层次需求。鼓励乳品企业通过自建、收购、参股、托管等方式，加强奶源基地建设；引导乳品企业优化乳制品产品结构，统筹发展液态乳制品和奶酪等干乳制品。

**（六）构建现代畜产品市场流通体系**

全面推行“规模养殖、集中屠宰、冷链运输、冰鲜上市”模式，促进“运活畜禽”向“运肉”转变。

**促进畜产品冷链物流发展。**支持屠宰加工企业、物流配送企业完善冷链物流配送体系，提高冷藏规模，统一流通环节标准，提升流通效率，拓展销售网络。

**强化动物运输环节防疫管理。**制定动物运输环节防疫管理办法，建立从事动物运输单位、个人及车辆备案和动态管理制度。加强活畜禽运输监管，强化运输工具管控，落实畜禽运输过程及车辆生物安全要求。规范活畜禽网上交易活动，实行“点对点、场对场”定向运输、定点屠宰。全面加快和优化动物防疫指定通道建设，支持指定通道升级改造。



**提升市场专业化水平。**推进传统畜禽交易市场改造升级，优化畜禽交易市场在主销区和传统集散地的规划布局，打造区域活畜禽、畜产品集散中心，提升市场功能，提高服务管理水平，突出区域和产品特色，大力提升畜牧产业集聚发展水平。促进和规范发展电子交易市场。

**（七）推进畜禽养殖废弃物资源化利用**

加快推进畜禽粪污资源化利用和病死畜禽无害化处理，着力构建种养结合发展机制，促进畜禽粪肥还田利用，提高畜牧业绿色发展水平。

**畅通种养结合路径。**实施《“十四五”全国畜禽粪肥利用种养结合建设规划》，畅通农业内部资源循环。推行液体粪肥机械化施用，培育粪肥还田社会化服务组织，推行养殖场（户）付费处理、种植户付费用肥，建立多方利益联结机制。开展试点示范，因地制宜推广堆沤肥还田、液体粪污贮存还田等技术模式，推动粪肥低成本还田利用，提高粪肥还田效率。统筹考虑种养布局和规模，降低粪肥加工、运输成本。

**建立全链条管理体系。**按照“谁产生、谁负责”的原则，严格落实养殖场（户）主体责任。探索实施规模养殖场粪污处理设施分类管理，确保粪污处理达到无害化要求，满足肥料化利用的基本条件。推动建立符合我国实际的粪污养分平衡管理制度，指导养殖场（户）建立粪污处理和利用台账，种植户建立粪肥施用台账，

健全覆盖各环节的全链条管理体系，开展粪污资源化利用风险评估和风险监测，科学指导粪肥还田利用。进一步完善标准体系，促进农业标准和环境标准的衔接。

**规范病死畜禽无害化处理。**坚持集中处理为主，自行分散处理为补充，健全无害化处理体系，提高专业无害化处理覆盖率，统筹推进病死猪牛羊禽等无害化处理。合理制定补助标准，完善市场化运作模式。提高信息化监管水平，健全监管长效机制，严厉打击相关违法犯罪行为。开展病死猪无害化处理与保险联动试点。

| 专栏10　畜禽粪污资源化利用整县推进工程 |
| --- |
| 实施《“十四五”全国畜禽粪肥利用种养结合建设规划》，以畜牧业绿色循环发展、耕地质量提升和农业面源污染防治为主要目标，以畜禽粪肥就地就近科学还田利用为主攻方向，支持250个畜禽养殖量较大、耕地面积较大的县，实施畜禽粪污资源化利用整县推进项目，重点改造提升粪污处理设施，建设粪肥还田利用示范基地，新建改建一批密闭贮存发酵设施、堆肥设施、粪污输送管网等，支持购置运输罐车、撒肥机等施肥机械，总结推广种养循环技术模式，逐步降低处理成本，完善利用机制，减少环境影响，带动县域粪肥就近就地利用，促进种养结合、农牧循环发展。 |

**(八)增强兽医体系服务能力**

整合政府与市场资源，构建结构完善、分工合理、权责清晰、运转高效的兽医体系，提高兽医技术支撑能力、监督执法能力和服务生产能力。

**完善兽医工作机制。**理顺省市县三级兽医行政管理、检疫、执法与技术支撑机构之间的关系。加强基层防疫、检疫、执法和兽医



服务力量，形成动物疫病预防控制与动物检疫、动物卫生监督执法紧密衔接，兽医机构与行业企业、社会化服务组织相互促进的格局。持续开展兽医体系效能评估，促进兽医体系整体水平稳步提升。

**加强兽医队伍建设。**规范官方兽医管理，完善资格确认条件，强化官方兽医培训。加强对执业兽医、乡村兽医从业活动的管理和服务，优化执业兽医队伍发展环境，引导符合条件的乡村兽医向执业兽医发展，促进城乡兽医资源有序流动。推进实施动物防疫专员特聘计划。充分发挥兽医行业协会作用，加强兽医学历教育与兽医继续教育有机衔接，促进兽医队伍专业技能持续提高。

**创新兽医社会化服务。**鼓励养殖龙头企业、动物诊疗机构及其他市场主体成立动物防疫服务队、防疫专业合作社等，开展强制免疫等专业技术服务。鼓励养殖场户购买社会化服务。支持兽医行业协会制定团体标准，强化行业自律。

**(九)提高行业信息化管理水平**

以信息化培育新动能，利用数字技术全方位、全角度、全链条赋能传统产业，提升全要素生产率。

**加快畜牧兽医监测监管一体化。**继续推进信息系统整合，建成全国畜牧兽医综合信息平台，推动各地平台与国家平台有效对接。以生猪产业为突破口，建立从养殖到屠宰和无害化处理的监测监管信息指标体系和标准规范，推动育种、养殖、流通、屠宰等产



业链的大数据互联互通，实现畜牧业监测监管信息一体化闭环管理和信息资源有效整合，促进技术、营销和金融等社会化服务与产业融合发展。引导养殖场(户)建立健全电子养殖档案，构建养殖大数据系统，全面推行信息直联直报。完善动物检疫证明电子出证系统，推动实施无纸化动物检疫证明，探索建立畜禽养殖数量、免疫数量与检疫申报数量相结合、产地检疫与运输监管相结合、启运地出证与目的地反馈相结合的动物检疫全链条信息化监管模式。

**推动智慧畜牧业建设。**以生猪、奶牛、家禽为重点，加快现代信息技术与畜牧业深度融合步伐，大力支持智能传感器研发、智能化养殖装备和机器人研发制造，提高圈舍环境调控、精准饲喂、动物行为分析、疫病监测、畜产品质量追溯等自动化、信息化水平，建设一批高度智能化的数字牧场。

**五、重大政策**

坚持一张蓝图绘到底，巩固延续现有政策成果，深化拓展土地、财政、金融、市场调控等政策措施，持续推进畜牧兽医行业高质量发展。

**(一)落实用地政策**

按照畜牧业发展规划目标，结合国土空间规划编制，统筹支持解决畜禽养殖用地需求。养殖生产及其直接关联的检验检疫、清洗消毒、畜禽粪污处理、病死畜禽无害化处理等农业设施用地，可



以使用一般耕地，不需占补平衡。加大对畜牧业发展使用林地的支持，依法依规办理使用林地手续。

**(二)加强财政保障**

继续实施生猪(牛羊)调出大县奖励政策和草原生态保护补助奖励政策，以及畜禽良种、优质高产苜蓿、粮改饲、肉牛肉羊提质增效等畜牧业发展支持项目。支持开展畜禽粪污资源化利用，对动物疫病强制免疫、强制扑杀和养殖环节无害化处理给予补助，鼓励通过政府购买服务方式支持动物防疫社会化服务发展。加大农机购置补贴对畜牧养殖机械装备的支持力度，重点向规模养殖场倾斜，实行应补尽补。落实畜禽规模养殖、畜产品初加工等环节用水、用电优惠政策。探索建立重大动物疫情应急处置基金，构建以财政投入为主、社会捐赠为辅的资金投入机制。

**(三)创新金融支持**

积极推行活畜禽、养殖圈舍、大型机械设备抵押贷款试点。对符合产业发展政策的养殖主体给予贷款担保和贴息，鼓励地方政府产业基金及金融、担保机构加强与养殖主体对接，满足生产发展资金需求。大力推进畜禽养殖保险，落实中央财政保险保费补贴政策，对能繁母猪、奶牛、牦牛、藏系羊保险给予保费补贴支持。继续开展并扩大农业大灾保险试点，指导地方探索开展优势特色畜产品保险，支持纳入中央财政对地方优势特色农产品保险以奖代补试点。鼓励有条件的地方自主开展畜禽养殖收益险、畜产品价

格险试点。鼓励社会资本设立畜牧业产业投资基金和畜牧业科技创业投资基金。稳妥推进猪肉、禽蛋等畜产品期货，为养殖等生产经营主体提供规避市场风险的工具。

**六、保障措施**

**（一）加强组织领导**

各省（自治区、直辖市）人民政府对本地区畜牧业生产和保障肉蛋奶市场供应负总责。要制定具体规划，抓好责任落实，加大投入力度，为畜牧兽医行业高质量发展提供坚强保障。各级农业农村部门要牵头建立协调机制，加强部门协作沟通，研究解决规划实施过程中的重大问题，推进规划任务的组织落实、跟踪调度、检查评估。

**（二）加强法治保障**

加快畜牧兽医相关法律法规规章制修订，提高依法治牧水平。强化动物防疫检疫、种畜禽生产、饲料、兽药、畜产品质量安全监管力度，落实执法经费、提高执法装备水平和检测能力，强化日常监督，创新执法体制机制，提高基层执法水平。开展法治宣传教育，增强各类生产经营主体遵法学法守法用法意识。

**（三）加强科技创新**

坚持创新驱动发展，依托现代农业产业技术体系、科研院所和国家农业科技创新联盟、创新型企业等科研力量，围绕产业链关键环节开展集中攻关研发，加强良种繁育、标准化规模养殖、重大动

— 36 —

物疫病防控、屠宰加工、优质饲草料种植与加工等核心技术和设施装备研究。加强基层畜牧兽医行业技术推广体系建设，强化从业人员培训，提升服务能力。加强生产经营型农村实用人才培训，提高龙头企业、合作社、家庭农（牧）场等新型经营主体的生产技术水平。

**（四）加强市场调控**

加强畜牧业生产和畜禽产品市场动态跟踪监测。紧盯能繁母猪存栏和仔猪价格，围绕稳定生猪产能优化调控手段，完善政府猪肉储备调节机制，缓解"猪周期"波动，促进产业稳定发展。鼓励有条件的地方探索研究牛羊肉等重要畜产品保供和市场调控预案。

**（五）加强协会服务**

充分发挥行业协会和其他社会组织在种业提升、健康生产、加工流通、品牌培育、信息交流以及行业自律、维护从业者合法权益等方面的作用，通过会议、培训、赛事、表彰示范、科研成果转化等方式，提高从业者技术和经营能力。鼓励行业协会等社会组织在产业振兴、畜牧业国际贸易、种畜禽引进培育普查等领域，配合行业管理部门，做好组织、协调、服务工作。

**（六）加强国际合作**

跟踪监测国外畜产品生产和市场变化，加强技术交流与磋商，支持畜禽品种资源、良种繁育、疫病防治、饲料、畜产品加工与质量

— 37 —

安全等领域的国际交流合作，积极参与国际标准制修订。加大先进设施装备、优良种质资源引进力度。加快畜牧业走出去步伐，稳步推进畜牧业对外投资合作，开拓多元海外市场，扩大优势畜禽产品出口。支持有条件的企业到境外建设饲草料基地、牛羊肉生产加工基地和奶源基地。

— 38 —

农业农村部办公厅 2021年12月16日印发

# 农业农村部科技发展中心文件

农科办〔2021〕158号

## 农业农村部科技发展中心关于国家重点研发计划“主要经济作物优质高产与产业提质增效科技创新”重点专项2021年度项目立项的通知

中国科学院植物研究所:

你单位申报的国家重点研发计划“主要经济作物优质高产与产业提质增效科技创新”重点专项2021年度项目已立项，具体立项情况详见附件。

请根据《国家重点研发计划管理暂行办法》（国科发资〔2017〕152号文印发）、《国家重点研发计划资金管理办法》（财教〔2021〕178号文印发）、《国务院办公厅关于改革完善中央财政科研经费管理的若干意见》（国办发〔2021〕32号）等国家重点研发计划管理有关规章制度的要求，认真落实项目（课题）承担单位法人责任，做好项目实施和资金管理使用工作；项目牵头单位和负责人要切实加强各课题之间的衔接与协调，确保项目的研究目标和

- 1 -

任务按项目任务书规定如期完成；严格按照中央财政科研经费管理的有关规定，专款专用，提高资金使用效益。

附件：1. 国家重点研发计划“主要经济作物优质高产与产业提质增效科技创新”重点专项2021年度项目立项表

2. 项目立项批复内容

农业农村部科技发展中心

2021年12月29日

- 2 -

附件1

### 国家重点研发计划“主要经济作物优质高产与产业提质增效科技创新”重点专项2021年度项目立项表

| 序号 | 项目编号 | 项目名称 | 项目负责人 | 项目牵头单位 | 项目经费（万元） | | |
|---|---|---|---|---|---|---|---|
| | | | | | 资金总额 | 中央财政资金 | 单位自筹资金 |
| 1 | 2021YFD1000100 | 杂交构树产业关键技术集成研究与应用示范 | 沈世华 | 中国科学院植物研究所 | 1350 | 1000 | 350 |

- 3 -

# 参考文献


1. 中国科学院中国植物志编辑委员会:《中国植物志》，科学出版社1998年版，第24—26页。
2. 沈世华:《从历史长河中走来的构树》,《生命世界》2018年第3期，第1页。
3. 沈世华:《杂交构树的“长相”和“性情”》,《生命世界》2018年第10期，第6—7页。
4. 屠焰、刁其玉、张蓉，等:《杂交构树叶的饲用营养价值分析》,《草业科学》2009年第6期，第136—139页。
5. 黎祖交:《一棵好树可以催生一个大产业》,《高科技与产业化》2019年第4期，第26—29页。
6. 黎祖交:《杂交构树生态养殖是乡村振兴重要抓手》,《绿色中国》2022年第3期，第56—67页。
7. 沈世华:《科技创新引领未来：杂交构树研发及其产业化》,《生命世界》2018年第10期，第1页。
8. 高永伟:《构树扶贫大有可为》,《中国扶贫》2020年第7期，第77—80页。
9. 沈世华、彭献军、陈乃芝:《杂交构树产业扶贫实践与成效》,《中国科学院院刊》2020年增刊，第57—65页。
10. 刘秉钺、白淑云、何连芳，等:《杂交构树APMP制浆性能研究》,《中国造纸》2009年第7期，第23—27页。
11. 陈沛霖:《造纸新秀——杂交构树》,《生命世界》2018年第10期，第22—27页。
12. 彭献军、王金山、沈世华:《运用杂交构树对尾矿生态修复和矿区绿化》,《天津农业科学》2016年第12期，第92—98页。

13. 王金山、刘金升、彭献军、倪正云、王广军、沈世华：《杂交构树在滨海盐碱地生态绿化中的应用》，《天津农业科学》2014年第2期，第95—101页。

14. Fenfen Wang, Yalei Su, Naizhi Chen★ and Shihua Shen★. Genome-wide analysis of the UGT gene family and identification of flavonoids in Broussonetia papyrifera[J]. Molecules, 2021, 26: 3449.

15. Xianjun Peng, Hui Liu, Peilin Chen, et al. A chromosome-scale genome assembly of paper mulberry (Broussonetia papyrifera) and genetic basis of its forage and papermaking usage[J]. *Molecular Plant*, 2019, 12(5): 661—677.

16. Xianjun Peng, Yucheng Wang, Ruiping He, et al. Global transcriptomics identification and analysis of transcriptional factors in different tissues of the paper mulberry[J]. *BMC Plant Biology*, 2014, 14: 194.

17. Xianjun Peng, Linhong Teng, Xiaoman Wang, et al. De novo assembly of expressed transcripts and global transcriptomics analysis of seedling in paper mulberry (Broussonetia kazinoki x Broussonetia papyifera) [J]. *PLoS One*, 2014, 9(5): e97487.

18. Jingwen Sun, Xianjun Peng, Weihong Fan, et al. Functional analysis of BpDREB2 gene involved in salt and drought response from a woody plant Broussonetia papyrifera[J]. *Gene,* 2014, 535: 140—149.

19. Feng Tang, Naizhi Chen, Meiling Zhao, et al. Identification and function divergent analysis of WOX gene family in Paper mulberry[J]. *International Journal of Molecular Sciences,* 2017, 18(8): 1782.

20. Feng Tang, Dan Zhang, Naizhi Chen, et al. Genome-wide analysis of BpYABs and function identification involving in the leaf and silique devel opment in transgenic Arabidopsis[J]. *International Journal of Molecular Sciences*, 2022, 23: 1670.

21. Xianjun Peng, Linhong Teng, Xueqing Yan, et al. The cold responsive

mechanism of the paper mulberry: decreased photosynthesis capacity and increased starch accumulation[J]. *BMC Genomics*, 2015, 16: 898.

22. Zhi Pi, Meiling Zhao, Xianjun Peng, et al. Phosphoproteomic analysis of Paper mulberry reveals phosphorylation functions in chilling tolerance[J]. *Journal of Proteome Research*,2017, 16（5）: 1944—1961.

23. Meiling Zhao, Xianjun Peng, Naizhi Chen, et al. Genome-wide identification of the TCP gene family in Broussonetia papyrifera and functional analysis of BpTCP8, 14 and 19 in shoot branching[J]. *Plants-Base*, 2020, 9（10）: 1301.

# 后　记

我国是世界畜牧业大国，但蛋白饲料原料紧缺，大量依赖进口。特别是大豆，近十几年来，进口量逐年递增，价格不断提高，饲料成本越来越高，这对我国养殖业带来巨大冲击，"人畜争粮"的矛盾更加突出。破解蛋白来源紧缺难题，是我国畜牧业健康发展和保障粮食安全的当务之急。

十多年前，中国科学院植物研究所沈世华研究团队提出"以树代粮、种养循环"设想，在收集评价野生构树种质资源的基础上，采用杂交育种等技术，培育出国内外首个木本、高蛋白、功能型杂交构树新品种。同时通过联合攻关、技术集成研究，建立了"繁—种—采—加—养—沼—肥"等一体化生态农牧产业技术体系，并进行试验示范。结果表明：一是杂交构树作为一种速生、丰产、高蛋白且营养均衡的优质木本植物，为从根本上缓解或解决我国养殖业饲料问题，尤其是粗蛋白饲料奇缺问题提供了理想的原料来源。二是以不打农药、富含类黄酮等药食同源杂交构树为饲料来源的养殖产品，具有生态有机食品所特有的安全、保健、营养价值高的品质优势，展现了从根本上解决我国食品安全问题的广阔前景。三是用杂交构树添加饲料喂养的畜禽的粪便等废弃物生产有机肥，还田后可以就地变废为宝，为从根本上解决我国养殖业环境污染问题提供了新的路径。四是杂交构树生态农牧业具有良好、可持续的经济效益，为从根本上化解养殖风险、增加养殖主体收入奠定了稳固的基础。五是杂交构树适生范围广、水土保持性能好，为从根本上解决我国"粮饲争地"矛盾、扩大耕地面积拓宽了可观的发展空间。

2014年12月，国务院扶贫开发领导小组将杂交构树扶贫工程确定为精准扶贫十项工程之一，这是一项极富开创性、有重要意义、有带贫特色、有发展前景的扶贫产业。以中国科学院植物研究所的杂交构树产业体系为核心科技支撑，采取“久久为功、绵绵用力”思路和“试点先行、稳步推进”的战术，经过相关部门和试点地区的共同努力，涌现出一批成功案例，探索出增收脱贫的新路子。2017年，构树扶贫典型案例作为参阅材料供中央政治局第39次集体学习，得到党中央肯定。据不完全统计，试点期间全国杂交构树累计种植面积超过100万亩，涉及28个省（区、市），200多个贫困县，有600多家企业或合作社从事杂交构树种植养殖产业，带贫效果明显，为打赢脱贫攻坚战贡献了力量。

大力推进杂交构树蛋白质产业培育工程，是贯彻落实习近平总书记“树立大食物观”的具体体现，是破解我国蛋白质源“卡脖子”难题的有效途径，是保障国民食品安全的重要举措，是巩固拓展脱贫攻坚成果与全面推进乡村振兴战略的重要抓手。本书从杂交构树产业概况、杂交构树产业市场情况分析、杂交构树产业创新发展分析、杂交构树产业典型发展模式与代表性企业分析、产业发展预测及投资机会分析、杂交构树产业面临挑战与促进举措等方面进行编写，供相关行业部门、地方政府决策和有志于杂交构树产业发展的企业参考。

2022年6月，受中国乡村发展志愿服务促进会（以下简称促进会）委托，中国科学院植物研究所研究员沈世华编写了《杂交构树蛋白质产业发展报告》。根据促进会《乡村振兴特色优势产业培育工程实施方案》要求，在促进会产业部欧宏新主任、魏霞副主任指导下，于2022年11月成立了《中国杂交构树产业发展蓝皮书（2022）》编写组。编写组由沈世华研究员牵头，共14位成员，分别来自国家机关、科教单位、从业公司，包括一产、二产、三产的教授专家和企业高管等人员。编写组成员经过问卷调查、电话问询、文献调研、数据分析等环节，并召开两次线上专题研讨会，共同编写了《中国杂交构树产业发展蓝皮书（2022）》。

各编写人员撰写的章节如下：

沈世华（中国科学院植物研究所研究员）负责统稿。

第一章由沈世华、黎祖交（原国家林草局经济发展中心主任、教授）、罗朝立（中国扶贫发展中心副主任）、屠焰（中国农业科学院饲料研究所研究员）、熊伟（大连中植环境生物科技有限公司董事长）、冉贤（中科天华生物科技有限公司董事长）等撰写。

第二章由吴燕民（中国农业科学院生物技术研究所研究员）、屠焰、倪奎奎（中国农业大学草业科学与技术学院副教授）、熊伟、冉贤、李昊（北京手牵手科技有限责任公司总经理）等撰写。

第三章由沈世华、景全荣（中国农业机械化科学研究院研究员）、张振涛（中国科学院理化技术研究所研究员）、董世平（中国农业机械化科学研究院研究员）、屠焰、倪奎奎等撰写。

第四章由沈世华、陈乃芝（中国科学院植物研究所副研究员）、王芬芬（中国科学院植物研究所博士后）、冉贤等撰写。

第五章由屠焰、查满千（中国农业科学院饲料研究所助理研究员）、田志（中投咨询有限公司投资咨询部技术总监）、李昊等撰写。

第六章由黎祖交、熊伟等撰写。

在此向蓝皮书统筹规划、篇章写作和参与评审的专家们表示感谢！本书由编委会主任刘永富审核。正是由于大家的辛勤努力和付出，保证了本书能够顺利出版。此外中国出版集团及研究出版社也对本书给予了高度的重视和热情的支持，在时间紧、任务重、要求高的情况下，为本书的出版付出了大量的精力和心血，在此一并表示衷心的谢意！由于编写时间仓促，本书仍存在一些不足和有待改进与完善的地方，真诚欢迎专家学者和广大读者批评指正。

本书编写组

2023年6月